Copyright za ovo izdanje © 2023 TEA BOOKS d.o.o.

*Za izdavača*
Tea Jovanović
Nenad Mladenović

*Glavni i odgovorni urednik*
Tea Jovanović

*Prelom*
Agencija TEA BOOKS

*Dizajn korica*
Agencija PROCES DIZAJN

*Izdavač*
TEA BOOKS d.o.o.
Por. Spasića i Mašere 94
11134 Beograd
Tel. 069 4001965
info@teabooks.rs
www.teabooks.rs

ISBN 978-86-6142-065-8

Laza Kostić

# PESME

# MESTO PROGOVORA

# MEĐU ZVEZDAMA

*(Vilovanka)*

U po noći preveseljke,
sa netrenke terevenke,
zagrejan se digoh doma.
Na ulici nema sveta,
samo što po snegu šeta,
jedna moma.
Odelo joj snežno, belo,
na brežne joj palo grudi,
sneg od jeda čisto studi;
uzalud mu mesečina
svetlo čelo živo ljubi,
on škripuće beli zubi,
gledajući kako strukom,
kako belom, mekom rukom,
kako malom, lakom nogom,
a kamoli licem, okom,
ta ponoćna divna java
mesečinu nadasjava.
Kad sneg škripi zubma belim,
a da šta ću ja da velim,
u po noći preveseljke,
sa netrenke terevenke?
„Gospođice, dobro veče!"
Želja moja curi reče:
„Na toj zimi, lele meni,
tako lako odeveni!
Evo moje šube crne
da vas malo zaogrne!"
Dotaknuh se, zagrlih je,
manito mi srce bije,

u žestini i zanosu
već osećam bujnu kosu
što se po mom licu prosu,
mirisi mi obasuše
svak' zadisak željne duše.
Zagrli me, dah mi stesni;
al' očiju pogled njež'ni'
nagon uzda, zanos trezni;
iz njega mi misô sine:
„Majko" – „Sine!"
odzovu se usta njena,
a iz belih iz ramena
ponikoše bela krila:
to je bila – moja vila.
Lepirica kao bela
kad bi sobom cvet ponela,
da ga visa spase velja
od zemljina od uvelja:
tako vila pone mene
u prostore vaseljene;
te nebesnom lik lepiru
leti s cvetom po svemiru,
po sveširu, po etiru.

\* \* \*

Vasiona pukla pusta.
Već u meni duša susta,
a srce mi silno bije,
u glavu mi krvca lije,
al' mi vila lice mije
hladom svoga krila meka,
i još neka blaga reka,
neka struja izdaleka:
sveti miris pamtiveka.
Nada mnom se zvezde roje,
namiguju zrakom bledom,
zgledaju se čudnim gledom,

jedna drugu pita redom:
„Otkud ovde ovo dvoje?"
Pa poznavši s bleda lika
neznanoga poznanika,
opet jedna drugu pita:
da l' da prime iz dubina
hladne zemlje vrelog sina?
Il' to, možda, nisu zvezde?
To su, je li, one česte,
izniklice srca moga,
rascvetanog, širokoga?
A ti zraci nisu zraci,
granoviti to su traci,
što o njima mirno vise,
srca moga izniklice.
A oko te divne krune,
neokrunke, svetle, pune,
prozorna se rumen pruža –
to je, to je svetska ruža.
Svetska ružo, vaseljenko,
sirotanko, nezelenko,
samoranko, svetla senko,
a kamo ti tvog slavuja?
Uto neki zvuk zabruja.
Jel' oluja?
Il' bujica
ognjevitih repatica,
ti' nebesnih bludnih guja?
Ni oluja, ni bujica,
to je cvrkut rajskih tica –
il' je razleg od pesama,
iz najvišeg onog hrama,
nad zvezdama?
Po tihotnoj vaseljeni
razležu se zvuci njeni
smrtnom uvu nečuveni;
a u meni?
Kô tamjana plavi pramak
poletiv sa žrtvenika

u naručju zefirovu
kad se sretne na visina'
s vazdusima viši' sila,
te se stanu otimati,
navaljuju, revene se,
ko će da ga pre odnese,
da zvezdanu kadi nogu
njegovom i njinom Bogu –
Tako mene zvuci lome
u živome srcu mome,
iz nedara da ga nose,
jedni mame, drugi prose,
jedni prete, drugi tuže –
„Oj, davori, jadni sluše,
bela vilo, oj, davori,
otkud zvuci, zbori, zbori!"
Očima me vila kori:
„U tebe su oči, ruke,
zvezda ima zrake, zvuke;
ti su zvuci, mili druže,
od slavuja svetske ruže,
reč načelna sviju vera
prvi prozor nerazmera,
rajski krotnik divljeg zvera –
'armonija sfera."
Tako zbore vilske oči,
a u meni svirka toči,
svirka lepa meni tepa:
„Skoči dole, skoči, skoči!
Da te nose naša krila
gde je vrelo svakog milja.
Da ti duša svirku pije,
svetlost da ti lice mije,
plamen da ti srce grije,
divotama žiće sladi,
a pobratim mesec mladi
da te hladi!
Ne daj se od vile smesti,
Veštica je, zle je svesti,

Bog bi znao kuda jezdi!"
Kao smeli morelovac
drevnih priča i vremena,
što je, vezan za katarku,
u bezumlju, slatku, žarku,
slušô pesme od sirena,
divnih, mamnih morskih žena –
tako mene zvuci vuku,
u stostrukom zbore guku.
Jedan veli: – 'Odi meni!
odvešću te svetloj seni,
zlatnoj zvezdi star-Omira!
– Mene šalje zrak Šekspira!
– Meni svira večna lira
Pindara, Anakreona –
– i Miltona – i Birona –
– Šiler – Geta i Tenjira –
Danta – Tasa –
– i Kalidasa –
Tako mene zvuci gone,
a za svakim reči zvone:
„Ne daj se od vile smesti,
veštica je, zle je svesti,
Bog bi znao kuda jezdi!"
Al' manuše bela krila,
progovori moja vila:
„Kuda jezdi? – Našoj zvezdi!"
Reč se ori po prostori,
po zvezdanom vedrom visu,
zvuci bili – pa i nisu.
U tišini, po visini
nosi vila dalje sina.
Oko mene zvezde blede,
sve se većma gube, rede,
a vila mi prstom kaže
jednu malu svetlucaljku,
oku mome samrtnome
na dnu vidnog domašaja.
Zraka joj se mukom bori,
čas ugine, a čas gori,

čas tinjavog slika gara,
čas je buktac od požara,
čas je bleda, modra, plava,
čas rumena, pa krvava.
– Bleda zvezdo, jadna sele,
kakve su te sile smele,
te si tako jadna, tužna,
mučenica, Božja sužna,
kakav bol u tebi sjaje,
ko u tebi večnost traje,
ko se kaje?
Krvavo se zvezda smeši,
iz krvavog tog smejutka
neki šapat kô da jeca,
čini mi se da me kara,
da mi zvezda odgovara.
Al' ne čujem onog zvuka,
zvonke jeke, mamna guka,
što u svetlij' njenih druga:
glasi muka i pokaja,
šapat jada, suzni brizi,
neodoljnih uzdisaja,
brojanički, sveti nizi;
stare slave setna hvala,
a skoranjih sramnih zala
osvetnica – jeka od gusala.

\* \* \*

Iza sna se teškog prenu'.
Mrak je. Gde sam? – Al' na tremu
muklim tutnjom odgovara
šetalica gluhog doba,
navila je kivna zloba,
te se nikad ne odmara:
– koračanje mog stražara.
Al' me ljuto boli glava.

Posle onih svetlih snova,
onih divnih vitezova,
onih slika, onih slava –
ova java!
Nemojte me pitat sade
da vam pričam stare jade,
stare jade, nove nade,
što ih naša zvezda znade;
već pođite do javora,
pobratima onog bora
što ga stuži i sasuši
neiskazom veljih muka
Kosovkina bela ruka,
te je njemu ruka mala
grdne jade zaveštala;
a kad guslar pod njim gudi,
iz javora jade budi,
iz tamnice jadi lete
da se braća jada sete,
da se sete, da ih svete!
Ja vam ne znam reći više
do što knjiga ova piše,
dok ne prođe ova java,
što mi sada dodijava,
te se mojih snova setim,
il' dok opet – ne poletim.

*U peštanskoj tamnici, 1872.*

# 1858–1862.

# ILIJADA

*A.*

*KUGA – SRDNJA*

Srdnju pjevaj, boginjo devojko,
srdnju pjevaj Ahil-Pelejića,
tu krvnicu naroda ahajskog;
mnoge li im ta zadade jade,
mnoge vrle u ad vrže duše,
vrle duše dobrijeh junaka,
a njih same učini plijenom
gladnim psima i ticama svima;
sve se zbilo što je Divu milo
otkako se svađom rastadoše
Atrejević, vladar junacima,
Atrejević i Ahile divni.
Ja ko li je od višnjih bogova,
ja ko li je među njima dvjema
zavrgao zađevicu ljutu?
Letin sinak bješe to i Divov,
kivan bješe na cara ahajskog,
te mu boljcu baci među vojsku,
tešku boljcu, pomor među narod,
jer je care nagrdio ružno
njegovoga sveštenika Hrisa,
k brzim lađam' što dođe ahajskim
donoseći bogate otkupe
milu šćercu njima da otkupi;
u ruci mu palica od zlata,
na palici vije se oglavlje,
sveti v'jenac Fojba Apolona,
Apolona nadaleko str'jelca.
Sve Ahajce molio je Hriso,

a najviše oba Atrevića,
urednike narodu ahajskom:
„Atrevići i ostala vojsko
Ahajaca dokoljeničara,
vama vječni bogovi podali,
gospodari Olimpovih dvora,
grad Prijamov da vi razorite
i zdravi se doma povratite;
meni pako dragu dajte šćercu,
za nju, evo, otkupe uzmite,
poštujući sina boga Diva,
Apolona nadaleko str'jelca."
Tad Ahajci pristadoše listom
sveštenika da štovati valja
i primiti otkupe mu sjajne;
ali to se ne sviđe u duši
Atreviću tom Agamemnonu,
grdno odbi Hrisa sveštenika,
žestoku mu riječ besjedio:
„Da te, starče, zatekô nijesam
da boraviš kraj šupljih brodova,
da boraviš il' da s' opet vratiš!
Zaista ti tada ne pomože
zlatni žezal ni bogovski v'jenac.
Ne dam ove ni za kakvo blago;
prije će je stari stići dani,
u Argosu u našemu dvoru,
a daleko od svog zavičaja,
tkanje ćući, mene milujući.
Već odlazi, nemoj da se ljutiš,
idi o'ma', da si čitav doma."
Tako reče; poplaši se stari,
poplaši se, posluša riječi
Pa on ode mûkom niz igalo,
niz igalo mora valovita;
podaleko kad je odmaknuo,
stade molit stari svešteniče,
stade molit gospod' Apolona
što ga rodi ljepokosa Leta:

„Aj, ču li me, srebroluki bože,
svetoj Kili obrano i Hrisi,
a Tenedu silni gospodaru,
ako sam ti ikada, Smintije,
sagradio hram ugodan tebi,
ako t' ikad žrtvu pripaljivah,
masna stegna bičja ili kozja,
bože sveti, želju mi pripeti:
str'jelom vrati jade mi Danajcem,
str'jelom vrati, suze mi naplati."
   Tako reče moleći se stari,
usliši ga Fojbo Apolone.
Siđe ljutit s olimpskih glavica,
na plećima luk mu i tetivo,
srebrn lučac i dvoklopac tulac,
stoji zveka ubojnih strijela
od ljutine kad god se pokrene,
a on ide nalik noći čarnoj.
Ustavi se podalje od lađa,
stade luka zveket strahoviti,
srebrn' luka i pusta tetiva.
Isprva bi stradale tek mazge
i uz mazge paščad brzovata,
a poslije navali na ljude,
sve sipaju oštrljate str'jele;
zaplamtješe ognjevi po vojsci
spaljujući neprestano mrtve.
   Devet dana bogove strijele
po okolu padat ne patišu;
kad deseto jutro osvanulo,
zove Ahil narod na zborište;
to je njemu bjeloruka Jera,
boleća mu, stavila na dušu,
jer joj bješe žao Danajaca
gledajući njinu pogibiju.
A kada se bjehu sakupili,
te se svaki na iskupu nađe,
tada im se Ahil diže brzi,
te im ode 'vako besjediti:

„Atreviću, pogibosmo, viđu,
nego da se povratimo na se
ko uteče od smrti i sječe,
kad već kuga ratu posta druga,
te Ahajce zajednički tlače.
No elamo zapitati vrača,
ili vrača ili sveštenika,
il' sanova vješta pogađača,
– što se sniva, i to je od Diva –
da nam reče što se tol'ko ljuti,
što se ljuti Fojbo Apolone,
da li nam je počem zabavio
što zavjeta držali nijesmo,
ili žrtve svete stovolovke,
ne bi li se kako smilovao,
te primio zaduh od ovaca,
od ovaca i dobrijeh koza,
te nas spasô od ove propasti."
   Tako reče Ahile, pa sjede,
al' ustade između njih Kalka,
svešteniče Kalka Testorović,
nema boljeg u tice gatara,
a sve znade što se sada zbiva,
što će biti, što je ikad bilo;
on je dovô pod Ilijon lađe
kazujući pute svojom vračkom
što mu dade Fojbo Apolone;
on ustade željan dobru njima,
te u zboru stade govoriti:
   „Oj, Ahile, Divov miljeniče,
veliš meni da vam pravo kažem
što se ljuti Fojbo Apolone,
vladar Fojbo, gađač nadaleko.
Pa da kažem; al' promisli dobro,
sve promisli, pa mi se zakuni
da ćeš meni pomagati rado
i riječma i rukom junačkom.
Jer bojim se ražljutiću čova
što Argivom silno gospodari,

te svi su mu poslušni Ahajci.
Jer je caru vazda jača ruka
kad se srdi na čovjeka malog;
može srce danas i da stegne,
al' ostaje u prsima gnjev mu
sve dok svoje srce ne iskali.
A ti smisli da li ćeš me branit."
   Njemu brzac Ahil odgovara:
„Ne boj mi se, slobodno govori
što god znadeš od bogovskog suda.
Jer tako mi boga Apolona,
Apolona Divu miljenika,
kojemu se ti navijek moliš
kad proroštva Danajcima javljaš,
dok je meni na rameni glave,
dok očima gledam po svijetu,
neće na te pri lađama šupljim,
neće na te teške stavit ruke
niko živi od svijeh Argiva,
pa ma bio glavom Agamemnon,
što se sada razmeće i hvali
da ga boljeg u Argiva nema."
   Tad se vrli gatar oslobodi,
te ovako njima zborit ode:
„Nije nama Fojbo zabavio
što zavjet držali nijesmo,
niti žrtve svete stovolovke,
no se srdi radi sveštenika,
Agamemnon štono ga nagrdi,
ne hte primit bogatih otkupa,
niti vratit šćerce roditelju;
stoga nas je gađač ojadio
i grđe nam još zadaće jade.
A neće se prije smilovati
dok ne damo milomu babajku
dragu šćercu, curu svjetlooku,
bez ucjene, sasvim bez otkupa,
a u Hrisu s njome da pratimo
svetu žrtvu, stotinu volova,

ne bismo l' ga, jadni, umolili."
    Tako reče, pa opeta sjede;
al' ustade junak između njih,
Atreviću junak Agamemnon,
Agamemnon vladar nadaleko;
ljut je vrlo, steže mu se grlo
od napona bijesa i gnjeva,
a oči mu sijevaju sjajne,
rekao bi, plamen oganj bukti.
Prvo Kalku ošinu pogledom,
pa mu tada riječ govorio:
    „Crni vrače, moj stari krvniče,
da l' si ikad ugodne mi rekô?
Milo ti je proricati jade,
nikad ne čuh iz tvojijeh usta,
nikad ne čuh poštene riječi,
ni te vidjeh što dobro učinit!
Pa i sada Danajcima javljaš
kao da je poruka bogova
da se zato gađač na nas ljuti
što ne htjedoh ja da primim blaga,
za Hrisidu sjajnijeh otkupa,
jer je meni draže i milije
da je ona meni glavom doma.
Draža mi je i milija mi je,
draža mi je i od Klitemnestre,
moje mlade vjerenice ljube,
ni u čemu gora od nje nije,
niti bojem ni ljepotom stasa,
niti umom nit' umjetnom rukom.
Ali što ću; ako druge nije,
neka bude, hoću je povratit!
Volim da se naša vojska spase,
nego da joj pukne pogibija;
al' gledajte, darak mi spremajte,
spremajte mi lijepo uzdarje,
da ja ne bih osta' neobdaren,
ja jedini od svijeh Argiva,
što nikako ne bi pravo bilo.

Tȁ to vidi ko god ima oči,
da moj darak odlazi inamo."
    Na to njemu opet odgovara
brzonogi Ahileje divni:
„Atreviću, najslavniji čoče,
Atreviću, najveći lakomče,
kako će ti srčani Ahajci,
kako će ti uzdarje darivat?
Gdje je nama na snosove blaga?
Što je bilo pljačke od gradova,
što je bilo, podijelilo se,
a da narod sve to opet vrati,
to zaista ne bi pravo bilo.
Nego ti sad bogu tu povrati,
a tebi će naknadit Ahajci
već trostruko i četvorostruko
ako nama kadgod dade Dive
da mi većem doakamo gradu,
doakamo planovitoj Troji."
    Njemu veli vladar Agamemnon,
ovaku mu riječ odgovara:
„Nemoj tako bogolik' Ahile,
nemoj tako, iako si dobar,
nemoj tako krivudati umom,
jer zaista prevarit me nećeš,
ni prevarit niti oblagati!
Dakle, veliš, ja da ovu vratim,
ja da sedim praznoruk i žudan,
a ti imaš, ti uživaš dar svoj?
Pa lijepo, neka meni dadu,
nek mi dadu srčani Ahajci
dar ugodan srcu da je mome,
da mi štetu pravedno nakrme.
Al' ako mi ne uzbudu dali,
ja ću sebi sâm uzeti glavom
il' tvoj darak, iliti Ajantov,
il' ću darak uzeti Odisejev,
dar uzeti pa sebi dovesti;
a kom dođem, taj će da se ljuti.

Al' okan'mo s' toga razgovora,
i docnije biće na vrijeme;
no de brzo namestimo lađu,
crnu lađu na more božansko,
i veslare sakupljajmo brzo,
a u lađu stotinu volova,
najposlije penjimo u lađu
ljepoliku glavom Hriseidu.
Brod nek vodi glavar koji vjećnik,
ili Ajas, ili Idomenej,
il' Odisej, il' ti Pelejiću,
najstrašniji ti od svijeh ljudi,
ne bismo li kako dostižnika
umolili žrtve žrtvujući."
    Njega Ahil mrko pogleduje,
pa mu, brzac, riječ govorio:
„Bezočniče, lukavi grabljivče,
kako bi te mogô poslušati
drage volje ikoji Ahajac,
il' da za te kuda pođe putom,
il' u boju da se bije ljutom?
Tâ nijesam ja došâ ovamo
da se bijem radi Trojanaca,
Trojanaca dobrih kopljanika,
jer mi ništa skrivili nijesu.
Niti su mi ikad odagnali
vrana konja ni vola bijela,
nit' u našoj brazdovitoj Ftiji,
našoj Ftiji, u majci junaka,
rodovitih usjeva potrli,
jer su od nas mnogo razdaleko,
med nama su brda i doline,
med nama su mora i planine,
bučna mora i planine čarne.
No za tobom, velji bestidniče,
za tobom se digosmo ovamo,
da t' je milo i da se raduješ,
da vratimo obraz Menelaju,
pa i tebi, pseto bezobrazno,

što ga Trojci od vas oduzeše.
To već tebi ni na um ne pada,
za to tebi više brige nije.
Pa sad već i meni prijetiš
da ćeš meni darak oduzeti
oko kog se izmučih toliko,
dali mi ga sinovi ahajski.
A kad jednom razore Ahajci
koji bilo grad naseljen trojski,
kraj tvojega plijena i dara
moj se darak ni vidjeti neće.
Al' u boju, dođe li do gusta,
moja ruka više otaljava
no ičija druga na ograšju;
a dođe li pljački do diobe,
mnogo veća dionica tvoja,
meni mala, al' i na njoj hvala,
k lađama se vraćam sa bojišta
ratovanjem umoren i trudan.
A sad idem odavde u Ftiju,
jer zaista bolje mi je mnogo
poći doma s uzvijenim lađam';
a nijesam, bogme, više voljan
da ja stojim tu bez poštovanja,
a da tebi tečem i gomilam
pusto blago i bogatstvo svako."
   Njemu na to opet odgovara
junacima vladar Agamemnon:
„Bjež' odatle, kad te srce vuče,
ja te neću moliti nikako
radi mene da ostaneš ovdje.
Kraj mene će već i drugi biti
koji će me htjeti poštovati,
a najviše još Dive premudri.
Od careva svijeh bogorodnih
ti si meni najmrskiji vazda.
Svađa ti je i srce i duša
i bojevi i ratovi pusti.
Iako je golema ti snaga,
to je tako od boga ti dato.

Idi doma sa lađama tvojim,
sa lađama i tvojom družinom,
tamo vladaj tvojim Mirmidoncem,
nikako mi za to brige nije,
niti tvoga zarezujem gnjeva.
A sad počuj ovu mi prijetnju:
Kao što meni oduzima, evo,
Hriseidu Fojbo Apolone,
te je šaljem sa svojom družinom,
sa družinom a na brodu svome,
ja ću glavom u tvoju kolibu,
a iz nje ću tvoj izvesti darak,
ljepoliku tvoju Briseidu,
da lijepo vidiš i razumješ
koliko sam silniji od tebe,
te i drugi da se pobojava
hvaliti se da je meni jednak,
u oči se poređivat sa mnom."
   Tako reče; Ahil-Pelejića
muka hvata od ljutine gnjevne,
a srce mu u rutavim grudma
na dvoje se stade predomišljat:
da l' da paloš potrgne s bedara
da oštricom rastera skupštinu,
Atrevića pak da posiječe,
il' da stiša srce i ljutinu,
da zauzda bijes i pomamu.
Dok se tako tamo i ovamo
predomišljô u srcu i duši,
mač golemi vuče iz korica,
al' eto ti s nebesa Atine;
nju poslade bjeloruka Jera,
obojicu milujuć jednako,
za jednoga kâ i za drugoga
voded brigu boginja u duši.
Stade za njim te uhvati rukom
Pelejića za kosu mu plavu
da je samo on mogaše vidjet,
od ostalih ne vidje je niko.

Začudi se Ahil-Pelejiću,
začudi se, osvrnu se na se,
odma' pozna Paladu Atinu,
a oči joj sijevahu strašno.
Progovara boginji Atini,
te joj zbori krilate riječi:
„Što si došla ti opet ovamo,
šćeri Diva egidonosnoga?
Da l' da vidiš kako se razmeće
Atreviću b'jesni Agamemnon?
Al' ti velju, i tako će biti,
sa svoje će brzo obijesti,
s obijesti izgubiti glavu."
Njemu zbori boginja plavôka,
govori mu plavôka Atina:
„Dođoh da ti utišam ljutinu,
dođoh s neba, poslušat me treba.
A ovamo poslala me Jera,
bjeloruka posla me boginja,
obojicu milujuć jednako,
za jednoga kâ i za drugoga
vodeć brigu jednako u duši.
Nego, dela, ostavi se svađe,
niti mača desnicom izvlači,
već onoga riječma izgrdi,
ti ga grdi, a on nek se srdi.
Nego ću ti ovu reći riječ,
a zaista tako će i biti.
Rad pogrde ti ćeš ove puste
triš toliko zadobiti jednom,
zadobiti svijetlih darova;
već poslušaj te ljutinu stegni."
Brzac Ahil njojzi odgovara:
„Valja, bogme, čovjeku, boginjo,
valja vašu riječ poslušati
ma kako se ljutio u duši,
jer je bolje nego da se kolje.
A poslušan ko je bogovima,
i njega će oni da uslišu."

Tako reče, a ruka mu teška
uhvatila srebrne krsnice,
mač veliki u korice turi,
te je junak poslušâ lijepo
što mu reče boginja Atina,
a ona se na Olimpos vrati,
u Divove dvorove bijele,
boga Diva što nosi egidu,
u družinu bogova ostalih.
　　Al' u srcu Ahil-Pelejića
ne utoli žestoka ljutina,
no i opet stade sramotiti
Atrevića riječima grdnim:
„Sram te bilo, pijančino teška,
kozjeg srca a psećih očiju,
usudio nikad se nijesi
metnut na se ubojno oružje
pa da s vojskom kreneš na bojište,
ni zapasti s najboljim Ahajcim'
u zasjedu ikada junačku,
jer to ti se čini pogibija.
Ugodnije mnogo je, dakako,
po širokom okolu ahajskom
dionicu oduzimat onom
ko ti reče protivne riječi.
Ljudomoro, izjelico kralju,
a caruješ nikogovićima,
jer inače ne bi, Atreviću,
ne bi više sramotio nikog.
Ali ću ti sada riječ kazat
i na nju ću velju stavit kletvu:
Ovoga mi žezla vladarskoga
štono više proklijati neće
ni grančica iz njega ni lišće,
kad mu stablo ostade u gori,
a sjekira list mu okresala,
okresala lišće mu i lub mu,
a sada ga nose u rukama
zakonoše sinova ahajskih

što narodu ahajskome sude
Divov zakon braneći i pravdu!
A ovo je velika mi kletva:
Ako ikad sinovom ahajskim
želja dođe za Ahilom svima,
uzalud će sva ti biti muka,
nikako im ti pomoći nećeš
kad ginuti stanu gomilama
sve od onog Jektora krvavca,
a u tebe srce će da puca
što nijesi htio poštovati
najboljega junaka ahajskog."
    Tako reče Ahil-Pelejiću,
to izreče, pa o zemlju žezlom
okovanim klincima od zlata,
žezlom o tlo, a on sjede dole;
a Atrević bjesni i sramoti
tamo dalje na drugojzi strani.
Između njih tad ustade Nestor,
ljeporeki govornik iz Pile,
od meda su slađe mu riječi
kad poteku tanko glasovito
sa jezika iz grla bijela.
Dva koljena njemu su već prošla,
dva koljena ljudi samrtnijeh
što su prije rodila se sa njim
i zajedno s njim se othranili
u presvetom gradu mu, u Pili,
a on sada caruje trećemu.
Dobro njima svakomu želeći,
ovako im zboru govorio:
    „Oj nebore, da golema jada
što zadesi zemlju nam ahajsku!
Ala bi se Prijam radovao,
i Prijamo i Prijamovići,
i ostalim Prijamcima svima
to bi bilo i srce i duša,
da sve čuju i da razumiju
vas dvojica kako se svađate

kojino ste Danajcima prvi
na bojištu i mudrom vijeću.
No elate pa me poslušajte!
Obojica od mene ste mlađi,
a ja sam se družio i s boljim,
sa boljima od vas obojice,
pa me n'jesu nikad prezirali.
Jer takovih ja ne vidjeh nikad,
niti ću ih ikad više gledat,
kakvi bjehu Pirito i Drija,
svom narodu dva dobra pastira,
pa Keneja, pa i Eksadija,
pa Polifem onaj božanstveni.
Najsilniji zaista su bili
među ljudma što hode po zemlji,
najsilniji bili oni sami,
s najsilnijim još su se borili,
s planinskijem onim divovima,
te divovi izginuše grdno.
S takvim sam se ja družio društvom,
iz Pile sam s njima dohodio,
iz daleke zemlje preko sv'jeta,
oni su me sami tamo zvali.
Ja sam tu se borio napose,
jer kakvi su dan-današnji ljudi
što ih goder ima zemljorodnih,
s onakijem kao što oni bjehu
ne bi niko boriti se smio –
pa ipak razbirali su za me,
a moju bi riječ poslušali.
Pa čujte me i vi i počujte,
jer vazda je bolje poslušniku.
Ti ovome cure ne uzimaj;
iako si u sili i vlasti,
ne diraj mu ti njegova dara
što mu sinci dadoše ahajski;
a ni ti se nemoj, Pelejiću,
sa vladarem svađati uporno,
jer ne možeš ti se uporedit

u gospodstvu i zazoru carskom,
uporedit s carem žezlonošom
što ga Dive već slavom obdari.
Iako si ti jači jačinom,
a boginja rodila te majka,
al' ovaj je silovitij' silom,
jer množini on velikoj vlada.
A ti, ela, care Atreviću,
ostavi se te tvoje ljutine;
a ja ću te zamolit lijepo,
ne srdi se više na Ahila,
kojino je Ahajcima svima
moćni zakon i obrana velja
u nevolji zloga ratovanja."
    Njemu na to riječ odgovara,
te mu veli vladar Agamemnon:
„Što si god sad govorio, starče,
zaista je prilika i pravda.
Al' ovaj se čovjek osilio,
hoće da je nad svijem ostalim,
hoće da je jači od svakoga
i da vlada nad svakim i svima,
svakom hoće da zapovijeda,
a, rekao bih, ne sluša ga mnogi.
Tä ako su vječiti bogovi
stvorili ga bogokopljanikom,
nijesu mu zato dopustili
da govori pakosno i grdno."
    Njemu uđe u riječ Ahile,
te mu, divan, 'vako odgovara:
„Zaista bih nazvao se kozom,
zvao bih se pravi nikogović
kad bih tebe na svaku ti riječ
poslušao i pokorio se.
To drugima možeš naređivat,
ali meni zapov'jedat nećeš,
jer nikad mi na um pasti neće
tebi biti godljiv i poslušan.
Al' ću tebi drugo nešto reći,

a ti dobro tubi i zapamti.
Radi cure neću maći rukom
da se s tobom borim i krvavim,
niti s tobom, niť s ikojim drugim,
dali ste je, pa je uzimate.
Ali drugog što god imam blaga
na lađi mi crnoj brzoplovci,
da se ničeg dotakâ nijesi
da mi silom uzmeš i odneseš,
preko moje da mi otmeš volje.
Iľ obidi, ako smiješ samo,
pa nek vide i ovizi ovdje:
onog časa potekla bi krv ti,
crna krv ti oko bojna koplja."
  Njih dvojica tako se borahu
riječima prijekim i kivnim,
u riječma i raziđoše se,
raspustiše skupštinu ahajsku
što se bješe skupila kraj lađa.
Pelejević ode kolibama
i k lađama jednakih bokova,
za njim pođe i Menojtjeviću
i sva sa njim njegova družina;
a Atreviću odmaʼ lađu sprema,
brzu lađu na more nameće,
u nju stavlja dvadeset veslara,
biranijeh dvadeset momaka,
u nju krca stotinu volova,
svetu žrtvu bogu Apolonu,
rukom vodi lijepu Hriseidu,
rukom vodi da svom ocu brodi,
a lađi je vođu postavio
vojevodu Odiseja mudrog.
A kad ovi otiskoše lađe,
te otplove putem vodenijem,
tad Atrević naređuje vojsci
da sa sebe spere nečistotu.
Opere se vojska od nečisti,
prljavštinu svu u more splakne,

te pokolju bogu Apolonu
kraj igala mora neumorna
i bikova i dobrijeh koza
punu žrtvu svetu jekatombu;
do neba je para uzletjela
vijući se oko dima gusta.
 Tako su se trudili po vojsci;
al' se jošte nije Agamemnon,
još se nije ostavio srdnje,
no se sjeća one mu prijetnje
što Ahilu njome poprijeti,
te doziva svoje hitre sluge,
hitre sluge i vjerne glasnike,
Taltibija i pak Evribata,
pa je njima 'vako besjedio:
 „Nu pođite k Ahil-Pelejiću,
u kolibu njemu uljezite,
uhvatite l'jepu Briseidu,
uzmite je za bijelu ruku,
pa je amo k meni dovedite;
ako li je ne bi dati htio,
ja ću glavom doći da je uzmem,
ja ću doći s većom družinom,
ja ću doći, pa će gore proći."
 Tako reče, pa ih posla tamo,
još pridoda koju riječ grdnu.
On' odoše sjetno, neveselo,
kraj igala mora neumorna,
te dođoše gdje su Mirmidoni
i njihove kolibe i lađe.
Tu su našli i njega gdje sjedi
kraj kolibe i kraj crne lađe,
a kad ih je Ahil ugledao,
zaista se obradovô nije.
Oni pako od zazora silna,
od zazora i straha pred kraljem,
zastadoše pa ni da bi r'ječi,
nit' romore niti što govore;
ali on se odma' dosjetio,

dosjetio u svojemu umu,
te im ode 'vako besjediti:
„Zdravo da ste, Divovi glasnici,
poslanici i Diva i ljudi!
Bliže stup'te, vi mi niste krivi,
kriv je meni samo Agamemnon
što vas amo šalje obojicu
Briseide poradi djevojke.
Nego, dela, bogorodni druže,
de, Patrokle, izvedi djevojku,
pa je predaj njima da je vode.
A da su mi oni dva svjedoka
pred blaženim bogovima višnjim
i pred svijem samrtnijem ljudma
i pred samim osorljivim kraljem,
ako ikad bude do nevolje
te bez mene niko ne uzmože
ukloniti sramnu pogibiju
od ostale svekolike vojske.
Jer njega su spopali bijesi
opako mu srce raspinjući,
ne zna ništa niti razumije
pogledati na se ni preda se
da bi njemu kraj lađa Ahajci
uzdali se bojeve bijući."
Tako reče, a Patrokle vjerni
poslušao svoga milog druga,
iz kolibe izvede djevojku,
ljepoliku curu Briseidu,
dade im je da je sobom vode,
a oni se odmah uputiše
prema crnim lađama ahajskim;
s njima cura sjetno, neveselo.
Zaplaka se Ahil-Pelejiću,
zaplaka se, ostavi družinu,
sinju moru sjede na igalo,
kroza suze na more pogleda,
na pučinu mora debeloga,
k moru sinju pružajući ruke,
majku svoju mnogo preklinjaše:

„Majko moja, kad inako nije,
već me rodi tako malovječna,
pa bar da mi Dive Olimpiski
pa bar da mi gromovnik s visina,
bar da meni obraz on osvjetla;
al' sada mi ni maličko nije
zaklonio obraz i poštenje.
Jer eto mi ljuto ga nagrdi
Agamemnon silni Atreviću,
uze dar mi i sad ga imade
otevši ga meni na sramotu."
   Tako veli i suze proliva,
a gospođa čula ga je majka,
čula ga je sjedeć na dnu mora
kraj svoga oca, kraj morskoga starca.
Brzo nagla kao siva magla,
te se vinu nad pučinu sinju,
pred njega se posadila majka,
a on roni suze niz obraze,
ona njega rukom omilova,
pa mu zbori i riječ govori:
   „Čedo moje, što mi plačeš tako?
Koji su ti jadi na srdašcu?
Reci majci, ne taji u duši,
reci, hrano, da oboje znamo."
   Brzac Ahil njojzi progovara,
odgovara uzdišući teško:
„Znaš i sama, pa što da ti pričam,
čemu riječ kad si svemu vješta?
Mi pođosmo nekako u Tebu,
u grad sveti u Ejetijonov,
uzesmo je i razorismo je,
ponijesmo sve što tamo bješe.
I sve to su pravo pod'jelili
među sobom sinovi ahajski,
a Atrević izabrao za se
ljepoliku curu Hriseidu.
Al' eto ti Hrisa svećenika
Apolonu, nadaleko str'jelcu,

gdje dolazi brodovima brzim
Ahajaca mjedoruhovaca,
nosi silno za otkupe blago
da otkupi njime svoju ćerku,
u ruci mu palica od zlata,
na palici vije se oglavlje
Apolona, nadaleko str'jelca,
pa lijepo moli sve Ahajce,
a najviše oba Atrevića,
razložnike narodu ahajskom.
Tad Ahajci svi pristaše listom
da štovati valja sveštenika
i primiti otkupe mu sjajne.
Ali to se ne sviđe u duši
Atreviću tom Agamemnonu,
grdno odbi Hrisa sveštenika,
žestoku mu riječ besjedio.
Ode starac pun ljutine kivne,
pomoli se bogu Apolonu,
Apolon mu usliši molitvu,
jer veoma mio mu bejaše.
Zlu strijelu posla na Ahajce,
stade narod ginuti na gomile,
a svud pada bogova strijela
po širokom okolu ahajskom.
Tad nam javi gatar dobroznali
daljometni što mu bog poruči.
Umah prvi ja navalih na njih
da nam boga umiriti valja.
Al' Atrević tada planu bijesom,
frk ustade, prijetit mi stade,
što popr'jeti, on to i pripeti.
Nju Ahajci tada svjetlooki
natovare na brod brzovati
i darove još priliože bogu,
te je tako oprave u Krisu.
A ovu mi jutros odvedoše
glasonoše iz mog savrndaka,
odvedoše curu Briseidu

što je sinci dadoše ahajski.
No ti, majko, možeš li ikako,
de zakrili svoga vrlog sina.
Pođi molit na Olimpu Diva,
ako si mu ikad ugodila
srcu divskom zborom ili tvorom.
Jer sam često, slušao te, majko,
gdje se hvališ u očinih dvorih
kako si mu bila u nevolji,
Kronoviću oblačini Divu,
ti jedina među besmrtnima,
od grdne ga spasla pogibije
kad su oni drugi Olimpljani
navalili bili da ga svežu,
bog Posidon i boginja Jera
i sa njima Palada Atina.
Al' ti dođe, majko i boginjo,
te sa Diva sveze odriješi
na golema pozvavši Olimpo
storukoga brzo strahovitog,
bogovi ga zovu Brijerejem,
a svi ljudi zovu Egejonom,
jer je, bome, još pobolji snagom
taj storuki i od oca svoga.
Taj zasjede pored Kronijona,
sve uživa u slavi kraj Diva;
od njega se prepadoše ljuto,
prepadoše blaženi bogovi,
te vezati ne smjedoše Diva.
Na to njega sada opomeni,
uza nj sjedi, maši mu s' koljêna,
ne bi li se Dive privolio
da Trojcima na pomoći bude
da sijeku pri moru Ahajce
goneći ih lađama na krme,
svi neka se tog nasite kralja,
a i glavom Atrević nek uzna,
nadaleko silni Agamemnon,
koliki je grijeh učinio
što ne štova najboljeg Ahajca."

А Тетида њему одговара
грозне сузе лијућ низ образе:
„Куку мени, дијете, и теби,
што сам, храно, јадна те родила!
Кад ти је већ одредила судба
кратак вијек – за дуго ми нећеш,
бар да сједиш крај брзих бродова
неојађен и неплачан, сине!
А сада ми јаднијега нема
нити иког маловјечнијега;
у зли час те породих у двору.
Идем главом сњежаном Олимпу
да ти твоју ријеч испоручим,
испоручим громовнику Диву,
не би ли се мени смиловао.
А ти сједи крај брзих бродова,
па се срди, Ахајце нагрди,
војевања остави се сасвим.
Јер је Диве јуче у Океан
ка честитим пошô Етиопцем
да се тамо гости и прочасти,
с њим одоше богови остали.
Ал' ће ти се дванаестога дана
повратити опет ка Олимпу:
тада ћу ти ја поћи занаго
у Дивове мједопражне дворе,
кољена ћу њему обухватит,
па ћу му се домолит, уздам се."
Тако рече богиња, па оде,
остави га тамо гдје се срди,
гдје се срди и у срцу љути
ради оне танковите моме
што је силом одведоше они.
У то стиже Одисеј у Хрису,
собом води свету јекатомбу.
Кад су дошли у затоне луци,
скину једра, ставе их у лађу,
а катарку метну у жлијеб јој
спустивши је ужетима брзо;

pod pristan su lađu doveslali,
tu su hitro zaronili sidro,
priponima vezali za lađu,
pa i oni izađoše sami,
izađoše na igalo bučno,
iskrcaše svetu jekatombu
Apolonu, nadaleko str'jelcu.
Tad i ona, tad i Hriseida
s moreplovke išetala lađe,
nju mi vodi premudri Odisej,
privede je božjem žrtveniku,
milom babu u ruke je dava,
dajući je, njemu progovara:
 „Evo, Hriso, mene šalje amo
junacima vladar Agamemnon
da ti tvoju ja dovedem ćerku
i priložim svetu jekatombu
bogu Fojbu u ime danajsko,
ne bi li se ublažio gospod
što je zadô narodu ahajskom
grdne muke, jade srdobone."
 Tako rekav, dâ mu je u ruke;
on je primi rado i veselo,
milu ćerku, blago si ga njemu!
Oni brzo svetu jekatombu
bogu Fojbu namjeste po redu
stanovnoga oko žrtvenika;
tada ruke poizumivaše
šaku ječma da zahiti svatko,
posred njih je Hriso digô ruke,
pa se mnogo moli Apolonu:
 „Oj, ču li me, bože srebroluki,
svetoj Kili okrilje i Hrisi,
a Tenedu silni gospodaru,
kako sam ti prije molio se,
molio se i domolio se,
te si obraz meni sačuvao,
a Ahajce pokarao ljuto,
ovu mi sad usliši želju:

skini muku s naroda danajskog,
tešku muku i nevolju grdnu."
    Tako reče bogu se moleći,
čuo ga je Fojbo Apolone.
I oni se tada pomoliše
i bacaše ječam po žrtvama,
nauznak im saviše vratove,
zaklaše ih i oderaše ih,
butove im tada isijeku,
pa butove salom obložiše,
obložiše salom dvostrukijem,
a po njima dijelove mesa.
Sve to peče stari svešteniče,
sve to peče na cjepanicama,
po pecivu rujno sipa vino;
oko njega skupili se momci,
u rukama vile petoroge.
A kada se ispekoše stegna
i utrobu oni ogledaše,
drugo meso iseckaše sitno,
na ražnjeve sve ponaticaše,
sve lijepo to ispeku meso,
pa pečeno skinu ga sa ražnja.
A kad s poslom prestali bijahu,
te kada su objed zgotovili,
latiše se objed objedovat,
srcu dosta za svakoga gosta.
A kad su se jela nasitili
i napili dovoljano pića,
čabrove su momci napunili,
napunili pićem sve do vrha,
iz čabrova vrče natočiše,
svakom toče, bogu namjenjuju;
a oni su sinovi ahajski
pjesmu pjeli do zalaska sunca,
boga blažeć lijepim pojanjem,
pjevajući pjesmu bogohvalku
i slaveći boga zaštitnika,
a on sluša, vesela mu duša.

A kada je potonulo sunce
i već pala crna pomrčina,
sva družina spati poliježe
kraj priponâ tamo brodovijeh.
A tek što je zora zab'jelila,
ružoprsta zora ranorodna,
otisnu se opet putovati
ka širokom okolu ahajskom.
Tada njima zgodan vjetar posla,
vjetar posla zaštitnik Apolon;
oni tanku digoše katarku,
razaviše vjetrila bijela;
duhnu vjetar u bijela jedra,
te uprije, a posred srijede;
kako lađa brzovato plovi,
stoji huka bukovita vala
gdje se lomi brodu oko gupca.
Leti lađa moru niza vale,
leti pusta, sve je manje puta.
A kada su stigli do okola,
do širokog okola ahajskog,
na obalu izvukoše lađu,
na visinu, br'jegu na pržinu,
dohvatiše velje podupornje,
s obje strane brod poduprješe,
a oni se raziđu kud koji,
po brodovih i po savrndacih.
   A on sjedi kraj brodova brzih,
bogorodni Pelejev jedinac,
sjedi tamo Ahil brzonogi,
samo sjedi u srcu se jedi;
niti mu je do skupštine slavne,
na bojeve i ne osvrće se,
sjedi tune, a srce mu trune,
željan vazda ubojna pokliča,
željan vazda boja junačkoga.
   Dan za danom, a kada je u to
dvanaesta rodila se zora,
bogovi su, viječito živi,

svi zajedno pošli ka Olimpu,
sve bogove vodio je Dive.
Al' Tetida zabitna ne bila,
poruke se sjeti svoga sina,
rano niče iz mora, iz vala,
iz mora se na nebesa vine,
na nebesa, Olimpu u dvore.
Tu je našla gromovnika Diva
sâm gdje sjedi na najvišem visu
mnogovrhog Olimpa brijega,
a svi drugi daleko su bili.
Ona sjede ukraj Kronovića,
lijevom se maša koljena mu,
a desnicom njegova podvoljka,
pa se moli Divu Kronoviću,
silnome je 'vako besjedila:
„Oče Dive, ako sam ti ikad,
ako sam ti među besmrtnijem
ugodila zborom ili tvorom,
ovu želju ispuni mi velju.
Da povratiš obraz mome sinu
što ga nema malovječnijega
među ljudma na ovome svijetu,
a jutros mu još i obraz uze
Agamemnon, vladalac junakom;
oteo mu darak na sramotu,
pa ga ima, a sin mi ga nema.
Nego ti bar obraz mu osveti,
Olimpijče, oj, premudri Dive,
te Trojcima dotle podaj snagu
dok Ahajci ne bi moga sina
poštovali, časti mu pridali."
    Mukom muči Kronoviću silni,
mukom muči, ništa ne besjedi.
Tetida ga tvrdo uhvatila,
uhvatila noge za koljena,
pa ga drži kano da je srasla,
te ga ode opet preklinjati:
    „Odistine, ela, neporično,
obreci mi mahom i namigom,

il' obreci, il' odreci samo
– strah te barem ni od koga nije –
da bar znadem koliko sam tebi
ja najgora od svijeh boginja."
    Gromovnik joj ljuto odgovara:
„Moja Teť'jo, ne valja ti radnja
što me hoćeš da posvađaš s Jerom,
da me Jera pokarljivo grdi;
i tako me med bogovi' kara
da joj u boj Trojcima pomažem.
Ma odlazi, tu ne oklijevaj,
da te kako Jera ne ugleda;
a ja ću se većem pobrinuti
da učinim što si poželjela.
No sad ću ti glavom namignuti
da bar znadeš kol'ko mi vrijediš;
kad ja glavom bogovima klimnem,
najveće im to je obilježje,
jer ta moja biva nepovratna;
sve se vrši to neprijevarno,
vjerom pravom, kad ja klimnem glavom."
    Kad to reče bože Kronoviću,
namignu joj mrkim obrvama,
prosu mu se kosa ambrosijska,
vladaocu sa besmrtne glave,
sav se Olimp golemi potrese.
    E tako se oni svjetovahu,
svjetovahu, pa se rastadoše;
Teť'ja ode s Olimpa svijetlog,
sa Olimpa moru u dubljine,
Kronoviću u mjedene dvore.
A bogovi svi se podigoše
sve na susret ocu Kronoviću,
svak lijepo, smjerno i poslušno.
Kronoviću sjede na prijesto;
al' je njega Jera providjela,
vidjela je Teť'ju bjelonogu,
milu ćerku moru gospodara,
vidjela je gdje se svjetovala,

svjetovala s Kronovićem silnim;
ode njemu grdno besjediti:
„Ko se s tobom, varljiv domišljane,
ko se s tobom sada svjetovao?
Milo ti je mene prevariti,
sve podmuklo misliš i razmišljaš,
nikad nećeš l'jepo da mi kažeš
na što misliš, na što namjenjuješ."
      Njoj govori Kronoviću silni,
otac ljudi i otac bogova:
„Ne nadaj se svašta da dokučiš
u mojemu umu što se zbiva,
zlo bi prošla mada si mi ljuba.
Ali što ti čuti pristoji se,
prije tebe niko znati neće
od bogova a niti od ljudi;
al' što mislim i što namjenjujem
da me niko ne zna od bogova,
to ne traži, za to ne razbiraj."
      A gospođa volooka Jera
njemu na to 'vako odgovara:
„Šta to zboriš Kronoviću strašni?
Nit' te tražim, nit' te zapitkujem,
s mirom misliš, s mirom namjenjuješ,
sve u miru, sve po volji tvojoj.
Nego sam se jako uplašila
da ti nije srce opčinila,
opčinila Teť'ja srebronoga,
mila ćerka morskoga starine.
Do tebe se jutros posadila,
koljena ti rukom obgrlila,
čini mi se, glavom si joj manô,
glavom manô, tvrdu vjeru davô:
Ahila ćeš njojzi poštovati,
a množinu da ćeš potamanit
kod brodova vrlih Ahajaca."
      Na to njojzi oblačina Dive
odgovara, te joj 'vako zbori:
„Čudna ženo, sve nešto nagađaš,

nikako se od tebe skloniti.
Izgraditi tako ništa nećeš,
sve ćeš meni više omrznuti,
a što više, gore je po tebe.
Pa neka je baš i tako bilo,
biće da je tako meni milo.
Muč', pa sjedi, poslušaj me l'jepo,
neće tebi pomoći zanago
svi bogovi što su na Olimpu
kad se tebi ja bliže prikučim,
te na tebe puste stavim ruke."
   Uplaši se volooka Jera,
uplaši se, ućuta, pa sjede,
utaloži srce svoje drago.
Svi bogovi ozlojediše se
u Divovi' u mjedeni' dvori'.
Al' im stade zboriti Jefesto;
da ugodi svojoj miloj majci,
miloj majci bjelorukoj Jeri,
slavni vještak njima govoraše:
„Nuto nama muke i nevolje,
te se više ne mož' podnijeti
kad se tako vas dvoje svađate,
med bogovi graju načiniste;
neće nama tako slatko pasti
ništa više od gozbine dobre
kad je gore zavladalo svako.
A no ja bih govorio majci,
iako je sama domišljanka,
milom babu da ugađa Divu,
da je babo ne bi više karô,
da nam ne bi pokvario ručka.
Jer ako mu samo na um padne,
gromovniku silnom Olimpijcu,
da nas baci iz naših sjednika,
jer od svijeh mnogo je najjači.
Al' ako mu budeš ugađala,
ugodljivim blažila riječma,
odmah će nam otac Olimpijac,

odmah će nam opet biti voljan."
 Tako reče, pa na noge skoči,
dohvatio čašu dvokupicu,
miloj majci dava je u ruke,
pa je 'vaku riječ besjedio:
„Strpi mi se, moja mila majko,
stegni srce, iako te boli,
da te ne bih, kol'ko si mi draga,
ja očima gledao bijenu;
ja ti ne bih mogao pomoći
mada bi mi vrlo žao bilo,
jer je vrlo mučno oprijet se,
protiviti Divu Olimpijcu.
Tako, nekad, ja mu htjedoh branit,
a on mene za nogu uzevši
baci dole s praga nebeskoga.
Padao sam od zraka do mraka,
taman sunce za more da zađe,
a ja padoh na zemlju, na Lemnos;
malo duše u meni je bilo;
tad otuda mene gdje sam pao
odnesoše Sintijani ljudi."
 Tako reče; osmjehnu se Jera,
bjeloruka majka mu boginja,
s osmijehom čašu je uzela,
uzela je iz ruke sinovlje.
Tada ovaj bogovim' ostalim
stade s desna slatki nektar točit
zahitajuć iz čabra ga svima.
Grohotom se tada nasmijali,
nasmijali blaženi bogovi,
gledajući hromoga Jefesta
kako živo tetura po dvoru.
 Bogovi su tako blagovali,
vas dan tako do zalaska sunca,
nit' je srce poželjelo
od gozbine njine zajednice,
ni forminge lijepe, prekrasne,
u rukama Fojba Apolona,

pa ni musa, slavnih pjevačica,
kako jedna drugoj odgovara
naizmjence lijepijem glasom.
   A kada je bilo potonulo
jarkog sunca to svjetilo sjajno,
svatko pođe doma da počine,
gdje je svakom sagradio dvore
slava Jefest, hrom na obje noge,
vještom rukom i umjetnim umom.
Tad i Dive, gromovnik Olimpski,
pođe spavat u postelju svoju,
gdje ležati bješe navikao
kad god njemu slatki sanak dođe;
tu se pope i leže da spava,
a kraj njega zlatostola Jera.

# ILIJADA

## Z.

*(390–502)*

Tada Jektor iziđe iz dvora,
istim putem pođe da se vrati;
kad je prošô ulice građevne
i došao do Skajskijeh vrata
golemijem gradom proišavši
– tud je htio na polje izaći –
mila ljuba na susret mu dođe,
na susret mu izašla trčeći
darovita ljuba Andromaha,
mila šćerca hrabrog Etiona
što življaše pod planinom Plakom
vladajući nad podgornom Tebom
a nad gradom kiličkih junaka;
šćerca mu je pošla za Jektora,
za Jektora mjedom oružana.
Kada ga je ljuba susretnula,
tad je ljubu pratila dadilja,
dijete je nosila na grudih,
Jektorova sina miljenika,
još dijete bezazleno, ludo,
prilika je lijepoj zvijezdi,
Jektor ga je zvao Skamandrijom,
a drugi ga zvah' Astijanaktom,
jer sâm Jektor gradu branič bješe.
Kad ugleda sinčića babajko,
srce mu se u grudma nasm'ješi,
milo mu je, ne mož' da govori;
ali ljuba o njemu obisnu,

obisnuvši gorke suze lije,
uhvati ga za ruku junačku,
te mu 'vako tiho progovara:
„Oj nebore, poginućeš, jado,
ubiće te to srce junačko.
A nije ti djetenceta žao,
nije t' žao tvoje jadne ljube
da ti mlada bude udovica.
Brzo će te posjeći Ahajci
kad svi listom na tebe navale.
Voljela bih pod zemljicu sići
kada tebe većem više nema;
tä sve mi je dobro poginulo
kada tebi suđen danak dođe;
jadi će me mladu oboriti.
Tä ja nemam ni oca ni majke;
poginu mi starina babajko,
njega ubi taj Ahile divni,
i razori vrhovratu Tebu,
grad ugodni kiličkih junaka,
ubi junak starog Etiona,
al' mu nije skinuo oružja,
od otog mu zazor bješe duši,
već ga spali zajedno s oružjem,
nad kostima grobnicu sazida,
te dođoše iz gorice vile,
mile šćerce gromovnika silnog,
nad grobom mu br'ješće posadiše.
Imala sam sedam milih brata,
sedam brata, sad sedam grobova,
jedan danak sve mi utamani;
i njih ubi Ahile junače
kod volova i b'jelih ovaca.
Odvede mi moju staru majku
što careva pod planinom Plakom,
odvede je, jadnu, s drugim robljem.
Al' on za nju silan otkup uze,
te je nama natrag povratio.
Al' poginu u očinih dvori,

ustrijeli j' Artemis boginja,
Artemida streljačica pusta.
Ti si meni, Jektore, babajko,
mila majka, bratac omiljeni,
ti si golub tvojoj golubici.
De, golube, de, smiluj se na me,
te ostani na bijeloj kuli,
da t' ne bude djetence siroče,
da t' ne bude ljuba udovica!"
Njojzi opet 'vako progovara
velji Jektor, junak šljemoviti:
„Tà i ja sam sve to razmislio,
pa sam ti se, ženo, zabrinuo;
al' je meni zazor i sramota,
sramota mi od trojskih junaka
i od njinih dugoskutih žena,
ta sramota što tu oklijevam,
a daleko od rata krvava.
Ne trpi mi ni volja junačka,
jer sam tako junak naučio
da sam prvi u boju junačkom
da se ne bi slava izgubila,
slava moja i moga babajka.
Znam ja dobro u srcu i duši,
znam ja dobro da će danak doći
kad će sveto propasti Ilije
i Prijamo i Prijamov narod.
Al' se nisam tako ražalio
ni na Trojce, ni na Jekabu staru,
ni na baba, ni na Prijama kralja,
ni na braću, sve dobre junake,
što će pasti po zemljici crnoj,
što će pasti od ljutih krvnika,
– dosta ih je Prijam izrodio! –
kâ na tebe, mila moja ljubo,
kad te kakav povede Ahajac,
a ti, ljubo, gorke suze liješ,
smrče ti se dan slobode tvoje.
Pa kad budeš u zemlji u Argu,

pa bijelo moraš tkati platno,
a ne možeš ni sebi, ni svome,
nego moraš tuđinci robiti;
pa ćeš morat i vode nositi,
iz Meseje, il' iz Ipereje,
muka te je golema i ljuta,
al' te silna nevolja savlada.
Tad će tebe ugledati ljudi,
ugledati gdje suze prolivaš,
pa će koji počem 'vako reći:
'Nuto žene, Jektorove ljube,
najboljega onog ubojnika
med Trojcima med konjokrotama
kad su bili pod Ilijem gradom.'
Tako će ti kogod prozboriti,
a tebi će novi jadi doći,
poželićeš svoga gospodara
da te, jadnu, ropstva oslobodi.
Al' ja volim junak poginuti,
volim leći pod zemljicu hladnu,
neg' da vidim gdje te zarobiše
i da čujem tvoje lelekanje."
　　Tako reče Jektor junačina,
pa se maši da prihvati d'jete.
Al' se d'jete natrag obrnulo,
stade njega cika i dernjava,
te se krije dojkinji u njedra,
a dojkinji ljepopojasnici,
jer se d'jete bilo uplašilo
a od lica miloga babajka
gdje ugleda mjedenu kacidu
i od strunje vitu perjanicu
gdje se strašno sa vrh šlema njiha.
Grohotom se babo nasmijao,
nasmija se i mila mu majka.
Skide Jektor kacidu sa glave,
pa je mete na zemljicu crnu,
sva se zemlja od nje zasijala.
P' onda uze u naručje d'jete,

te mu ljubi i oči i usta,
pa ga stade lako ljuljuškati,
ljuljuškati rukama junačkim,
pa je 'vako Diva prizivao,
prizivao Diva i bogove:
„Ču li mene, bože nad bogovi',
čuste li me, bogovi ostali!
A darujte milom mojem sinu,
darujte mu sreću i junaštvo,
da je junak kâ što mu je babo,
da je, mlađan, međ Trojcima slavan
i da znade gradu carevati.
A onda će govoriti ljudi
kad iz rata junak kući dođe:
'Nuto sina boljeg od babajka!'
A on nosi krvavo oružje
štono skide u boju junaku,
a majci je milina u duši."
  Kad je tako riječ govorio,
on podiže svoje milo d'jete
i mete ga u naručje majci,
a majka ga prihvati na njedra,
a na njedra meka, mirisava,
oči joj se napunile suza,
ispod suza slatko se smiješi.
Jektoru se bješe ražalilo,
pa joj rukom grlo obgrlio,
te je 'vako ljubi govorio:
„Davor, ljubo, i jado i čudo,
nemoj mi se odveć ražaliti;
mimo sudbu mene niko živi,
niko neće u ad opraviti;
a od smrti nikakva lijeka,
ni rđavom niti čestitome,
kojega je odojila majka.
A ti idi u dvore bijele,
za tebe je, ženo, redovati,
za tebe je preslica i razboj,
zapov'jedaj mladim dvorkinjama

da ti čine dvorbu i ugodbu;
za rat će se brinuti svi ljudi,
a ja ću se ponajviše, ljubo,
od svih što su rođeni u Troji."
   Tako reče sjajani Jektore,
pa se maši grivaste kacide,
a mila mu ode doma ljuba
na vojna se često obzirući
i roneći suze niz obraze.
Kad je došla u visoke dvore,
a u dvore Jektora krvavca,
nađe tamo množinu dvorkinja;
tek dvorkinje ugledale gospu,
sve su s njome zakukale tužno.
Jektora su oplakale živa
u bijelih Jektorovih dvori';
tu su, tužne, jadno naricale
da s' iz rata više vratit neće,
da Ahajcem neće pobjegnuti,
njinoj ljutnji i desnici ruci.

# ŠESTI DAN

Stoji zemlja suncem obasjana,
stoji zemlja travom nasmejana,
preliva se čisto zelenilo,
preliva se dolinom i bregom,
milina je u nju pogledati –
s neba tvorac na zemljicu gledi,
a tamo ti vrvi i gamiže,
jedno tamo, a drugo ovamo,
sve to znade kud će i kako će;
al' sve ti je tica i živinče,
nigde ljudi, nigde devojaka,
ja do jedno momče u gorici.
To je Bogu vrlo mučno bilo,
on doziva svetlog aranđela,
te anđelu 'vako progovara:
„A moj slugo, svetli aranđelu,
gledaj, slugo, na zemljicu crnu,
ugledaćeš momče u gorici,
mene momče jeste ražalilo,
ne bih, jadno, da je tako samo,
već ti idi, stvori mu devojku!"
Kad je anđô reči saslušao,
on se diže na krilate ruke,
te on ode zemlji u goricu.
Kad je došô u goru zelenu,
on uzabra ružicu belicu,
poškropi je krvlju od obraza,
obavi je zrakom od sunašca
i umoči u mrak noćce čarne.
Kad je ružu iz mraka izvukô,
on je ljubi anđelskim usnama,

on je ljubi – postade devojka.
Od ruže je cela postanula,
od noći joj oči postanule
i postala kosa na uvojke,
od sunašca kutija srdašca,
a od krvi vatra devojačka.
Kad je anđô stvorio devojku,
on dovede momče iz gorice,
te ga vodi lepoti devojci.
Kad ugleda momče iz gorice,
kad ugleda mlađano devojče,
želji živoj ne mož' odoleti,
momu 'vata za gizdavu ruku,
pa je šćaše lako obgrliti;
al' je moma roda ponosita,
otiskuje momka siromaka,
otiskuje, neće da ga gledi.
To je momku vrlo mučno bilo.
Obrnu se svetlom aranđelu,
viđe u njeg' mača plamenoga,
istrže ga anđelu iz ruke,
te se udri s njime po srdašcu,
vrela krvca iz grudi mu prsnu.

\* \* \*

De se krvca na zemlju prolila,
tamo raste vinovo čokoće,
iz čokoća vinova lozica,
iz lozice od grožđa evenjke,
a iz grožđa rujno teče vino:
ko ga pije, da se ne opija,
a ko ljubi, da se ne ubija.

[1858]

## NA GRAHOVU

Bledi mesec za goricu zađe,
bledi mesec i Danica zvezda,
a Turcima mesec potavnio,
nad njime je potavnila zvezda,
barjak im je klonuo niz koplje,
kitom bije čalmu barjaktara.

Poljanu su osvetlili zraci,
al' se dižu od gore oblaci,
ne vidi se sunčanoga zraka:
Evo, Turci, bure iz oblaka!
Iz oblaka munje posuktaše,
crni oblak sredom razdiraše:
Evo, Turci, vatre iz oblaka,
ne bojte se, neće biti mraka!
Pade oblak s gore na poljanu:
More, Turci, čuvajte džebanu!
Rasturi se oblak po poljani:
Evo, Turci, žalosna vam majka,
evo, Turci, krvavih gorštaka,
evo, Turci, njihovih pušaka,
ne bojte se, malo je pušaka,
al' je dosta handžar za junaka!
Na nebu je sunce odskočilo,
na Grahovu zvono zazvonilo,
a sunce je razdvojilo zrake,
jedne šalje na gorske junake,
druge šalje na Turke nejake,
al' su Turci roda mekanoga,
Crnogorci roda junačkoga,
te im sunce ni trebalo nije.

Na Grahovu podne prevalilo,
Karadag je sunce obasjalo,
Grahovo su Turci opkolili,
na Grahovo vatru oborili.
Istrčaše jadni Grahovljani,
doskočiše silni Kruševljani:
stade jeka junačkoga glasa,
stade zveket turskih talambasa.
Brzo Turci puške oboriše,
a na puške gvožđe natakoše,
krenuše se turski miralaji,
krenuše se konji i alaji,
na junake silom navališe,
iz pušaka vatru opališe,
a tobdžije iz crnih topova.
Leti pusto usijano tane,
krši vojsku, kano tuča grane,
ali nema iz gore junaka
što se boji topa od Turaka.
Pada junak, kâ u polju cveće,
zaman pada, kad izdati neće;
što je palo, to je i ostalo,
što je ostalo, s dušom se rastalo.
Al' da vidiš čuda od Turčina
kad s' udari Cuca sa Turčinom,
gola prsa s ubojitim gvožđem:
levom rukom 'vata bajoneta,
a desnicom handžara prokleta,
– tâ proklet je, ali Cuci nije,
Cuci mio, al' Turčinu nije –
zablista se u ruci junaka,
zablista se od sunčanog zraka –
sad se surva u krv zulumćara,
junaku se rana leči stara.
Pada Turčin, beže miralaji,
razbegnu se konji i alaji:
tu se seku obrijane glave,
kâ u polju zelenike trave.
Zapadu je sunce pohitalo,
na Karadag zrakom prevalilo,

na poljanu krvca se prolila
zelen-travu potokom oblila,
krvcu dižu od sunašca zraci,
od krvi se dizaše oblaci,
a oblaci potavniše zrake,
te preliše na polju junake,
laka dažda pada od oblaka,
lako pere krvcu sa junaka –
nije dažda, već su suze gorke,
plače sunce, krv mu dodijala,
plače sunce – tä nije odavna,
tä odavna, od Kosova ravna;
a sad sunce neće ni da gledi,
ne zna sunce šta Grahovo vredi.
Gledaj, sunce, to su Grahovljani,
gledaj, sunce, nisu Kosovljani,
nemoj, sunce, jarko moje blago,
sada sini na Grahovo drago!
Sad da vidiš sive vitezove,
vitezove, silne sokolove,
a kako su Turke poterali,
u bedeme tvrde uterali,
kako seku sa bedema Turke,
kano lovci u gorici vuke!
Pa da vidiš pašu zulum-pašu,
beži paša, glava zulumćara,
evo, braćo, od paše šićara!
Al' da vidiš moga tića siva,
tića siva, perjanika Iva,
odrubi mu obrijanu glavu,
pade glava u zelenu travu.
Sećaš li se, moje sunce jarko,
sunce jarko, moje dobro drago,
sećaš li se kosovskih junaka,
sećaš li se kosovskih Turaka?
Da se sećaš, ne bi jadovalo,
već bi lepo polje obasjalo!

\* \* \*

Tavna noćca poljanu prekrili,
općinila umorne junake,
skrila im je od meseca zrake:
junacima Turci dodijali,
te su tiho kraj vatre zaspali.
Samo straža po bedemu šeće,
jer se straža umoriti neće.
Kraj bedema procvatilo smilje,
rane su ga sa krvcom oblile,
velje rane jednoga junaka,
a junaka, crnoga gorštaka –
klonu zemlji smilje, žuto cveće,
klonu zemlji, odniknuti neće;
ne zna cveće da je na Grahovu,
misli cveće da je na Kosovu:
ista krvca plemena gorštačka,
iste rane i prsa junačka.
Vreme dođe – evo doba gluva,
vijor vetar niz poljanu duva,
čudno duva niz poljanu ravnu,
čudno huji u tu noćcu tavnu;
sa vijorom neko šaputanje,
sa šapatom neko uzdisanje;
čudno šušte niz poljanu trave –
iz trave se podigoše glave:
bleda lica, zrakom obasjana,
crna krvca iz dubokih rana;
nad mrtvima nešto mi obleće,
sve obleće – spustiti se neće.
Kakvi stvori, kojega li sveta,
što ih ponoć izrodila kleta,
il' se bude mrtvi Grahovljani,
il' su došli stari Kosovljani?
Ne znam, pobro – eno tebi straže,
kazaće ti šta joj šapat kaže.

\* \* \*

Bledi mesec za goricu zađe,
bledi mesec i Danica zvezda;
Turcima je nestalo meseca,
i nad njime je nestalo Danice,
barjak im je u krv ogreznuo,
izderan je kano turska vojska,
njega nosi Cuca kapetane.

[1858]

# SAN HAFISOV

Sunce zađe, već i suton pređe,
Zulejka se po gradini šeće,
kad joj nema mladog gospodara,
da se barem s cvećem razgovara;
kraj tog smilja što se tamo bledi
kanda sada svog dragana gledi;
to je mesto prvog milovanja
i ročište svakog sastajanja.
Kanda sluša de joj dragi svira,
kako svira u srce je dira,
pa kako joj uz svirku popeva,
šta mu srce od srca zahteva.
Svaku rečcu, svako uzdisanje,
svaki pogled, svako milovanje,
svaki cvrkut ljubavnog pokreta,
sve kanda joj cveće pripoveda.

Veče ćuti, mlada prisluškiva,
u slušanju zaspala, pa sniva,
da o kom će kad o dici neće,
tamo, sanče, kud te milost kreće!
Veče ćuti, tek se čuje žagor,
kanda potok miluje kamenje;
i njega je rodilo sevdenje:
ljubio se vetar sa oblakom,
grlio ga blagom svojom snagom;
oblak rodi iz visine svete
plavu kišu, svoje lepo dete;
kiša čini od milosti preke
po livadi potoke i reke.

Veče ćuti i livada drema,
baš na zemlji ni šapata nema,
a Zulejka tek što progovara,
tako tiho kanda diku kara;
svaka reč se potokom odziva,
s potokom se u reku uliva,
a s rekom se u more provađa,
de se vozi Hafisova lađa.
Nojca ćuti, još zora ne rudi,
nojca ćuti, kanda nešto sluti –
šušnu lišće, previja se trava,
Zulejci se nešto približava –
„Jaoj, jao, diko moja, diko,
šta ću, bolan, kako bi' dovikô?
Jaoj guje, kako se uvija,
kako joj se u prsi upija,
ne daj, dušo, uteče ti duša – –
ne daj, ne daj – – – !"
Tiho, prazno, sva je krčma pusta,
napolju je pomrčina gusta,
samo tamo u ćošku na klupi
čini mi se da se neko budi –
nemoj, brajko, u snu traži leka,
zar je java bolja po tebeka?

[1858]

# IZA SNA

Guslar-momče sanak snilo
u tišini gorskog luga,
kanda mu se u san slilo
što mu srce nosi tuga.

Čini mu se po planini
gluva noć prevalila,
a u tihoj u tavnini
vila kolo zavodila.

Oh! da mu se nagledati
toga oka vidovita,
oh! da mu se naljubiti
toga lica vilovita!

Pa da mu se naslušati
tih pesama neslušani',
kako srce divno pati,
a kako se divno brani.

O divoti milovanja,
kad uz milost zlobe nije,
o svetinji umiranja,
kad slobode drukče nije.

O jadima što odavna
teškim tiskom srca tište,
o jadima onih gora
de je njeno igralište.

Svita zora, nesta kola,
a kad slušaš, čudno ti je,
oko brega, oko dola
kanda jošte pesma bije.

Glas se vilin razlegao
    po šimširi' i javori',
a javor mu gusle dao,
    te u njima još romori.

Glas se momku razlegao
    i po srcu i po duši,
a kad s' od sna razabrao,
    još ga velja suza guši.

U ruci mu mirno ćute
    stare gusle razbijene,
razbile ih besne ruke,
    krvlju raje osiljene.

'Oćeš, brale, nove gusle?
    Aoj, brale, sreće 'ude!
Ta i te će da razbiju,
    zar će te da drukče gude?

Velji jadi srce stisli,
    srce gudi o osveti,
što to jedno srce misli,
    sto će srca učiniti.

[1859]

# POLAŽNICI

Na vodeni ponedeljak
    nemam nikog da polivam,
moja dika daleko je,
    o njoj teke mislim, snivam.

Njoj dolaze polažnici,
    moju diku vodom kvase,
'oće srce da utope,
    'oće milost da ugase.

'Oće ljudi, srce moje,
    da te topi voda sama,
ej! da mi je do tebeka,
    da te topim milinama.

[1859]

## STARI CIGO

Oko čerge skupilo se
    nekoliko nji',
oko vatre orilo se:
    Pij der kume, pi'!

Mesec gledi šta mu rade
    dragi sinovi,
"kum od kuma slamu krade,
    kume, bi l' i ti?"

Što je retko, častilo se
    uz čuturicu,
što je često, pevalo se
    uz tamburicu.

Iza čerge na asuri
    star suvotinja,
vidi mu se da ga guri
    teška stotina.

Pred starcem je na saćuri
    puna čutura,
u njemu se s vinom bori
    teška kubura.

I ne gleda oko sebe
    na praunučad,
da je njemu ono doba
    dok je bio mlad!

„Kad se zora srete s danom",
   pesma ganula,
„baš se i ja sretoh s dragom
   srca planula.

Pocrvene rumen-lice,
   oči obori,
to mi lice nehotice
   dušu progori."

Starac pije kâ iz česme,
   misliš stara trud,
al' od vina il' od pesme
   drkće kao prut.

„Usničicom drombuljici
   svirku izmiče,
baš kanda se u ružici
   leptir razmeće.

Od to doba na usti mi
   vatra ostala,
a ja mislim valjda bi se
   vinom oprala."

Pesma bije uz tamburu
   bolje i bolje,
a u starcu staro vino,
   stare nevolje.

„Mlado doba, zlatno doba",
   peva tamburaš,
„jelda nema slađeg doba,
   deda, ti ga znaš?"

Uz družbu se postavio
   zguren starina,
kô nuz sitno, mlado drvlje
   stara kladina.

„Dodaj der mi, sinko, amo
    tvoje drndalo,
meni bi se nuz put samo
    malo sviralo."

Stari prsti, osušeni,
    žice udare,
suvi prsti kano suvo
    drvo tambure.

Lake žice prepukoše
    lake tambure,
a u starcu srce puno
    teške kubure.

Od ljutine razbio je
    tambur o kamen,
s njenim glasom vrže mu se
    duša u plamen.
\* \* \*
Mesec gledi šta mu rade
    dragi sinovi,
sinovi se oko dade
    mrtvog skupili.

[1859]

# POD PROZOROM

Poglédô sam u nebo,
    u mesec, zvezdice,
u prozor i u tebe
    odneta nevice;
mlad mesec metô venac,
    kô mlada nevesta,
mlad mesec tebe gledi
    pa venac namešta.
Meseče, što se ludiš?
    meseče što si slep?
Taj venac bi tek bio
    na mojoj diki lep.
Na mesec sam ti pružô,
    a ti si ćutala,
oh, dušo moja, dušo,
    jesi l' ga videla?

Na zatvoren se prozor
    kô na krst naslanjaš,
kô kanda bi na krstu
    da grehe odsanjaš.
Da imam sveta vina,
    pričestio bih te,
al' putir mi je srce
    pun krvi nesite;
po njemu ti je, dušo,
    sva duša razneta,
a u njoj sveta tajna
    ljubavnog zaveta.
Taj putir sam ti pružô,
    a ti si ćutala,

oh, dušo moja, dušo.
    jesi l' ga videla?

I mirni mesec ćuti
    nad mirnih grobovi,
a ja ga, dušo, pitam
    o našoj ljubavi;
o tvojoj duši, dušo,
    o veri njezinoj,
a mesec se osme'nu,
    u zlobi večitoj –
na mesec sam ti pružô,
    a ti si ćutala,
oh, dušo moja, dušo,
    jesi l' ga videla?

[1859]

# SVE ŠTO MI JE REKLA...

Sve što mi je rekla u zvezde sam slivô,
od tih zvezdica sliku sam joj skivô
– tã tako su valjda nekad i skovana
po tom Božjem ruvu ta puceta sjajna –
sve sam slici kazô što mi srce taji,
nakitio sam je moji' uzdisaji',
al' za taj su teret zvezde bile male,
sve su bliže, bliže zapadu se dale.
Nakitio sam je željom srca moga,
pustom, teškom željom srca žeđanoga,
al' za taj su teret zvezde bile male,
sve su bliže, bliže zapadu se dale.
Nakitio sam je slašću od usana,
blagoslovom rajskim grešnog milovanja,
al' i za taj su teret zvezde bile male,
sve su bliže, bliže zapadu se dale.
Nakitio sam je kletvama ljubavnim,
kitama žeženim, plamenom krvavim,
nek osete zvezde kako kletve tište,
nek nebu procvile, nek Bogu propište,
kako pate ljudi neka mu se tuže,
što veruju Boga, te ljubavi služe:
ej! al' za taj teret zvezde behu male,
sve su bliže, bliže zapadu se dale.

\* \* \*

Sve je nebo mirno, mirna su mu stada,
samo jedna zvezda preko neba pada,
a ja mislim, bolan, iz oka je pala,
što se pri rastanku slika zaplakala.

[1859]

## VILE

Ej, u gori silna vilo,
da mi dadeš srce tvoje,
sve bi puno vere bilo,
jer gorštaci tamo stoje.

Ej, u bilju mirna vilo,
kad bi meni srce dala,
sve bi puno leka bilo,
duša bi mi mirisala.

Ej, u vodi bistra vilo,
kad bi meni srce dala,
moje b' srce more bilo,
ti b' u more uticala.

Ej, u zraku sjajna vilo,
da mi dadeš srce tvoje,
sve bi puno pesme bilo,
tä u zraku tica poje.

Dušo, vilo moga veka,
ti si mi ga dala sama,
puno vere, puno leka,
puno milja i puno pesama.

[1859]

## SNIO SAM TE...

Snio sam te u gradini,
de o smilju ruža drema,
da smo sami, dušo moja,
a maćije tvoje nema.

Gledalo nas tiho veče
de se tiho milujemo,
cveće vene pa nas gledi,
de se venuć' rastajemo.

Cveće vene, kanda znade,
ispod suza setno gledi:
stislo mu se srce malo,
lekovito bilje cedi.

Pod tu rosu lekovitu
iz srdašca ružinoga
podmetô sam bonu dušu
iz srdašca bolanoga.

Kapalo je na to srce,
kapalo je na tu dušu,
kapalo je da razgali
tu paklenu, žednu sušu.

Iz tvog oka kapalo je
u tu žednu, kobnu čašu,
a ja sam ti napio je
u ljubavnu sreću našu.

U ljubavnu sreću našu
ti si čašu zaiskala,
kako si je žedna bila,
i čašu si progutala.

[1859]

# GOLUB

Duša mi je golub beli;
tog goluba držim zato
da mi nosi zlatu pisma
dok je zlato neprodato.

Odneo je jedno pismo
na mekanih, beli leđi',
tek što, jadan, ne izdanu
pod teretom teških reči.

Odneo je jedno pismo,
dao ga je zlatu mome,
pa je čekô na odgovor
ponosite lepe mome.

Ponosita lepa moma
dugo, vrlo dugo, ćuta,
sad baš da mu ga i dade,
ne bi natrag znao puta.

Spustio se golub beli
na mekane njene grudi
da med crnih gavranovi'
na tom svetu ne zabludi.

[1860]

# SABLJA I KRUNA

Šta me seca
sa meseca?

Il' ta turska sablja žuta,
što još nije prepuknuta?
il' je obruč krune svete
započete, nedočete,

što me seca
sa meseca?

[1860]

# STVARANJE SVETA

Bog je skovô sunce
od suvoga zlata,
kovnicu golemu
nebesnih dukata;

Bog je skovô zvezde,
sitne srebrnjake,
Bog je skovô mesec,
talir međ petake;

Bog je skovô zemlju,
poturu veliku,
prikovô je na nju
svoju carsku sliku.

To golemo blago,
ovejanu slavu,
zaključô je tvrdo
u kutiju plavu –

čas po čas otvara
tu kutiju sveta,
a kad god otvara,
poturu zagleda.

[1860]

# DANICI

Od davna su slavuji
    u noći pevali,
od davna o Danici,
    o zori snevali;

priželjkuju u želji,
    u tuzi suviše,
priželjkuju od davna,
    i gle! – priželiše.

Priželiše – već želja
    i zvezdu do'vati,
al' želja će je opet
    u zvezde kovati.

[1860]

# SRPKINJA

Srpkinja je moja dika,
srpski se ponaša,
srpske duše, srpska lika,
vilinskoga stasa.

Srpski joj je osmeh bajni,
srpski škripi zubi,
srpski voli, srpski grli,
srpski zna da ljubi.

Srpkinja je po pogledu,
reči i uzdihu,
a srce joj živo kuca –
po narodnom stihu.

[1860]

# NAISKAP...

Naiskap sam ispit hteo
    nazdravljenu punu čašu,
    tvoja usta, punu čašu,
naiskap sam ispit hteo.

Al' tek samo što sam srknô,
    već sam pao na te grudi,
    pijan pao na te grudi,
samo, samo što sam srknô.

Od ljubavnog toga vina
    kako mi se dalo piti,
    mamuran ću navek biti
od ljubavnog toga vina.

[1860]

# LJUBAVNI DVORI

Na usti sam ti zidô
    ljubavne dvorove,
od poljubaca temelj,
    od slasti stubove.

Ja mislim, ne vide se
    ti zračni nadvori,
al' teta ih je vid'la,
    i teta razori.

A ja se molim Bogu
    da grešne presudi:
kad na usti ne mogu,
    a ja ću u grudi.

Duboko, preduboko,
    pod svetle zidove,
sazidaću od tuge
    sve tavne svodove.

U temelj ću da zidam
    svu veru ljubavi,
a nad njom želje puste –
    sve viti stubovi.

A prozore da skujem
    iz onog pogleda
kad oko tvoje živo
    najživlje pogleda.

Bojadisaću dvore
    šarenim sancima,
a pokriću ih gore
    potaj-sastancima.

Za dvorom mi je bašta,
    da tice ugosti,
zelena, krasna bašta
    zelene prošlosti.

Slavuji, štono tuže
    u vrtu zelenom,
rumene, setne ruže
    med gorkim pelenom!

Slavuji to su senke
    od reči ubavi'
što nekad behu žive
    u našoj ljubavi.

A požar još miriše
    u drobnim ružama
od popaljenih dvora
    na tvojim usnama.

Ti dvori moje duše,
    ti viti stubovi,
slavuji, bajne ruže,
    u bajnih vrtovi'!

Al' nikog, nikog nema
    u sjajnih dvorovi',
slavujčad mi je nema
    u bajnih vrtovi'.

Pohodi me jedanput
    u moji dvorovi',
da vide svoje sunce
    ljubavni stvorovi.

Ugostiću te, dušo,
    u krasnoj odaji,
poljubiću te, dušo,
    u slatkoj potaji.

Da zamirišu ruže
    med gorkim pelenom,
slavuji opet tuže
    u vrtu zelenom.

A poljupci što gore
    popaliće nam sve,
popaliće nam dvore
    i duše obadve!

Da zamirišu ruže
    med gorkim pelenom,
slavuji opet tuže
    u vrtu zelenom.

[1860]

# ZORA I DEVOJKA

Mlada zbori mladoj zori,
mlade tajne pripoveda,
vesela je, rumena je,
a zora je setna, bleda.

A šta zora odgovara,
niti znadem, niti čujem,
samo kanda od to doba
da se ljubi sa slavujem.

Mlada zbori mladoj zori,
mlade tajne pripoveda,
al' je sada vrlo setna,
al' je sada vrlo bleda.

A rujna je zora sjajna,
kô kanda se stidi zora,
tom je opet kriva tajna
devojkina razgovora.

[1860]

# IZ HAJNEOVE „KNJIGE PESAMA"

## I

Na krili od pesama,
odneću te, dušo, u svet,
de cveta lala sama,
i ruža i lotov cvet.

A mesečina meka
pala na vodicu,
i lotovo cveće već čeka
na tebe, na sestricu.

Kikoćući se ljubice vire
na zvezde namiguju,
a nad njima gatkice mire
što ruže šaputaju.

Gazele se uz nji' čopore,
pa slušaju gatkice te,
a valovi tiho žubore
iz reke svetite.

Tu ću te spustiti, čedo,
pod palmu uz vodeni vir,
da uživaš inđijsko leto,
blagoslov, ljubav i mir.

## II

Lotovoj ruži dotuži
sunčev presvetli zrak,
sagla se, skunjila se,
pa čeka da dođe mrak.

A dragan je mesec budi
bleđanom mesečinom.
a ona mu daje da ljubi
po licu nevinom.

Pa svetli, pa cveta, pa gleda
gore na dragana,
miriše, pa plače, pa drkće
od jada slađana.

## III

Da utopim dušu moju
u krinove čašičice,
nek krinovi pesmu zapoju
od moje snašičice.

A pesma nek zuji, nek zvoni,
kô poljupca njezina glas,
što mi ga nekad pokloni
divan, predivan čas.

[1860]

# ŠTO MI VENE...

Što mi vene moja draga,
što mi bledi, što mi kleca?
što mi drkće moja snaga,
što mi plače, što mi jeca?

Tvoje oči plakajnice,
to su meni dvoje dveri,
a tvoje je setno lice
ikonostas mojoj veri.

Iza njega ljubav viri,
sveštenika svešteniče,
u rukama sjaj-putiri,
sveta kaplja de pretiče.

Pa kroz dveri putir pruža,
kroz dveri se kaplje liju,
nek se krepi željna duša –
to su suze iz očiju.

Sveta roso neba moga,
ej! ta ja te davno čeka',
iz istoka besmrtnoga
da pričestim pola veka.

Oh! al' što mi moja draga,
što mi drkće, što mi kleca?
što mi klonu moja snaga,
što mi plače, što mi jeca?

Odbile se biser-suze,
od dve majke dva mladenca,
bez svatova sastaju se,
bez pesama i bez venca.

Bez svatova i bez svega,
evo, dušo, venčaće se,
na usti ih ljubav čeka,
sveštenika svešteniče.

Na usti ti ljubav diše,
od usana oltar stvara.
– Ta poljubac tvoj miriše
baš kô tamjan sa oltara!

Pa gleni ih, dušo, gleni,
od sreće su obamrli,
jedno veli: 'odi meni!
a drugo ga većem grli.

Tä ne briši suza s brade:
to su, dušo, dvoje dragi';
ne mori ih sretne, mlade,
u ljubavnoj prvoj snagi!

Ne mori ih, tä ne mori!
plači, dušo, plači plači!
nek se koje još razgori,
nek im svati budu jači.

Oh! tä plači, moje drago,
i meni se oči mute,
ta i ja bi' navek plakô
da mi suze tako slute.

[1860]

# SREM I BAČKA

### SREM

'Odi, dušo, 'odi, 'rano,
    'odi, da te žnjem!

### BAČKA

'Odi, srce, 'odi samo,
    da te oberem.

### SREM

Znaš li, dušo, znaš li, 'rano,
    sećaš li se ti,
kad smo nekad sretno, tajno,
    ljubili se mi?
Po meni se šuma širi,
    slavuji u njoj,
a po tebi divno miri
    cvetan perivoj.
Tä seti se samo, seti,
    zamirišeš ti,
a po meni sve poleti,
    od pesama vri!
Miris, pesma, cvrkutanje,
    planina i dô,
poljubac je sve to jedan,
    poljubac je to.
Daleko se čula jeka
    pesme ubave,
slušao je izdaleka

zloban Dunave.
Oh! pa znaš li, znaš li, 'rano,
    sećaš li se još,
kad je pust među nas panô
    kô ledeni nož?
Gledam de te obu'vati,
    de te miluje,
kako ljubi, kako gladi,
    kako piruje;
a cvetovi tvoji blede,
    a šenica zre,
ej, šenico, naše dete,
    što ne dođe pre?
Srce puca u menika:
    kroz pukotine
čokot bije, vino lije
    svake godine.
Što je vino, krvca mi je
    iz srceta mog,
nek se seća, ko ga pije,
    života onog.
Oh! tä znaš li, znaš li, 'rano,
    sećaš li se ti?
Ako ne znaš, 'odi amo,
    pričesti se, pi'!

        \* \* \*

A Dunavo dole pliva,
    a u njemu vri,
sad il' reži, il' uživa,
    ili teška nji'?

[1860]

# PUŠKA

Oko nas se zmije roje,
a nad nama kletve vise,
al' ne boj se, čedo moje,
dušo moja, ne boj mi se!

Sad od duše pušku gradim,
neka puca preko sveta,
a na nju ću da nasadim
od ljubavi bajoneta.

S otime ću bajonetom
da jurišim na seljenu,
da izbavim jednim šetom
moju diku odnesenu.

A kad bude što će biti,
onda nek mi duša dane,
bajonet ću skinut viti
s moje puške usijane.

Predaću ga u rod mili,
arsenalu onom svetom,
pušku onoj srpskoj vili,
s onim istim bajonetom.

[1860]

# POD VARADINOM

Prožegla mi muške grudi
dva zrneta usijana,
sa očiju tvojih ljuti'
dopadoh ti teških rana.

U mukama ranjeničkim,
dok u srcu rana cvili,
dušu sam ti obgrlio
kô tetivo lucanj krivi.

Al' ti opet ne veruješ,
još me srce tvoje krivi,
pa u srdnji grudi bije
kô buzdovan oklop živi.

Al' tâ ti si milostiva,
šta će tebi smrtno tane,
man' se luka i tetiva,
mani, diko, buzdovane!

Već pogledaj pod noć malko
pod bedeme Varadina,
tu počiva deli-Marko,
pa pijucka rujna vina.

Pun je legenj podigao
da nazdravi Varadinu,
al' on na to sindžir-vrati
kô gvozdeni' zubi' škrinu.

Nazdravicu zora puca,
u pucnjavi već se rađa,
zvezde su joj zrna sjajna
štono njima zapad gađa.

A na vrati varadinskih
popuckuje kamen sinji,
od udarca potkovica,
od zveketa đorda silni'.

Zora puca, zora žarka,
nikad lepša ni ranija –
zbogom, diko – već je Marka
opkolila katanija.

[1861]

# GAVRILU EGREŠIJI[1]

Obrazino slavna
što dičiš Mađare,
što iz groba budiš
obrazine stare,

obrazine slavne
Srba i Mađara,
što ih narod pamti,
što ih narod stvara;

iz groba ih budiš,
u srca nam sadiš,
pobratimskom slogom
njino mrenje sladiš;

neka vide sinci,
nek vide potomci:
da ne budu gnjilci,
već da budu momci;

da ih u pameti
doba seća tamno
da je slađe mreti
neg' živeti sramno!

---

[1] Mađarskom tragedi prilikom prikaza Obernjikove tragedije *Brankovics György* (*Đurađ Branković*) godine 1861. Ta pesma je bila napisana na vencu što ga je tom prilikom dala srpska omladina Egrešiji; štampana je u ovdašnjim *Srpskim novinama*, na mađarski ju je preveo Koloman Tot. Ovo je po sećanju, u jednom dokolnom času zimus (1872, u zatvoru) u Pešti.

Obrazino slavna
što dičiš Mađare,
što iz groba budiš
obrazine stare,

obrazino, skini
obrazinu prije,
jer što ti se čini
obrazina nije!

[1872]

# VEČE

Blago je veče, kô lice blago
sedoga patrijara.
Karlovac rumen; jel' od radosti,
il' je to zraka srditog žara?
Sunce već seda; kroz oblak gusti
prodiru svetli njegovi zraci,
kô zračni, sjajni podupirači
što sunce drži da se ne spusti.
Al' badava je; eno ih nema,
crn im se oblak sumrakom sveti,
a noć će crna skoro odneti
sunčevu slavu i slavu njinu.
Oj, sunce, sunce, što tako već ode,
ala me sećaš na sunce slobode,
na srpski sabor – i na manjinu...

[1861]

# SAN

Iz ćelije kale gledi
na pobrane vinograde,
oči tamne, lice bledi,
kupi mu se oko brade,
    stresaju ga suve dolje
    i još suvlje, suvlje bolje.

Slab je, star je, malaksô je,
od sećanja i od jeze;
sklopi oči, raspusti se,
zabuni se, zanese se –
    i već na dnu dremovanja
    kaluđeru nešto sanja.

Gleda neke vinograde,
neku berbu, neke mlade,
neke trče, neke rade,
neke cede, neke slade –
    al' umesto Fruške gore,
    svud okolo pakô gore.

Sve to vrvi, sve to gmiže,
i po gori, i po doli,
jedno hita, drugo stiže,
đavolice i đavoli;
    jer su gresi brzo zreli,
    požižu ih ognji vreli.

A po gori i po doli
razleže se pesma mladi',
kaluđera tiho moli,
kaluđera tiho vabi:

Hodi, kale, hodi, brale,
na veselje, na bokale!

Kaluđera tiho moli,
kaluđera tiho vabi –
al' je strašan plamen goli,
strašno žeže i konabi –
    pa od nade, il' od stresa,
    diže oči sa nebesa.

Al' nad gorom nad zelenom
plavo nebo zatreperi,
u treperu vaseljenom
otvore se rajske dveri;
    otvorenim rajom širom
    sleti anđô sa putirom.

Zasenut je starac pao
pred znamenjen bogodanim,
zatresô se, zadrktao
u gresima nekajanim;
    u njemu je strašna vreva,
    drkće, moli i zapeva!

„Tä smiluj se u milosti
na jadnoga tvoga sina!
oprosti mu – oh! oprosti,
pričesti ga od tog vina!"
    „More, nema, crni duše,
    anđelom se kace suše!"

[1860]

# STOGODIŠNJICA SAVE TEKELIJE

Mećava je, ciča zima,
svetosavska vejavica,
oko vatre, silnog svirca,
sneg je kolo usitnio;
plah se oblak zemlji prima,
komešaj je, misliš, leta
anđeoskih belih četa
što uoči Svetog Save
hoće svetu da se jave,
te u silnom nagrtanju
kao da krili perje krše
i mašući vetar dižu
da po zemlji poraspiri
sneg od perja anđelskoga;
il' je nebu ćud prispela
da blagoslov taj zamota
vejavica i strahota.

\* \* \*

U oluji i mećavi
panteon[2] se beli diže;
i njemu je valjda zima,
jer se toplo zašuškao
u prozore i u vrata,
a ponoć ga hladna ljubi.
Od poljupca ledenoga
pitomac se u snu stresa,
a u staroj knjižnici
zatrese se na polici

---
[2] Tako su đaci tada zvali zavod Save Tekelije u Pešti, inače *Tekelianum*.

žuta glava izvajana
na poprsju Tekelij'nom;
iznad nje se svetli sleme,
a ispod nje u redovi
zašuštaše knjige silne,
rasklapa se list po listak,
a iz svake sitne knjige
silazi se ponosito
spisateljska jedna duša.
Vrve senke i gamižu,
napuniše svu odaju,
jedna drugoj pozdrav šuška
u senčanom zagrljaju,
pa se ljube, pa se grle,
mrtve duše neumrle.
Al' u svetlost na slemenu
i u čelo, zlatno, žuto,
parče neba iskinuto
kad u zori zlatnoj gori,
u zenice alemove,
setne, tužne, isplakane
ispirajuć svetske rane,
u osmejak na usnama,
što večito blagosilja,
u Savino svetlo lice,
ustrmice, čudimice,
svi umrli oči su uprli.
Zgledaju se silne senke,
nutkaju se, nećkaju se,
ko će ih se uzdat u se
da potegne rečcu britku
u zdravicu i čestitku
blagom danu Savinome.
U nećkanju i nutkanju
družina se razgranala,
talasa se izba mala,
jedno dole, drugo gore,
kô pod burom sinje more;
a nad morem jedna stena
suncem stoji umivena;

kad je spazi iz propasti
srpski mornar očajani,
na kolena mora pasti,
pa uzdahnut: svani! svani!
jer ta stena što mu sijnu
nosi glavu Tekelij'nu!

\* \* \*

Oko te su stene vali
najsilnije zapljuskali,
a na valu kakva graja
navalom je izokraja?
Jedni blenu, drugi gone,
al' nijedan da potone:
Šta će biti – laka pena
razasuta, razlivena,
lako seno rastrveno,
lako perje i iverje;
prazna pena, sitna drva,
sve bi, sve bi, da su prva,
ali zlato tinja doli –
nek ga traži ko ga voli!

\* \* \*

Na slemenu, na knjigama,
pod prašinom, paučinom,
leže jedne gusle stare,
a pored njih zgurilo se
i gudalo savijeno;
žica ga je stegla jako,
šćućureno mirno leži
kao da se mirom teši;
to gudalo prilika je
sapućene tužne raje,
pa od jada šta bi, velja,
il' da gudi, il' da strelja?

Kao da zveče beočuzi,
gudalo se kanda budi,
i njega su našli dusi,
pa ga dižu da zagudi.
Dug je sanak boravilo
pored svoje verne mome,
davno nije pesme vilo
u poljupcu žičanome,
pa davno je, davno nije,
pritisnuo tako strasno,
a i ona davno nije
uzdahnula tako jasno:
Bolovi su to golemi
kad se pesma rađa bolna,
iz utrobe javorove,
grdna, teška, neodoljna;
bolovi su to golemi
kad ispod njih dusi beže,
a iz pesme kad se tužne
senka krvi na pod sleže;
bolovi su to golemi
kad od krvi nebo rudi,
kad se krvlju zarumeni,
a iz krvi na krv sluti,
pa kad pesma grešno pita:
zar još ima nebo stida?
Bolovi su to golemi
kad se od njih kamen njiha,
kad otvori usta sveta
glava sinja Tekelij'na,
kad se siđe samrtniče
da proriče smrt il' žiće –
bolovi su to golemi
kad i onda – reč onemi.
Mladoj zori još je zima,
još je mrzi jorgan dići,
crni jorgan oblačina,
još je mrzi ostaviti
posteljicu žarku, rujnu.

Zazvonilo zvono malo,
glas mu mrakom odjekuje,
oblačine bije lenje,
zvono zove na jutrenje;
u odaji međ knjigama
zasela je teška tama,
prodire je zvono samo:
čini ti se kô da slušaš
kako, posle slave velje,
pomrčinom robovanja
tužna jedna pesma bruji,
kako belu zoru budi,
pa uzdišuć setno gudi
novu slavu sanjajući.

[1861]

# ZBOGOM, DIKO, PISAĆU TI...

Zbogom, diko, pisaću ti,
   nebo mi je listak vedri,
   po njegovih plavih nedri',
dušo moja, pisaću ti.

U meni se vulkan budi,
   iz njega se plamen diže
   pa po nebu reči piše
iz prepunih mojih grudi.

A da reči niko ne zna,
   list ću plavi obaviti,
   mesec će mu pečat biti,
mesečina noša nežna.

To te pismo navek čeka,
   tä čeka te svake zore,
   zvezde blede već od more
čekajući na tebeka.

Nakićena kô nevesta,
   da iz zore svaneš blede,
   da ga prođeš kô od bede –
pa se činiš i nevešta.

[1861]

# SNOVE SNIVAM...

Snove snivam, snujem snove,
snujem snove, biserove,
u snu živim, u snu dišem,
al' ne mogu sitne snove,
ne mogu da ih napišem.

Snove snivam, snove snujem,
u slike bih da ih kujem,
al' su sanci poletanci,
ne mogu da ih prikujem
srcu mome laganome.

Al' nasloni na te snove
tvoje grudi biserove,
dve ledene biser kapi:
ta bi studen smrzla snove,
sve te slike sledila bi.

[1861]

## U SREMU

Ubava Fruško, divoto moja,
u tebi nema vrleta gorostasnih,
ti se ne namećeš ponosnom nebu,
ne nudiš mu ljubavi tvoje
pružajući mu gole, kamenite ruke
u razbludi silovitoj;
ti se smešiš, samo se smešiš.

Kad je stvarao Bog ovu zemlju,
to punačko devojče,
stvorenje u koga je srce oganj,
a telo kamen i voda,
na tebi je, Fruško, prorezao lepojci toj
čarobne usne:
ti se smešiš, samo se smešiš.

Taj osmejak pusti,
kad ga je videlo nebo prvi put,
čisto ga gledam de od milina
rastvori grudi sjajne,
de izli na tebe ljubavni blagoslov,
najplemenitije pleme raja svoga,
čedo ljubavi, anđela strasti:
vino;
čisto ga gledam de ti se hvali rajem,
de ti ga nudi,
taj oduzeti poklon bogovske ćudi,
što sâm u sebi trune,
neviđen, neuživan i neblagosloven,
de ti ga nudi,
a ti se smešiš, samo se smešiš.

A kad te ugleda usred raja
ono staro drvo,
sviju jabuka pramajka,
prva svetiteljka, grešnica prva,
otvori joj se rana
pod onom jednom otkinutom peteljkom
i zatrese se.
Stresoše se na tebe jabuke
i u svaku rupicu obraščića tvojih
pade po jedan
zabranjen plod:
u svaku dolinu tvoju pade po jedan
namastir beli.
Na usnama ti plodovi vise
pa zar je i tebi zabranjen plod?
– Ej! tantalski rode, Fruško tantalico!
crvi ga jedu, avetni crvi, a ti? –
a ti se smešiš, samo se smešiš.

[1861]

# DAKLE TAKO...

Dakle tako, tako dakle,
    sve je samo pusta laž?
mesto sunca crni pakle,
    mesto raja ljuta vraž?

U oku ti laža gori,
    tâ zato je crno zar?
kô što sunce da izgori,
    pa ostane samo gar.

Iz oka se licem vrne,
    laža prima drugi vid,
purpurom se zaogrne,
    ljudi kažu da je stid.

A na usti', tu se stani,
    tu je presto kraljičin,
sa dušeka rujevani'
    vlada mačem jezičnim.

Smej se samo, nek se šire
    ti dušeci rumeni,
pogle kako sitno vire
    beli zubi studeni.

Smej se samo, samo širi
    kivne tvoje zubiće,
tâ oni će laž da smire,
    smlaviće je, ubiće.

Oh! al' sve te divne laži,
    sve te laži da mi daš,
pa ma i to što ti kažem,
    pa ma i to bila laž.

[1861]

# POGREB

Razbolela se ljubav
 u tvome draganu,
razbolela se časkom
 i časkom izda'nu.

Da vide kako mi je
 u tuzi velikoj,
povešću sjajan pogreb
 umrloj jedinoj.

U ljubavna ću pisma
 obaviti je svu,
da čuva tajna tajnu
 i kletva zakletvu.

Položiću joj telo
 na čudna nosila,
od pokidanih žica
 i starih gusala.

Za nosili' će ići
 rodbina njena sva:
Lepota, mati njena,
 i Vera, sestrica.

A kraj nje će da idu
 sve sitna siročad,
skorašnjih poljubaca
 ljubavni porod mlad.

Pred nosili' će ići
    po redu popovi,
u odeždama crnim
    sa sveti' krstovi'.

Ti popovi su stari,
    sve večni bolovi,
sve uzdisaji crni,
    ti crni popovi.

Pred popovi' će biti
    đačića koji red,
da poju „Svjati Bože!",
    da bude pogreb svet.

Ti đačići su pesme
    što za njom uzdišu,
što teše dušu njenu
    i Bogu uzdižu.

Stihari im se svetle
    na mladih rameni',
a barjaci se viju
    s čiraci' plameni'.

Nad grobom su joj dali
    opelo popovi,
„So svjatimi" se ori
    nad mladi' grobovi'.

„So svjatimi" se ori
    kô pripev iz raja,
naposletku još đaci
    otpoju „Vječnaja".

Poskakala je za njom
    rodbina njena sva;
i njojzi moji đaci
    otpoju „Vječnaja".

Još i sad kô da čujem
    to sveto „Vječnaja",
a kao da ću ga slušat
    životu do kraja.

I sinoć baš ga čujem,
    već dockan pred zoru,
a neko kô da kucnu
    na tamnom prozoru.

Zablista mesečina
    sa bleda pokrova –
ljubavni vampir to je
    i pratnja njegova.

[1860]

# 1862–1864.

# RAJO, TUŽNA RAJO...

Rajo, tužna rajo, kad se tebe setim,
ne bih da ti pevam, već bih da te svetim.

Da te svetim, sveta goro, oblistana
od uvela, bleda, turska đulistana.

Što mu vene ruža već pod gorom crnom,
pa opet kukavnu zemlju kopa trnom.

Iz tuđeg je sveta, prestala da rudi,
pa bi da se škropi iz krvavih grudi.

Ej, a de je sunce, da se njime suše
te krvave kaplje sa uvele ruže?

Da osuši kaplje, da ružu izgori,
da ostane za njom tek miris u gori.

Iz toga mirisa pesma da zaori
kad se jarko sunce zanavek razgori.

Ej, a de je sunce? pitam srpske gore,
a one mi vele: i u tebi, more!

Rajo, tužna rajo, kad se toga setim,
ne bih da ti pevam, već bih da te svetim.

[1860]

# POSLE POGREBA

Sahranio sam ljubav
    duboko u zemlju,
de dusi i vampiri
    svoj konak uzimlju.

Prileteše zefiri,
    celivaše je svi,
zefiri i lepiri –
    al' ona mirno spi.

Prileteli su zraci
    da grob celivaju,
a siđoše oblaci
    da suze livaju.

Zefiri i lepiri
    celivaše je svi,
i zraci i oblaci –
    al' ona mirno spi.

Još priđe jedan zefir,
    još jedan Božji zrak,
još jedan loman lepir
    i isplakan oblak.

Na usti' noćni zefir,
    u grudma Božji zrak,
u struku loman lepir,
    u očima oblak.

Priklonila je glavu
    i klekla nad grobom,
orosila je travu
    i cveće pod sobom.

Pod tom anđelskom rosom,
    pod rosom milosti,
zar može pokojnica,
    zar može još da spi?

Tä kako bi još spala,
    tä kako, kako bi? –
prekipnu Božja sila
    i grob se razdrobi.

Prileteše zefiri,
    zapojaše joj svi:
„Preobrazil sja jesi,
    o Bože milosti!"

[1860]

# EJ, NESREĆO...

Ej, nesrećo zemljo,
ti bludnico svetska,
punija si greha
nego što si peska.

Tä to nisu gore,
to planine nisu
što se tamo modre
u golemom nizu;

već masnice to su
tvoga grešnog tela,
Bog je tebe šibô
za precrna dela.

Leteći po svetu
u mukama ljutim,
masnice si gnojem
nagnojila žutim;

masnice su mnogo
primamile pseto,
da ti ližu telo,
ranjavo, prokleto.

Oni ližu tvoje
skupoceno blato,
ližući se teše:
to je, vele, zlato.

Ej, nesrećo zemljo,
ti bludnico svetska,
punija si greha,
nego što si peska.

[1860]

# KOLO

Mrak se crni nebom šeće,
hoće da ga pokrije,
pod pazuho glavu meće
tamburice Božije.

Bleda glava, mesec bledi,
mesec bledi punačak,
svud okolo setno gledi,
svud u kolu pušta zrak.

Mrak opruža ruku tamnu
na Kumovske slame stog,
pa ukida jednu slamku
sa tog gumna nebeskog.

Bunovno se slamkom titra
o tamburu, o žice,
mesečevo kolo igra –
silne, svetle nožice.

Same vile i junaci
arhanđeli nebesni,
ponositi, bledi zraci,
svetle senke, živi sni.

Tu su mnoge dike stare,
tu je mnogi srpski tić,
do Dušana car-Lazare,
a do Marka Obilić.

Trepetljike zvekom zveče
uz tamburin udaraj,
na poljani bude cveće
uz mirisan uzdisaj.

A na svakom cvetku paja
jedna mala čista kap,
jel' to magla uzdisaja
što se slegla u tu kap?

Il' je kaplja svetog znoja
što je s Kola kanula,
pa kô krvca usred boja
na pupoljak panula?

Il' je suza od milina,
led samoće rastopljen,
što je vidô sa visina
sokolova srpski sen?

Kakva suza, kakve bolje,
kakvo cveće – ne znam baš,
samo mu je, znadem, polje
Kosovo i Sentomaš.

[1860]

# OJ, TÀ VERUJ VERU MENI!

Oj, tà veruj veru meni!
zar se nisam dosta kleo?
moj pupoljče prerumeni,
zar ti nisam dosta veo?

Hoćeš sunce da ti snesem,
da zasvetli suncu mom,
il' s njim rane da sažežem
srcu mome bolesnom?

Il' ćeš da ti mesec mladi
vile snesu s nebesa,
da ti ljubav s lica hladi
ta sedefli lepeza?

Il' u krilo da ti stresu
sve aleme nebesne,
da željama isprevezu
tvoje želje, tvoje sne?

Hoćeš zoru da te dvori?
hoćeš da te slavi dan?
il' uz tebe da ti gori
mač od munja usijan?

Sve to tebi, mojoj duši,
sve ću tebi dati ja:
i kad mi se srce s'suši,
daću ti od njega pra'.

[1860]

# U JU-JU-JU-JU!

Brzo kô na krili'
evo ih već tu,
svatovi su čili
u ju-ju-ju-ju!

Kopaju i rže
besni hatovi –
brže, diko, brže,
tu su svatovi!

Mene nemoj zvati,
mene čekaju
još i drugi svati
u ju-ju-ju-ju!

Sve delije muške
goli mačevi,
a devojke puške
jauk napevi.

Devere im zvezde,
vile kumuju,
za kuršumom jezde
u ju-ju-ju-ju!

Crkva je bojište,
a prevez je dim,
tanad pesmu zvižde
glasom tananim.

A glave se rube,
a junaci mru,
al' vile ih ljube
u ju-ju-ju-ju!

[1860]

# VOLIMO SE...

Volimo se, dušo, je li?
e, pa šta nas jošte deli?
jeľ se kakva crna sila
iľ sudbina namerila
da se baci među nas?
crna sila, te nagrnu
na zenicu tvoju crnu
i na tvoju crnu vlas?
Aľ raširi bele ruke,
poleti mi, zagrli me
zagrljajem plamenime,
zagrljajem žestokim;
pa što bude sudbe kivne
da u plamu ne izgori,
to će stisak da umori
zagrljajem, dušo, tim.

[1861]

# POBRI J. J.

Mrcinu staru vekova novih
što joj Bog reče: svetom se zovi!
spućenu putom starosti ropske,
prskanu blatom kletve potopske,
što je poda se đavo upregô,
šibô je bičem Evine zmije,
jabuku njenu dao joj da ije,
pa joj već i taj grizutak uzeo –
ti si useo.
Da otpočinu umorna krila
što te poneše pesničkih vila,
da skupiš malo rasutu snagu –
spao si na taku umornu ragu!
Pa vilovitim zanesen letom,
vilinskim letom, drukčijim svetom,
misliš, Pegaza usede svoga,
Pegaza svoga timarenoga,
na leđi', misliš, svoga žerava
razvijaš klupče srca krvava,
krvavo klupče večitih sila
što ga je vila snova navila,
snova navila, verom zamela,
pa ga u tvoje grudi unela.
Ti pleteš od tog vilinskog dara
porugljivoga osnov švigara,
dizgene pleteš i zlatne uze,
a bičalje uze
javora granu
otkrhanu.
Pletivom nežnim što ga tek življe,
nežnije srce dovoljno ponja,

njime ti šibaš požilje divlje,
ogrezle rane paklena konja –
ali ne preza od udarca bična
mrcina vična.
Mrcina pakla
još se ni korak nije odmakla,
a već se sići, većem se trza,
pogana usta o žvale krza.
Iskrzaće ti pletivo celo,
sve tvoje klupče o vično telo,
u ruci će ti ostati samo
golo bičalje, suho, krvavo –
javora grana
otkrhana.
Al' ne snuj klupčeta, a bič podveži,
u svome plamu ostruge žeži,
čelik u rebra ragi zabodi,
neka pobesni paklena skoti,
neka posukti krvca joj živa!
a s gudala kriva
u lančić pleti beočuge male,
stegni joj žvale,
nek se zapenuša –
onda će da sluša!

[1862]

# SAD NA SRCU

Britkim nožem ljute strasti
srce si mi uzorala,
po njem seje sitne slasti
tugovanka ruža mala.
Prignula se srcu mome,
po njemu se tužno lome
    njena rosna miriščad;
nek se prima cvetak cvetu,
nek miriše celom svetu
    divno seme, divan sad.

I slavuj je opazio
de mu draga za mnom tuži,
tugovat je dolazio,
da ne čini žao ruži;
po srcu, po svakoj brazdi
seje seme, seje slasti,
    tužne slasti, slatki jad;
nek se prima cvetak cvetu,
nek miriše celom svetu
    divno seme, divan sad.

Ja te pitam: dušo, hrano,
da l' i tebe tuga para?
a ti ćutiš – oko samo
zracima me razgovara;
oblak ti se licu prima,
punan rujnim poljupcima,
    nudi kišu, poljupčad;
nek se prima cvetak cvetu,
nek miriše celom svetu
    divno seme, divan sad.

Britkim nožem ljute strasti
srce si mi uzorala,
po njem seješ sitne slasti
poljubaca zrna mala.
Još iz srca ruža klija,
slavujska se pesma njija
   uz poljupca zlatni vlat;
nek se primi cvetak cvetu,
nek miriše celom svetu
   divno seme, divan sad.

[1862]

# EJ, ROPSKI SVETE!

Ej, ropski svete!
kuda ću pobeći s obraza tvoga,
s obraza tvoga trpežljivoga?
Da propadnem u zemlju
od ljute sramote sa tvoje grehote?
Il' u nebo da skačem?
U nebo?
Tä tu je tek
najropskije blaženstvo
blaženih robova,
najveća samovolja –
Bog!
A nebo?
Nebo je samo
ugnuta stopa gospoda Boga,
njome da zgnječi samrtnog roba
do poslednjeg droba.
A što se diglo tako visoko,
to bi da vidi, pa da uživa
kako se roblje
previja, kida.
Ej, ropski svete, pod otim nebom!
ej, zvezdice sjajne,
štrecavi žuljevi na Božjoj stopi!
Valjda kroz vas probi
cikut i vapaj mučenički,
pa kroz svako tako prociknuto mesto
proviru znaci Božje milosti
tanko, štedljivo, kao što vladari na zemlji
kolajne dele,
kolajne sjajne i reči lepe
tebi, ropski svete!

[1861]

# ZVONO

Zvono, zvono malo,
što te, zvono, boli,
te se tako tužno
razležeš po doli?

I moje je srce
zazvonilo jako,
po moji' se grudi'
razleže jednako.

Srce moje zvoni
od teškoga klatna,
to je klatno teško
njena slika zlatna.

[1861]

# OBJESEN

Ostarelo leto bolno,
opada mu kosa gusta,
drvlje suho i nevoljno,
i što osta lišća pusta –
sve je velo,
neveselo.

Al' moje je srce sveže,
proleća se njemu smeše,
pa kada bi lišće velo,
pa kada bi samo htelo
po mom srcu da poleže,
svaki listak što bi pao
kô cvetak bi ponikao.

Al' umesto lišća vela
jedna se je ruža svela,
pa je pala, pa se rascvetala
posred srca moga vrela;
al' od te će ruže mene
vrelo srce da uvene.

[1862]

# TI I TVOJA SLIKA

Leden prozor ugrejô se
ispod čela moga vrela
s one strane de si ti;
uzdižu se moje grudi,
uzdišući, gore, dole.

Iz dubine srca moga
uzdiže se slika jedna,
ista slika kao ti;
uzdiže se slika lepa,
uzdišući, gore, dole.

Uzdiže se, ja je ljubim,
al' je slika san i senka,
ne ljubi me, kao ti;
poljupci je moji vuku
uzdisajem teškim dole.

U srcu je opet smeste,
u srcu je, al' ne greje,
ne greje ga, kao ti;
i opet se srce ljulja,
uzdišući, gore, dole.

[1862]

# SINOĆ

Sinoć, diko, željo živa,
sinoćke te očekiva'!
Divno veče sa noćcom se prašta,
divno veče – divnija je bašta:
ograđena tesnim zagrljajem,
zasađena gustim uzdisajem
što na leje hladovinu baca,
sve na leje naših poljubaca,
preko leje mirisalje veje,
pod mirisom polegla je trava,
povija se pa se tebi sprema –
ali tebe nema!

\* \* \*

Sinoć, diko, željo živa,
sinoćke te očekiva'!
Cvetići se u potoku poje,
znade cveće da su suze tvoje,
gleda mene kako zvezde skidam,
prisluškuje de za tebe pitam;
zvezde ćute – i već su prosute
da kô šljunci potočić zamute,
a cveće se zapitkuje tajno:
jel' i ona koje čedo sjajno?
Pita cveće, vodi ne veruje,
ne miruje, sve se nadviruje,
prazno nebo potoku zaprema –
ali tebe nema!

\* \* \*

    Sinoć, diko, željo živa,
    sinoćke te očekiva'!
Silnih želja poletelo jato
da s visine izgleduje zlato,
o nebo se želje prikovale,
mesto zvezda na mene su sjale,
a najvećom od tih želja kleti'
pridela je nojca veo bledi,
bledi veo sadi-mesečine,
hoće nojca komarnik da gradi
da se pod njim ljube dvoje mladi'.
Komarnik je razastrô čini,
već odavna čeka noći nema,
već nad šavom umorna zadrema –
ali tebe nema!

\* \* \*

    Sinoć, diko, željo živa,
    sinoćke te očekiva'!
Već mi želje u nebo prodrle,
po raju se s anđelima grle,
razgledaju sve Božje divote,
al' na jednu oko im se ote:
kroz čelo joj sunce prosijava,
zoricom joj povijena glava;
dva se sveta na grudima bore,
u pogledu vile se čopore,
na gr'ocu – tu se oporave,
a anđeli Boga zaborave
kad počinu na usnama dvema –
ali tebe nema.

[1862]

# ANĐELIĆU...

Anđeliću, vraže mali,
ko te stvori, od čega li,
jel' od zlata, zlato moje,
jel' od zlata il' od srebra –
il' od moga levog rebra?
Od moga si rebra leva,
ti si, dušo, moja Eva,
samo, kad te stvori Bog,
iskinô je s rebrom mojim
još i parče srca mog.

[1862]

# SRCE KUCA...

Srce kuca – ljubav to je,
pa je čedna, pa je mlada,
na dušina kucka vrata
dok ne čuje: „Slobodno je!"

[1862]

# NAŠE

Tä naše to su gore,
    tä naš je svaki krok,
i nebo tamo gore,
    i naš u njemu Bog.

U krvi nek se gora
    napoji, napije,
ta silna krvi mora
    da Bogu vapije.

Nek vidi Bog ozgore
    krvavi zemljin lik,
da krvlju međe gore
    kud gine mučenik.

I da su naše gore,
    i naš je svaki krok,
i nebo tamo gore,
    i naš u njemu Bog.

Pa nek junaka silom
    sa zemlje progna vrag,
besamrtnim će krilom
    da prne u oblak.

S neba će da se sveti,
    da zemni svrši boj,
gromovnik će mu sveti
    buzdovan dati svoj.

Buzdovan sune plavi
   i sevne Božji grom,
a vraga će da smlavi
   provaljen paklen slom.

Pod zemljom možeš spati,
   pod njom se, vraže, kaj,
pod njom ćemo ti dati
   blaženstvo, mir i raj.

Al' nad njom naše gore,
   i svaki nad njom krok,
i naše nebo gore,
   i naš u njemu Bog.

[1862]

# NE GLEDAJ ME...

Ne gledaj me, oči moje,
    ne gledaj me tako živo,
    životu mi činiš krivo,
ne gledaj me, oči moje!

Tä zar ne znaš, vilo moja,
    kad očima vile dođu,
    pa kroz oči srce prođu,
tä zar ne znaš, vilo moja?

Pa rasklope vile bele
    knjigu belu srca čista,
    sve od lista pa do lista,
belu knjigu vile bele.

Knjigu belu da ispišu,
    poglediće tvoje lome,
    tim će perjem srcu mome
knjigu belu da ispišu.

A poglede svetle vlaže
    u divita dva duboka –
    u dva tvoja crna oka
te poglede svetle vlaže.

Po listovi' srca moga
    jako žeže tvoj pogledak,
    usplamteo mnogi redak
po listovi' srca moga.

Još i sada pišu vile,
    a ja čitam danju, noću,
    pročitam li, opet dođu,
opet pišu bele vile.

I pisaće svejednako,
    dok pogleda traje tvoga,
    il' dok traje srca moga,
pisaće ga svejednako.

[1862]

# OPROSTI MI...

Oprosti mi!
Pritegnu me teret tuge,
nad tobom sam morô da se nagnem,
rukom da se taknem
tvoje ruke;
al' ti se svetiš, svete moj,
pretrnu mi ruka u tvojoj,
i da kaje svoje grehe
u tvojojzi nestade je,
nikad više
vitim perom da zapiše,
da se maši za mač britak –
nikad – nikad!

Oprosti mi! oprosti mi oku mome,
oku mome željanome,
što ti upi sunce, tvoje lice,
al' to lice, osvetnice,
sažeglo mi oba oka
da ne vidim ništa
od neba visoka
do pusta zemljišta –
ništa – ništa – !

Oprosti mi! oh, oprosti!
oprosti mi reči u milosti,
što te moli
da mi vratiš što me boli,
da mi vratiš moju ruku,
da mi moje vratiš oči,
pored sunca da nisam u noći,

pod melemom da ne trpim muku;
more krvi ustma mi se pope,
oh, skini ga, nemoj da se tope
u poljupci', u slasti golemoj –
nemoj – nemoj – !

Što me gledišʔ
hoj, tä što me štediš?
pritisni me na te grudi ozorene,
odjedanput da izgori sve od mene,
da sasuši – –
šat ostane štogod – da te svetu tuži!
Bar toliko da te čuti može –
mili Bože! –
tek iz tvojih usta pokajku da primi:
oprosti mi!

[1862]

# LJUBAVNA GUJA

Neiskazan još osta
    neiskazani jad,
neiskazano dosta,
    što boli teke sad.

I htedoh ti ga reći,
    al' reč mi zastade,
s poljupcima se tvojim
    na usti' sastade.

A poljubac se svija
    sve jedan do drugog,
rumena, zračna zmija
    života rumenog.

Na usti' mojih leži,
    na svojoj pećini,
sunča se na sunašcu,
    tvog oka vrućini.

Oj, sunce moje jarko,
    moj sjajni zlotvore!
oj, gujo sunčanarko,
    moj slatki otrove!

Al' nesta sreće lepe,
    sunačac ode moj,
sad guja moja zebe
    u noći studenoj.

Pa mora guja pusta
    da traži vrućinu,
zavukla se u usta,
    u svoju pećinu.

Duboko guja panu
    baš usred srca mog,
tu grize grdnu ranu
    života grehotnog.

Vije se u okrugu,
    seća mi slabu moć
na ljubav i na tugu,
    na sunce i na noć.

Al' neiskazan osta
    neiskazani jad,
neiskazano dosta,
    što boli teke sad.

[1862]

# ZA SESTROM

Nestalo te;
Samrtni te anđô ote,
u blaženom u osmejku
odneo je moju sejku.
Mila sele, slatki rode,
međ anđeli' nestalo te,
pa i ljubav moju poneo je na tebi
anđeo crni,
sreću moju velju,
blaženstvo moje,
život moj –
da silan teret!
Taj grdni teret, životni plamen taj,
ne mora podneti studeni anđô,
ispusti ga sa visina,
i pade mi teret na srce moje,
u srcu mome udubi duboko,
udubi pećinu, crnu pećinu –
grob.
U toj se pećini odmara teret,
tu se odmara ljubav moja,
sreća moja velja,
blaženstvo moje,
moje blago.
Sa tolikog blaga zavideli mi
anđeli s neba,
pa poslaše jednog anđela svoga
da podigne blago što je i 'nako
njihno već bilo,
da ga podigne iz groba duboka –
srca moga.

I podiže ga anđelak neba,
a ja mu poklanjam sve to blago,
svu moju ljubav poklanjam joj,
sreću moju velju,
blaženstvo moje,
moje sve!
Sve ću to pokloniti njojzi,
sve to, sele, što je tvoje bilo;
ona, što najviše posle tebe vredi,
ona će sve to da nasledi,
pa jel' da se ne srdiš, blažena senko,
je li, nenko?

[1862]

# REČE GOSPOD

Reče Gospod ljudem svojim:
„Hoću, deco, da vas spojim,
da vas spojim verigama,
miljem, verom i nadama!

Jer ako vas spojit neće
moga raja pleticveće,
hoće da vas obavije
klupče zmije vragolije!"

Prisluškujem Božjem slovu,
dovijam se blagoslovu,
u slušanju usliša me:
cvetak jedan pade na me.

Zamirisa oko mene,
pun sam sreće nečuvene,
pun sam milja, pun sam vere,
a nadama nema mere.

Oj, tā pun sam svega troga
pored ovog cveta moga,
oh, tā ti si, ti si mila,
ti si mi taj cvetak bila.

I setim se Božjeg slova
nebeskoga blagoslova,
da pokažem da ga štujem,
darak njegov iscelujem.

Darak, usne sastavljene,
kô karike dve rumene,
svet nek vidi kakvim stoji
verigama da se spoji.

[1862]

# 1863.

I opet jedna godina,
    i opet jedan rok,
i još će možda stotina,
    i neće dati Bog!

Sedimo tako za čašom,
    sedimo tako mi,
al' prazni stoje pred nama
    pehari lakomi.

Tä nema vina u njima,
    ni piva opora,
al' srca su nam prepuna
    žalosti, pokora.

„Pa zar se tako istopi?
    oh, Bože, šta ćemo!"
Iz puna srca čisto bi'
    da suze plačemo.

I opet stade uzdisaj
    i reči stadoše,
kô da nam ropske verige
    na usta padoše.

Kadikad škripne zubi kô
    od teške nevolje,
kô da bi ropske verige
    da zubi prekolje.

Družina nije zborila –
    ni jedna rečica,
na stolu je dogorela
    voštana svećica.

Dogorela je sveća već
    i u njoj vunica,
svetlucajuć se rascveta
    kô mala krunica.

Useknô bih je, al' već sad
    i 'nako joj je kraj,
da vidim kako kruna sja,
    a gine plamen taj.

Tä ne mož' kruna zadugo,
    što satire svoj žar,
što hoće da joj plamen mre,
    a da je drži gar.

Oh! al' već opet godina,
    i opet jedna dob,
i tuđeg još gospodina
    gospodski sluša rob.

[1863]

# SLAVUJ I LALA

## SLAVUJ

Što mi se lepo snuždilo dete,
    te na moj ne gleda vis?
Što mi je ruke sklopilo blede,
    savilo beli lis'?

Raširi ruke, a grudi nežne
    mirisom žestokim skri',
kao što su moje žestoke pesme
    što od njih ponoć vri.

Koliko zora, koliko noći,
    u pesmi samo bdim,
i opet imam s čime ti doći,
    i opet imam s čim!

A ti zar nikad, nikada meni
    nijedan iz duše miris?
ni konak jedan u čašicu belu,
    u liska meki niz?

## LALA

Koliko volim, koliko ljubim
    tvog srca divotan klik,
kol'ko te ljubim, toliko slutim
    da si mi zlokobnik.

Mirisi moji tvoje su pesme,
    uzdasi tvoji svi,

sve što si rekô, sve što si da'nô
u grudma mojim spi.

Zato ih čuvam; niko ih ne zna,
ne znaš ih ni sâm ti,
al' nemoj zato da si mi tužan,
nemoj mi zameriti.

Kako te lala žestoko ljubi,
kad bi otvorila lis',
svu ujedanput svu milinu bi,
sav bi ti dala miris.

I ne bi bilo mirisa više,
uveo bi ostô lis',
da ga raznesu vetri i kiše,
večiti plač i briz.

\* \* \*

Bela lala tako zbori,
tako žali, tako tepa,
a slavujak sve je kori:
daj mi dušu, dušo lepa!

Jesu li se pogodili
preko noći, ili nisu –
tek u zoru opet lala
nije bila pri mirisu.

[1863]

# MEĐU JAVOM I MED SNOM

Srce moje samohrano,
    ko te dozva u moj dom?
neumorna pletisanko,
što pletivo pleteš tanko
    među javom i med snom.

Srce moje, srce ludo,
    šta ti misliš s pletivom?
kô pletilja ona stara,
dan što plete, noć opara,
    među javom i med snom.

Srce moje, srce kivno,
    ubio te živi grom!
što se ne daš meni živu
razabrati u pletivu
    među javom i med snom!

[1863]

# RANJENIK

Stalo srce, duša stade,
u grlu se guši glasak –
pomozi mi, Srbe brate,
zakloni me jedan časak!
Čašu vode samo, rode!
Jezero mi krvi ode!

Slobodu mi duša voli,
poturčenu srpsku vilu –
haj! ala me srce boli
u ranama i u milju!
Čašu vode samo, rode!
Jezero mi krvi ode!

Posred boja, posred muke,
zagrlih je na bojištu,
odsekli mi obe ruke –
al' slobodu zaman ištu!
Čašu vode samo, rode!
Jezero mi krvi ode!

Il' je vila saslušala
de je ljubav moja kumi,
pa je spomen zadržala,
krvav đerdan od ruku mi!
Čašu vode samo, rode!
Jezero mi krvi ode!

Ne grli me, mila sele,
verna ljubo, ne grli me;
slobodu su ruke htele,

pa sad tebe nemam čime!
Čašu vode samo, rode!
Jezero mi krvi ode!

[1862]

# LJUBAVNI MAČ

Što bežiš, čedo, što tu ne stojiš?
Što bežiš, svete, koga se bojiš?
Ne boj se, ne boj se, tâ ja imam mač –
ti si mu sama bila kovač.
Tu britku đordu, ljubav je zovu,
kovala si je na tajnom kovu,
ognjištu tajnom, ognjeni' usti',
čekići behu poljupci pusti.
Ne beži, bepče, ne beži, stoj!
Ne boj se, ne boj, uzdanče moj!
Đorda je moja britka i čila,
ti si je sama očeličila,
ti si je sama s ognjišta vrela
u ledenicu srca unela,
zato se tako čelično sija,
zato se vije kô ljuta zmija,
čelik je, čelik, čelik moj mač,
ti si mu sama bila kovač!

[1863]

# DIM

Lulu pije Selim-paša,
    ljubi ćilibar,
uza nj ljubi kaurkinju,
    svako po tipar.

Zadimio Selim-paša
    neštedimice,
na prozoru dim se vije
    čak do gredice.

Dim na staklu tamno piše
    čudnovati šar,
mrke brke, mor-dolame,
    dugi dževerdar.

„Pogle, pašo, što se delo
    na vrh gorama? –
mrki brci, mrko čelo,
    mrka dolama!"

„Valjda, čedo, pomrkuje
    kakav stari brest!"
Al' u curi sve silnije
    zla se budi svest.

I opet se zadimio
    žuti ćilibar,
i opet se ponovio
    čudnovati šar.

„Zar ne vidiš oblak crni?
　　Zlo je po nama!
Mrko čelo, mrki brci,
　　mrka dolama."

Selim-paša mirno pije
　　žuti ćilibar –
sve se gušće staklom vije
　　čudnovati šar.

„Lele meni, žalosnici,
　　sad je baš odja'o!"
Tek što reče, na ložnici
　　škripnu vrata – jao!

Škripnu vrata na dvorani
　　šumom, škripetom,
međ dovraci junak stoji
　　s puškom zapetom.

Oklop-lula, čibuk crni
　　cev je golema,
mrko čelo, mrki brci,
　　mrka dolama.

Zadimio čibuk strašni
　　neštedimice,
na prozoru dim se vije,
　　čak do gredice.

Bunovno se dim za dimom
　　vije kô i pre,
na prozoru slike šara
od kojih se mre.

[1861]

# SPAVAĆA PESMA

*(Arapski napev)*

Spavaj mi, čedo, buji paj,
bujni utišaj uzdisaj,
tā uzdisaj tvoj je sanana bepka,
mirisave grudi mu meka kolevka.

Spavaj mi, dušo, na ruci mi spaj,
evo je, hrano, evo je, naj!
Na njojzi se neće probuditi dete,
još teže je s tebe podnosila bede.

A kad mi odeš u daljni kraj,
uzdisaj opet dođe ti taj,
od tuge te snađe bol neizmerne,
verenico, seti se ruke ti verne!

Spavaj mi, čedo, buji paj,
bujni utišaj uzdisaj,
tā uzdisaj tvoj je sanana bepka,
mirisave grudi mu meka kolevka.

[1863]

# POSTANAK PESME

Sunašca na zalazu
kroz prozor pada žar,
odande na tvoj adiđar,
sa njega na duvar.

Razišô se u mlazu,
pa šara bledi zid,
plavetan kao nebni vid,
pa rumen kao stid.

Zapali srce moje,
iz njega sinu zrak,
kroz oka tvoga kamen drag
prosinuo je blag.

Pa i on je u boje
razišao se ceo,
još lepši šar je razapeo
na listak ovaj beo.

I nestaće mu sunca,
al' trajaće taj cvet,
jer to je onaj nepovred
što pesmom zove svet.

[1863]

# ĐURĐEVI STUPOVI

### I

Stoje prebeli Đurđevi Stupovi,
svedoci verni Božje ljubavi,
oblaci lebde nad njima gore,
lagano brode, lagano skore,
kazujuć Bogu molitve setne
što im iz crkve doleću čedne,
a kad im tvorac srdito grmne,
onda odlete za gore strmne.
Stoje prebeli Đurđevi Stupovi,
ljubazni znaci Božje ljubavi,
ljubaznim licem na breg se smeše,
a ravno polje, studeni breže,
milotom teškom već obamreše,
milotom teškom zaspaše veće,
pokrivaju se odorom belom,
pokrovom snežnim, zimnjim odelom,
dok opet Božji žešći smehutak
ne stopi sa njih taj beli skutak.

Samo na vršku brega visoka,
neznana soja, neznana roka,
jedno se drvo golemo gleda;
i posred sunca, i posred leda
vekove traje pobratim kama
od smrti živeć, od jada sama;
ogromnim granjem u nebo niče,
kô preklinjući svet-mučeniče,
dižu mu s' ruke, ogranci goli,
rekô bi višnjeg preklinje, moli,

il' vetar samo suhim granjem ječi,
jaukom dugim kô da zbori reči:
Bože večnosti, Bože trenutka!
Bože seljene i svakog kutka!
I ovim kutkom grešnoga sveta
da kadgod zađe stopa ti sveta!
Grešan je možda, nevredan, Bože,
al' pati, pati, što igda može!
Tako se ori očajni glasak,
sluša ga samo crkvica stara,
kadikad mu setno zvonom odgovara,
i sluša ga sveti ikonostasak,
i s njega sluša u okviru malu
svetitelj Đorđe na belome ždralu,
drkće mu ruka kako oštro sluša,
sve žešćim gnjevom aždaju guša;
i beli ždrale kô da uhom striže,
iz nozdrva mu modar plamen liže,
žestokim plamom kandilo pali
što su ga oci pred ikonu dali,
kandilo sveto plamenom pali,
da Boga moli, da Boga hvali!
Al' da ga čuje, žive duše nema,
sa neme gore toga glasa nema;
i ako katkad s one strane gore
de se još teže molitvice ore,
ako ga tamo koji junak čuje,
verno ga čuva, verno ga štuje;
žalostan s njime, s njime je voljan,
sa njega samo zdrav je i bolan,
njime se pita, njime se truje,
od njega mače plamene kuje!

## II

Na strmom pragu gorskoga klanca,
otkud se vidi zvonik samostanca,
jedna je bula mlađana stala:
il' je od puta svog malaksala,

ili su sveti Stupovi beli
meko srdašce buli zaneli?
Srdašce meko i meke grudi
mora da žešća nevolja muti,
jer iz oka joj setna kaplja bije,
uzdahom sklapa bele ruke dvije.
„Zar tu? oh, tu zar?" uzdiše bula,
„tu je, oh, tu je, duša je čula,
tu mi ga sveti rekoše oci,
rekoše mi ga mladi uskoci,
tu mi je dragi, oh, Bože blagi!
Jel' mu još ljubav 'nako u snagi,
jel' još onako, ili već vene,
jer kaluđerom posta zbog mene!
Kad mene Turci ukradoše mladu,
ukradoše i njemu jedinu nadu,
jedinu milost kob mu uze preka,
i odreče se milosti svake
i svakog leka za svoga veka.
Nije ni znao zar da sam živa,
u Bogu, mnio, duša mi počiva,
zato i sebe predade Bogu.
U Bogu, reče, naći je mogu!
Oh, kamo da je, kam' da je tako,
kam' da je tako samo opako,
al' nisam, nisam, ej, tužna ćeri,
u Bogu nisam ni u Božjoj veri!
Al', evo, Bože, primi me bednu,
primi me bednu, hudu, nevrednu,
vodi me, dragi, Hristovu licu,
pokrsti grešnu poturčenicu!
Ja ću sad tebe u Bogu da tražim,
blizinom tvojom grehe da blažim,
oh, vodi me, vodi, Hristovu licu,
pokrsti grešnu poturčenicu!"

 I pođe bula uzanom stazom,
širi joj se srce nadanim spasom,
pod stopom njenom snezi se tope,

jer nad taj je greje od glave do stope,
od glave do stope drkćući se nada,
stala je pred crna manastirska vrata,
na crna vrata belom kuca rukom,
iz bela grla tankim zove gukom:
„Hodite, oci, oj, oče, hodi!
otvori vrata jednoj siroti!"
Dugo je tako kucala bula,
dugo je nisu bratija čula,
dok nije jedan iz dvora se vinô,
bravu odvrnô, vrata odškrinô:
„Pa koje dobro, lepa hrišćanko,
il' nevolja koja, mlada neznanko?"
„Nevolja beše, dobri moj oče,
nevolja beše, al' sad se doče,
jer, evo, nađoh utočište naše
iz harema mrska Osmana paše;
ropstvo mi dođe nesnosno, mrsko,
a omile mi otaštvo sr'sko:
pusti me, oče, pusti me, pusti,
umoriše me putovi pusti,
pusti me, oče, il' me samo javi,
oh, javi me, javi igumnu Varnavi!"
Tako se moli duša sirote,
sklope se vrata, kaluđer ode.

## III

Kaluđer crni ozbiljnim krokom
zamišljen se penje uz trošno stepenje,
poniznim licem, grozom dubokom,
suhonjavom rukom o vrata lupa,
u igumnovu ćeliju stupa:
„Dobra ti sreća!", kaluđer se javlja,
„Dobra ti sreća pored bolja zdravlja!
Al' osim zdravlja tvoga i sreće,
još ima nešto dužnost da ti reče:
bula jedna mlada pred vratih čeka,
utočišta moli i konaka meka,

dozvoli, oče, oče, dopusti,
hrišćanska milost da je u dvor pusti.
Bula je, kaže, pobegla od paše,
al' krv je naša, dete je naše;
i onomad jednu odbismo žrtvu:
sutra je u snegu nađosmo mrtvu!
Pa sad bar, oče, sad bar dopusti,
hrišćanska milost da je u dvor pusti!"
Tako se moli kaluđer sedi,
brojanice niže, u zemlju gledi,
brojanice niže kô da reči broji,
da l' suviše reče kô da se boji.
I bolje da broji niz brojanica,
neg' srdite bore s igumnova lica,
s visoka čela igumanova
da čita, bolan, nečitka slova,
nečitka slova s čela visoka,
s korice tvrde knjige života.
Al' u toj knjizi koliko još mora,
koliko još biti neviđenih bora,
neviđenih bora, nečitanih slova,
razvalina crnih izgorelih snova?
U razvalinama žive duše nije,
tek jedna guja u njima se krije,
paklena guja, hladna, samoživna,
nemilost živi ispod razvalina,
jer kô siktanje te ledene guje
kaluđeru sedom ova reč se čuje:
„Zar opet bula, budalo stara?
Ko će da pati, ko da odgovara?
Zar ne znaš, bolan, ne znao Boga,
zar ne znaš volje paše čestitoga?
Dosta smo krili tuđe bitangaše,
nemilost navukli Osmana paše,
zar nisi čuo kako paša preti,
nisi ga čuo Bogom se kleti:
ako još jednog primimo begunca,
nećemo više gledati sunca,
već samo, možda, umiruć sramno,
spaljenog stana garište plamno!?

I opet si došô, nesmisleniče,
i opet mi take donosiš priče?
Odlazi taki, odlazi migom,
naloži mladim iskušenikom:
smesta nek jedan paši odjezdi,
neka mu nosi ponizne vesti
da se grešnica nije mogla spasti,
da j' u našem domu, u njegovoj vlasti!
Žurite brzo, na najboljem konju,
paša nek dođe, kad hoće, po nju!
Pa posle, starče, posle zapovedam,
nek dođe bula da je ispovedam!"
Reče Varnava, iguman mladi,
a starac ode tako da radi.

   Al' tamo dole ispod samostana,
u studeni snežnoj zimnoga dana,
neprestano čeka begunac lepi,
nadom se greje, verom se krepi,
greje je nada od glave do stope,
pod stopom se njenom snegovi tope.
Dugo je tako čekala mlada,
kad ujedared otvore se vrata,
izleti jedan konjanik iz dvora,
rekô bi trkom pregazit je mora,
izleti i brzo nestade u gori,
cura se krsti, u sebi zbori:
„Da crna konja, da crnja junaka,
iz svetla je doma, al' je čedo mraka!"
Tako zbori cura, pa se čudom krsti,
U krst se već slažu nehotice prsti!

   Dok se tako krsti bula, u tom času
u crkvi maloj, na ikonostasu,
ikona se jedna stresa u okviru,
ikona Đurđa, sveca namastiru,
stresa se slika u tresu sve jačem,
svetitelj Đurđe zamahuje mačem,
zamahuje ljuto sve žešćim mahom,
a konjic mu diše ognjevitim dahom,

ognjevitim dahom listove prosu
starostavnih knjiga na pevnici što su,
a na jednom listu otvorenih knjiga
pisana slova plamenog lika,
gnjevita beljca ognjevitim mlazom
užežena, zbore 'vakim iskazom:
„Bože večnosti, Bože trenutka,
Bože seljene i svakog kutka,
oh, Bože kletve, Bože milosti,
oprosti svetu grešnom, oprosti!
Samo naveki ispred tvog lica,
naveki prognan da je izdajica!
Na njega samo, roba doveka,
na njega samo, samo na njega,
nebeskog gnjeva sve gromove prospi,
ne prosti njemu, il' nikom ne prosti!
Jer nikog ne mož' gora kletva snaći,
do zajedno s njime u raju se naći.
Oh, zato, Bože večne milosti,
ne prosti njemu, il' nikom ne prosti!"
Još dalje piše; još dalje se niže,
sve žešća kletva, sve strašnija misô,
onaj tek zna je što je napisô;
jer čudan je pogled, čudan je trenut,
samrtno oko mora zasenut,
samo se vidi vatra sve žešća,
strašan je plam, al' strašnij' navešća.

## IV

Meku je ruku u ruku dala,
u suhu ruku sedoga kala,
kale je vodi; kô pastir janje,
nejako janje kad vodi na klanje;
pokazujuć vrata svoga gospodara,
unutra je pušta, vrata zatvara.
„Ti li si, ćerko?" iguman zagrmi,
„što kod paše misli da nas ocrni?
Ti li si, nesrećo, ti li si, kugo?

Al' čekaj samo, nećeš mi dugo!"
„Vladimire!", zamuca lepojče ubavo,
„da l' Vladimire il' igumne Varnavo?
za ime Boga, da l' sam čula pravo?!"
Drktala je bula od pete do glave
čujući pozdrav igumna Varnave;
sa bleda lica kad joj pade veo,
i Varnava kao da zadrkta ceo.
Bledo mu lice još većma pobledi,
ledeno srce još većma se sledi:
„Koga vidim, jadan? čije čujem glase?
oh, blagi Bože, preblagi spase!
da li me kušaš, da li me karaš,
što preda mnom senku najmiliju stvaraš,
sahranjenu davno, u srećnijem dobu,
u grudi mojih ledenom grobu?
Ili se sama iz grudi mi diže?
Oh, hodi, senko, hodi – bliže – bliže!"
Za ruku je rukom grčevito stisnu,
od bola bula i od jada vrisnu,
obeznani se, pade mu na grudi;
u grudma ledenim stari plam se budi,
u grudma ledenim, ispod razvalina
negdašnjih snova, negdašnjih milina,
upali se iskra prvoga žara,
usplamti ljubav žestoka, stara;
al' ona guja, ona podmukla,
guja nemilosti, što se tu uvukla,
izleti ispod buktiva garišta,
opaljena plamom ljuto propišta,
pobesnila pusta guja nemilosti,
u grudma grize srce, pluću, kosti!
Seća se tužan kale u nesvesti,
seća se svoje ropske zapovesti,
oseća grižu u grudima guje,
oh, ala jede, oh, ala truje!
Jede mu srce, pluću i kosti,
„Oh, Bože!" vrišti, „oprosti, oprosti!"
Prediše, kuka besomučniče,

srlja na vrata, grmi i viče,
sa sviju strana kaluđeri lete:
„Šta ti je, šta je, Trojice ti svete?"
„Oh, šta je! šta je! – tā nevolja je,
nevolja teška, samrtni kraj je!
Da l' učini, starče, ono što ti rekô'?
da l' ode ko? oh, da l' je daleko?"
„Sve je u redu, po tvojoj volji,
konjanik dobar, konj je još bolji,
udesi sve to staranje naše,
sad je već možda glasnik kod paše."
„Sad je kod paše poslanik vraga!
I ti još stojiš? Taki bestraga!
Sedlajte konje, sedlajte svaki,
idite paši, idite taki,
poručite mu da se ne sprema,
da kod nas bule nikakve nema!"
Odoše oci kad su to čuli,
a Varnava ode sumrtvoj buli.

## V

Veče je došlo, suton se hvata,
od zvezdica zlatnih zavesa pada
da ne bi napast nasrtljiva mraka
prodrla u svetlo svetilište zraka;
sklopljena su vrata zimnoga dana,
i sklopljena stoje vrata samostana,
i samostan istog mal' da se ne boji,
jer sin jedan mraka i pred njime stoji;
turski jedan telal stoji pred vrati,
balčakom vrata hoće da smlati:
„Otvori, more, đaur-derviše!
Dosta sam čekô, ne mogu više,
zar nema, pogan, uši, kad ćuti?
Al' čekaj samo, odrezaću ti!
Otvori, hej, otvori, vlaše!
poruke ti lepe nosim od paše!"
Tako se dere nestrpljivo Ture,
i već se u dvoru kaluđeri žure,

ključevi zveče, brava se otvara,
proviruje brada kaluđera stara.
„Dobro mi došô!" Ture ga pozdravlja,
„Osman ti se paša ponizno javlja:
paša je blizu, tek tu što nije,
eno, gle, na bregu barjak mu se vije!
Al' ako mu bula ne bude na krilu
dok ne stigne zora prehodnicu čilu,
čestit će vas paša lepo da obdari:
koceva dobrih nekoliko pari,
koceva dobrih da čačkate zube
i još malo vatre na to tamno kube
da vam se vidi čitati opela.
Eto, to je, vlaše, poruka ti cela!"
Izreče Ture, obode žerava,
kaluđeru starom iznemože glava,
klonu mu glava od teške muke,
ispadoše ključi iz mršave ruke,
i jedva se seti da treba da javi
poruku lepu igumnu Varnavi,
podiže ključe, zatvori vrata,
zar, da ne dođu Turci iznenada!
Pope se starac po trošnim stepen'ma,
i opet nasta tišina nema.

\* \* \*

Tišino moja, čedašce neba,
ala si mila, ala si lepa,
ispod sastanka noći i dana
kada te budi zveket đerdana,
na mekih grudi, sa grla meka
kada te budi umilna mu zveka,
il' o muškom vratu kršenje grivna,
tišino moja, al' si mi divna!
Il' kad te uzdah njiha duboki
razležući se po junačkoj toki,
il' poljubac sitan kada ti tepa –
slatka tišino, al' si mi lepa!

Al' kad te kida, kada te treska
užasni zveket okova teška,
kada te jauk i vrisak cepa –
al' si mi strašna, tišino lepa!
Al' nikad još valjda nisi bila taka
kô sada ispod šatora laka,
Osmana paše šatora bela,
nikad se još nisi tako otela!
Čestiti paša zamišljen ćuti,
pred njime ćute oči pognuti,
doveli su bulu pred gospodara,
gospodar ćuti, puši, al' ne kara!
Bratija ćuti i bula je nema,
okovi joj ćute na rukama dvema,
nema je bula, al' u srcu strepi,
poznaje ćudi svoga gospodara,
kako se strašno onome sveti
njega što dira, njega što vara!
I evo paša ispuši lulu,
po bradi se gladi, pogleda bulu:
„Dobro mi došla, verna moja ljubo!
docne mi dođe, al' mi nije skupo,
nije mi skupo čekat na tebe,
samo te žalim što ti srce zebe.
Al' nemoj tako da se žestiš jako!
Na noge, momci! rasturite pakô!
palite tamo one kule bele!
grejte joj srce sred vatre vrele!
vodite i te kaluđere stare,
njezine verne, dobre čuvare,
a oni drugi znaće već sami
kako se greje na požarnih plami'.
Samo Varnavu smestite lepo,
od njega prvi da vidim pepô!
Žurite, momci, neka se sija!
i meni je zima! grejô b' se i ja!"
Namignu paša na svoje ljude,
i kô što reče, tako se zbude.

* * *

Spaljeni leže Đurđevi Stupovi,
svedoci negda Božje ljubavi,
a sad svedoci Božija gnjeva,
u garištu im greh se ogreva.
Al' osim greha žive duše nema,
nekoliko samo kostiju beli',
što su ih po garu vetrovi razneli,
po pučini crnoj prosute se nižu,
bledilom smrtnim kô da reči pišu,
da strašna lista, da strašnijeh slova
što ih napisa pisac vekova!
Al' šta to piše, šta li to veli,
ta crna knjiga sa ti slovi beli?
Jesu li kletve? Proricanje je li?
Još strašnije je, strašnije još je –
zbriši je, sudbo, s čitulje Božje!

[1863]

## MOJA ZVEZDA

Oj, zvezdo moja, životnice moja,
besmrtna iskro moje samrtnosti,
što mirno brodiš suđene pute
obilazeći to Božje sunce,
to Božje sunce, to srce Božje,
kô što obleće besmrtna misao
roditeljku svoju, besmrtnu dušu.
Oj, zvezdo moja, života moga,
besmrtna misli besmrtna Boga,
što si mi tako samrtno bleda,
te tako bono svetlucaš doli?
Zvezdice moja, zvezdice bleda,
koja je tebi golema beda,
       što mi te boli?

Tä ja te znadem, patnico svetla,
i ta te sjajna Danica znade:
a de te ne bi Danica znala
kad navek na nju zracima streljaš,
pa kada prođeš mimo nju blizu,
srce te vuče dragani svetloj,
pa u toj želji večite strasti
trepćeš i blediš i zadrkćeš se,
svetlucaš bono na mene doli –
zvezdice moja, zvezdice bleda,
to li je tvoja golema beda,
       to li te boli?

Pa kad bi hteo, besmrtni plame,
u svačem da se ugledaš na me,

da su nam sasvim jednaki puti,
u svakoj strasti, u svakoj ćudi,
na nebu verno da me zastupiš;
pa kad je tako već jako ljubiš,
Danicu tvoga života huda,
što se ne sletiš sa večna puta,
ne otkineš se od sunca silna,
ne naletiš se na želju svoju,
na želju svoju, Danicu zvezdu?
Il' zar je veća neporečna sudba
kojom te tvorac vezuje večno
za svoje srce, za svetlo sunce,
obnašajuć te nevidljivom rukom
na nepomičnoj putanji tvojoj?
Tä zar je jača, smelija zar je
svevidnost večna neumitna suda
od slepe želje, slepa ti žuda,
trenutka jednog zbijene strasti?
Zar neće slađe trenutak pasti
od sudbe tužne večnoga leda,
kaži mi, zvezdo, kaži mi bleda?!
Al' ti si nema, nema i bleda,
svetlucaš bono na mene doli,
koja je tebi golema beda,
        što mi te boli?

Tä nije l' vredno večnog života
svrnuti tako s osamnog puta,
s osamnog puta večnoga suda,
naleteti se na svetle grudi
Danice tvoje, željice žive,
o biser-grudi rasprštati se,
rasprštati se, pa se prosuti
s jedrine sjajne prozračnih grudi,
užeći sobom svetove puste,
da pored tvoga žestokog plama
i sunce svetlo pomrči tama,
a zvezde sitne, malene, hude,
nek u svom mraku pometu pute,

a posle tebe kad god se sete,
u suhoj zlobi neka poblede!
Oj, zvezdo moja, zvezdo visoka,
kaži mi, zvezdo, zar ti ne vredi
odreći se tako večnog života,
nestati tako zar ti ne vredi,
ta zar ne vredi tako umreti?!
Al' ti ne zboriš, rečiti zbore,
presvetli zbore budućnosti tamne,
samo si, zvezdo, odviše bleda,
svetlucaš bono na mene doli,
zvezdice moja, zvezdice bleda,
koja je tebi golema beda,
                što mi te boli?

[1862]

# U NOĆI

Oj ljubavniče, meseče!
    oj, ljubo, noćice!
oj, zvezde, poljupcem njegovim
    užežene joj očice!

Oj noći! oj zvezde! oj meseče!
    te jeste l' vi tek san
što vas iz plama žešćeg svog
    uspavan sniva dan?

Bar ljubav moja taka je:
    – oh, al' ste joj prikladni! –
i ona je, kô noćni san,
    iz žarkih nikla dni.

[1863]

## MOJ RAJ

Usta tvoja rajske dveri,
na koje su istrošeni
svi mirisi i biseri,
što su njima orošeni
rajski đuli i zumbuli,
tek da draže duše grešne
neutešne.

Oh, al' grešnik blažen biva
kad domili do tih vrata,
pa dovratke rujna zlata
isceliva;
kad pristupi dverma sjajnim
poljupčevim ključem tajnim,
u osmejku blaženome
kad se dveri odaškrinu,
pa prosinu
glavičice anđelića,
zubičića
četice u sitnom nizu,
tako blizu
da miriše iz sred raja
sitno cveće uzdisaja.
I srce se tvoje čuje,
kô slavujak pripevkuje
u mirisu.
A na svodu nebesnome,
na čelašcu sjajanome
stanila se druga tica,
savijuci obrvica,
trepavice seničaste,

to su njena krila vita,
u povije povijene
povila je svoje telo,
sveto, belo.
Ta je tica, čedo belo,
neću da ti tajim duže,
ta je tica sveti duše!
Tebe čuva, tebe krije,
tvoje rajske čarolije,
dva kamena draga, sveta,
do dva Božja amaneta,
čuva tvoje oči dvoje.
Al' kad taki plamen čuva,
što mu nisu krila suva?
Što je s neba rose sneo
golub beo?
Sa kog rajskog cveta uze
ove kapi, tvoje suze?
   Uzmi natrag tvoje dare,
moga raja svet' čuvare;
mahni krili, sveti duše,
suze njene nek se suše.
Mahni krili, pa oko nje
savi' perje golubije.
A kad nije mene do nje,
beo golube, poljubi je!

[1862]

# OJ, OČIMA TIM SUNČANIM...

Oj, očima tim sunčanim
    što me goniš u samoći?
    Sa tog danka nikad noći,
nikad danka da presanim!

U očima tim sunčanim
    sakrio se tamni sanče,
    slatko moje divotanče,
u očima tim sunčanim!

A očice slasti toče,
    ja ih pijem, pijan pijem,
    danju, noću s njima bdijem,
mog bdenija anđeoče!

Al' ne svodi, sunce, oči
    de boravi tamni sane,
    nemoj vrelo da usane
što tolike slasti toči!

Ispod veđa seničasti'
    dok taj sanak ne ispijem,
    pa ne zaspim sankom tijem
i zanosom tvoje slasti.

Te odmoren u tom sanku,
da se prenem na uranku,
da ugledam rujnu zoru,
rumeniju u zazoru:
zažarena usta rujna
od poljupca od nečujna;

kad u zoru svet se stopi,
a ja iz te zore nove
stanem piti nove snove,
i opet se obeznanim:
onda, onda oči sklopi,
obeznanjen, ja ću piti,
a ti stidak možeš kriti
u očima tim sunčanim!

[1863]

# DESNO KRILO

Stani, dušo, diko, stani,
jelenče pretilo!
Na desnu mi ruku pani,
desno moje krilo!

Dosta sam se već naljuljô
i tuge i muka,
od tereta tog je meni
tako slaba ruka.

Dojio sam na njoj dosta
mlađanih pesama,
zato mi se, lane moje,
ruka tako slama.

Dosta si mi u pesmama,
bela moja vilo,
dosta si mi tamo samo
desno bila krilo.

Pa ne beži, oj, ta stani,
lanešce pretilo!
Na desnu mi ruku pani,
desno moje krilo!

Hodi, dušo, cvete viti,
manut te se neću,
ako nećeš moja biti,
svisnuću, umreću.

Pa duša mi kad poleti
u nebesa čilo,
hoćeš tu bar hteti meni
desno biti krilo?

[1863]

# SRCE REČE...

Srce reče: ljubite se!
oči tvoje: još, još više!
pod poljupcem svakim nam se
more krvi u ustma diže.

I moja je duša more,
tvoje lice njen meseče
što to more diže gore,
što ga iz dna silno kreće.

More šuška: ljubite se!
a tvoj mesec: još, još više!
pod poljupcem svakim nam se
more krvi u ustma diže.

Kad se digne more krvi,
more krvi, more duše,
poljupci ga sveg osuše;
ali opet u dno vrvi,
navek novo more čeka,
večna sleka i osleka.

Al' šta ćemo, lepo lane,
bela vilo mora moga,
kad poljupca plamenoga
zanaveki ponestane?

Kad se stane sušit more,
ne poljupcem da sagore,
već se samo sobom suši
i na usti' i u duši?

Kad potamni živo oko,
kad sve tako prođe mimo –
de je more to duboko,
da s' u njega utopimo?

[1863]

# LICE TVOJE...

Lice tvoje, nebo moje,
sa njega mi munje dvoje
oči žegu,
a po njemu u rastegu
oblačići krvi lete –
buru prete.
Nepogodu i bujicu
predskazuju na tvom licu,
sevotinu bure ljute,
ljubav slute.
Još sakrivaš munje puste
tamnom šumom kose guste,
u obrve i u veđe
kriješ teške nepogode,
da je želje moje veće
ne pogode.
A ja stojim srca meka,
gole ruke, gole prsi,
al' mi duša opet čeka
ma na propast – od tebeka
čeka, čeka.
Al' ne mogu, oh, ne mogu,
poletiću višnjem Bogu,
poletiću u to nebo
za koje sam pokrov prebo,
beli pokrov moje sreće,
poletiću
željan tiću
u tu kosu, u te veđe,
tu me neće –
tu će bura da me pređe;

oko mene neka pali,
vaseljena nek se svali,
nek se lomi,
nek pucaju živi gromi;
a ja bolan snivam voljan
u poplanu od bure utkanu,
u snovoje snujem prame tvoje,
u bunovnom u susanku
podvikujem, jecam, snivam,
a kad bude na uranku,
snova snove da uživam.

[1863]

# VIDIM LI TE...

Vidim li te dušo moja,
iz osame noći tije,
u zoru se nojca krije,
moj uzore divotan! –
pa očima zasenutim
čas pogledim, čas zaslepim
u očima tvojim slutim,
u očima tvojim lepim,
san i javu, noć i dan.

Ljubim li te, dušo moja,
ljubim li te, dane beli,
u meni se slašću deli
san i java, noć i dan;
ledena je moja ruka
oko plama tvoga struka,
pa oseti, dušo setna,
kako su mi usta ledna,
to je nojca, to je san.
Kad je tebe osetio,
iz duše je izletio
sumnjičavi sanak mali,
ne veruje njenoj hvali,
hoće da te vidi sâm:
a u dušu mesto njega
slatka java živo bega,
slatka java, živi dan!
Beli dane, sanče meki!
ljubi dušo, al' naveki,
nek se sumnjiv sanak sladi,
jer ikada ako staneš,
ako staneš, ako da'neš,

u dušu će da se vrati
neuveren, neuzdan.
Pa u duši kada nađe
onaj danak, ono slađe,
progoniće od ljutine
sve te slasti i miline
neutešni, kivni san;
oh, pa nemoj, nemoj, lane,
da mi tako sve usa'ne,
san i java, noć i dan!

[1863]

# MINADIR

Što je silan, što je slavan
kralj Ramsenit od Misira,
take sile nigde nema
od Indusa pa do Nila.

Pa što ima silna blaga
kralj Ramsenit od Misira,
taka blaga nigde nema
od Indusa pa do Nila.

Pa što mu je ćerka lepa,
ponosita Valadila,
te lepote nigde nema
od Indusa pa do Nila.

Pa kako je voli babo!
Jedan osmeh svoga smilja
ne bi dao za svu zemlju
od Indusa pa do Nila.

Od Indusa pa do Nila
nema tako krasnog lika,
do u jednog siromaška,
vajaoca Minadira.

Vajaoca Minadira,
što labirint kralju zida,
de će kralju s ćerkom svojom
posle smrti da počiva.

Živo radi Minadire,
danju, noću nema mira,
neće biti take zgrade
od Indusa pa do Nila.

Vajaoče Minadire
danju, noću nema mira,
danju, noću pohodi ga
kralj Ramsenit od Misira.

Danju, noću pohodi ga,
s njim dolazi Valadila,
da i ona vidi de će
večni sanak da odsniva.

Gledao je vajaoče
punu čari, punu milja,
sve mu ruka lakše kuca,
sve mu lice bleđe biva.

Usami se, ne zna šta će,
kosu mrsi, ruho kida,
zamršaje srca svoga
u lavirint sulud zida.

Oštrim dletom bola svoga
u bled kamen reže lica,
svako lice ista lepa
Valadila od Misira.

Tako voli Minadire,
tako mu je ljubav silna,
te ljubavi nema više
od Indusa pa do Nila.

Lepo lice sve je bleđe
vajaoca Minadira,
a posete sve su ređe
Valadile od Misira.

„Što mi vene dete moje?"
stari kralju ćerku pita –
ponosita Valadila
samo ćuti, samo sniva.

Nagrnuše prosioci,
slava, purpur, zlato, svila –
sve najveća gospoština
od Indusa pa do Nila.

Al' što purpur crveniji,
što sjajnija svila biva,
sve je bleđe lepo dete,
sve tamnija Valadila.

„Dosta, dosta, dragi babo!
Moje srce ne izbira,
srce moje samo voli
neimara Minadira."

Snuždio se na te reči
kralj Ramsenit od Misira:
„Zovnite mi toga mladog
neimara Minadira!"

Snuždio se silni kralju,
zabrinuto čelo zbira –
al' dovode u odaju
bledu senku, Minadira.

Visoko mu čelo bledo
kô papirus blagog Nila,
al' u oku misô tinja
i ljubavi sveta zbilja.

Osmehnu se kralj Ramsenit,
osmejak mu brigu vida,
kô oblake s neba sunce
sa čela mu bore skida.

„Neimare Minadire!
Ja i 'nako nemam sina,
tebe voli moje dete –
kraljević si od Misira!"

Uzdahnô je Minadire,
zaneo se, kao da sniva,
mrtvog sluge prihvatiše
vajaoca Minadira.

Prilete mu beli golub,
prilete mu Valadila,
nije mogla dosta brzo
kako ga je željna bila.

Kako ga je željna bila
duša joj je izletila,
a ostade belo telo,
osta mrtva Valadila.

Žao beše starom kralju,
Ramsenitu od Misira,
što radošću prevelikom
ubi ćerku, ubi sina.

Dok nališe samrtnikom
sveta ulja i mirisa,
izdahnô je već i stari
kralj Ramsenit od Misira.

Poviše im belo telo
u pokrove od papira,
a po njima napisaše
od ljubavi šta sve biva!

Ispisaše ljubav njihnu
na pokrovu od papira –
nema take pripovesti
od Indusa pa do Nila!

[1862]

# POSLEDNJA RUŽA

Letnje je veče, kroz lišće suho
lagan vetarac tiho je duhô,
šuštalo je lišće, kô da reči zbori,
kô da nekom tepa, il' nekoga kori,
al' meni to dušu silno pokreta,
kô da su glasi s onoga sveta.
Al' u tom lišću ona ruža jedna,
ona jedna, ona ruža poslednja,
što još zaosta iza svojih druga,
kâ proročica beda i tuga
što kazujuć propast rodu svom doskora
reč svoju sama preživet mora;
pa sad je dole spustila glavu,
u zemlju gleda, gleda u travu,
a po travi lišće rumenobojno,
kô krvca kad kane na polje bojno.
Tako ruža mala svoje mrtve smatra,
katkad se kao s lišćem razgovara,
i ona zbore kao da razume;
ti njihovi zbori opčinili su me,
daleko mi duša s njima odleta,
kô da su dusi s onoga sveta.
Al' ne znam šta zbore, glas me svaki vara
ko pita koga, ko li odgovara?
Da l' ruža pita u lišću duše
na onom svetu kakve su ruže?
Al' koja duša ružici tepa:
hodi de s nama, ružice lepa!
Tek na to ruža što glavicom kreće,
da l' kaže: hoće! da l' kaže: neće?

\* \* \*

A ja se snuždim; velja mi je muka,
sve me nešto goni, sve me nešto nuka
da i ja ružu zapitam koju,
zapitam za koju nevolju svoju;
'vako bi' je pitô, 'vako bi' je kušô:
Osamko bedna, poslednja ružo,
što gledaš dole na svoje mrtve,
na roda svoga uvele žrtve,
da li ti kadgod ko poručiva
od severa hladna, il' juga živa,
da l' ti poručiva koja rujna sela
od Prizrena stara, il' Budima bela,
donoseć bajke u mirisu čednom
o divnom jednom plemenu bednom,
uveloj slavi roda jednoga,
plemena moga, roda srpskoga?
Da li si čula, u vrtu sveta
da jedno drvo ružino cveta,
što mu ruže mire sa sviju strana,
koliko ruža, toliko rana,
što im mirisi lete po svetu,
da l' i do tebe, ružo, dospedu?
Da l' i do tebe kada doskore,
da l' i o svome drvetu zbore?
Da li ti zbore, da li ti se tuže
kako se drvu ogranci suše,
kako je došla guja iz dola
poganim zubom u drvo bola,
pa sad je bono, suši se sada
zarazom smrtnom otrovna gada?
Da l' ti se tako žale i tuže
mirisi teški srbinjske ruže?
Pa kad se tako tuže sve teže,
da li ih tvoji mirisi teše?
Da li im, sestra, zboriš u nadi,
daleko tamo, istoku na vrati',
otkud je tvorac narode prenô,
da ima drvo blagosloveno

što ga ubada zver otrovana,
pa je puno bolje, pa je puno rana,
al' iz svake rane, uboca duboka,
bistrina teče mirisna soka?
Taj divan miris tamjanom se zove,
nadaleko miri, nadaleko gove,
dolaze ljudi, pa ga ljudi beru,
u hramovi ga na ugljevlje steru,
neka miriše, neka im reče:
i s otrova kako blagoslov teče!
Da li ih teškaš, ružice, tako,
da li se daju utešit lako,
sete l' se i svog drveta tada?
Da l' im se duša umorna nada,
da l' im se nada da će po sreći
i s njega sveti tamjan poteći,
na ubod svaki otrovne guje
iz bujna srca probiti struje,
da zamirišu, svet da zanesu,
milinom da se duše potresu,
anđeli da se začude sami
kad zamirišu prosvetni hrami?!
Oh, hoće l', ružo, proreci meni,
taj časak doći blagosloveni?
Hoće l' se zbiti – jel' da će, je li,
poslednja ružo, cvete moj beli?
Tako je pitam nekoliko puti,
gledam je, slušam, al' ruža ćuti,
tek ruža moja što glavom kreće,
da l' kaže: hoće! da l' kaže: neće?

\* \* \*

Osamko moja, poslednja ružo,
il' ti je osam veće dotužô,
il' drugi jadi na srcu ti stoje
kad ćutiš tako na reči moje?
Možda, u slepoj nuždi života,
pregorela si nesreću roda,

pa ti je duša skupila krila
u javi crnoj lep san da sniva,
pa ti se ispod odmorna sana
na srcu malom stvorila rana,
potajna rana što te zatišta
kad onaj vetrić ovud propišta,
povetarca onog lagano krilce
što ti rumeno milova lice,
povetarac onaj ljubavni, meki,
što ti se kleo ljubit te naveki,
pa ujedared ode iznenada,
poneo ti miris, ostavi jada,
pa nikad, nikad, nikada više
grudi ga tvoje ne osetiše!
Jel' tako, ružo, cvete rumeni?
al', oh, ne tuži, tako j' i meni!
i s mojim srcem tako se zbiva,
i moje srce ljubi i sniva!
Oh, znaš li, ružo, rumeni cvete,
danove čete kad zora povede
i ti se, ružo, buditi staneš,
nanovo živneš, nanovo da'neš,
snova se nadaš, snova si očajna,
znaš li što j' onda rosa tako sjajna?
Opazila je rosa kad je pala,
opazila je jednog anđela mala,
od sjajnog lika rosa se zanela,
pala je dole, lik je ponela,
pa otud sija, od otog lika,
a lik taj, ružo, moja je dika!
Pa znaš li, ružo, znaš otkuda je,
što rose tako zamalo traje,
što tako brzo rosa odleti? –
nje što se, ružo, nje što se seti!
Rosa i zora, cveće i granje,
sve je to divno, al' samo sa nje!
Vetarac onaj što tebe 'nako,
što te onako ostavi lako,
i on je možda od nje ti došô,
mrežom njenih vitica prošô,

mirisom svežim njezine kose
dojio mlade kapljice rose,
pa kad je, ružo, na tebe padô,
mirisom otim tebe je svladô,
a on ostô sirotan, deran,
pa kako tebi da bude veran!
Al' nemoj, ružo, moj bedni cvete,
da ti se jadi na meni svete,
već kaži, ružo, ružo, ne taji,
šta su ti rekli ti uzdisaji?
ti uzdisaji najslađe mome
šta poveriše srdašcu tvome?
Jel' ti šanô možda koji uzdah kratki
moj da će biti anđelak slatki,
moj da će biti – ta reći je morô! –
moj da će biti al' skoro, oh, skoro!?
Tako sam ružu molio lepo,
pa sam joj lasko, pa sam joj tepô,
al' ona valjda i ne čuje mene,
već samo ćuti, ćuti pa vene,
glavicom malom tek-tek što kreće,
da l' kaže: hoće! da l' kaže: neće!

[1863]

# PROMETEJ

Na kamenu visokom prikovan
u okovu se ponosi titan,
porugljivim se baca pogledom
na Olimpos, na dušmana mu dom.
Na Olimposu je pirovanje, čast,
međ bogovima njemu u propast;
peharima se zlatnim kucaju,
od otkucaja gore pucaju,
a čovek beži neda'nimice
u gudure, u mračne stanice;
al' ne geršće Prometej, ne geršće titan
na kamenu, na stancu prikovan,
već okovima bije o stenje,
o stenju pršti sužno prstenje,
a iz grla se ori grdan smej,
tä dosta grdan da ga čuje Zej!
To vole ljudi, vole robovi,
al' Zej se stresa, bog nad bogovi';
stade mu reč u grlu uzanu,
napitak mu na usni usanu,
iz božje ruke pehar ispusti,
od pehara se more zapljušti,
te burnim valom gnjeva studena
zapljuskuje titanu kolena –
al' ne geršće Prometej, ne geršće titan,
na kamenu, na stancu prikovan!
Iz grla mu se opet ori smej,
i opet geršće silni bože Zej!
U titaninu more misli vri,
uzavreli mu osećaji svi,
al' vezan je Prometej, vezan je titan,
na kamenu, na stancu prikovan,

te ne mož' sila misli vrelije
stenovito da čelo prelije,
da razaspe po zemlji blagoslov,
a u nebo da digne potop nov,
i borbu pravde, borbu ponosa,
prot sile same, prot Olimposa!
Al' sluti Zej grozovit potop taj,
prisluškuje mu manit zapljuskaj,
i opet strepi neustrašiv Zej,
i opet onaj titaninov smej!
I Zej već vidi slobodan svoj plen,
razneto nebo, Olimp potopljen,
i sebe sama milost proseća,
već ledne vale kô da oseća –
potreslo ga je, zadrhtô je kroz,
u kolenih mu čisto zimogroz,
i još titanski taj podrugljiv smej –
da silan rob! oh, da sirohmah Zej!
U strahu Zej sa strepna kolena
svog orla šilje glađu morena,
da jede roba, da mu vadi pluć,
nek s' onda smeje bogu s' rugajuć!
I ode orô zrakom plivajuć
i stade jesti titansku mu pluć;
al' čim naraste – opet onaj smej,
nijedna reč, već smej i opet smej –
da pukne silan od ljutine Zej,
de njemu smejom prkosi junak,
a on još na to svoj da daje zrak!
Al' zna to junak, znade to titan,
zato se smeje sužan, prikovan,
tâ zato poruga, tâ zato smej,
i zato grmi od ljutine Zej!

*  *  *

Od oto doba pa sve do sada
u surog orla ta je navada:

kad pabirči u bojno u polje
da traži sebi pluće najbolje,
najbolja srca i najbolju krv,
na najbolje junake mu je strv;
na kukavice, izdajice, gad,
ni samrtna ga ne ponudi glad.
Ej, ponositi, vrli brale moj,
obiđi ti i malo lošij' boj!
Jer čekajući takvog dečka ti,
sva pasma će ti glađu skapati:
toliko dobar junak, rob toliko loš,
ne rodi više il' – ne rodi još.

[1863]

# OMLADINI

Omladino, diko stara!
    Omladino, jade mlad!
Kamo onog starog žara?
    Kamo onaj rušigrad?

Teče vino nenaslad
    iz punog pehara,
a sve življi, življi nad
    bije iz nedara.

Sav će ispit vinograd
    zdravica za Marka,
i ostaje opet nad
    za bolja junaka.

Ho'te, cure, grličad,
    punačkih nedara,
grliće vas junak mlad
    do obamiranja.

Telo ti je, dušo, med,
    kletve su ti čele,
ali njima ne isced'
    krvce moje vrele!

Idi, curo, u nevrat!
    Slavino, bestraga!
Slavi ću da grlim vrat,
    krv da pijem vraga.

Omladino, diko stara!
    Omladino, jade mlad!
Kamo onog starog žara?
    Kamo onaj rušigrad?

Skupila se nebojčad
    pevcu oko struna,
misô za njim sunovrat
    željuka kô munja.

Tu da vidiš nesavlad
    Ikarova sina!
kako li mu gove hlad
    nebeskih visina!

Kako li ga letivrag
    Pegaz ne obara,
kako li se maša mlad
    zlaćana ulara!

Želje što su pegaščad
    uzjahati htele,
jašu, bome, jašu sad,
    ali – zlatno tele.

Omladino, diko stara!
    Omladino, jade mlad!
Kamo onog starog žara?
    Kamo onaj rušigrad?

[1863]

# 1864–1867.

# NAD KOSTOM RUVARCEM

Probudite, probudite mi ga!
Probudite ga zboru skupljenom!
Zar ne vidite tvrd kako je san?
Već treći dan što spava, treći dan.
Probudite ga! Probudi l' se sâm,
rasrdiće se, karaće vas ljut,
toliko spati što ga pustiste,
toliko njega, što je svaki čas
neobrađen što veku ostaje
progonit znao neštedimice,
ma goneć čas, progonio i vek.
Probudite ga! – Stani! nipošto!
Pa baš da možeš rukom samrtnom
probuditi, oživeti i smrt,
razmaknut među nepromenjivu
vaseljenu što cepa nadvoje,
da mo'š oderat smelom desnicom
sa Božja lica nedignuti veo,
na naliče okrenuti nam ga,
da i to smrtna sila koja sme –
ni onda ne, ni tad, ni tako ne!
Ne budite ga, smilujte se na nj!
provoditi ga man'te po volji
za teškom školom vakaciju tu!

\* \* \*

Onomad bi, dokolan nađoh se,
razmišljat stadoh što da započnem?
Da čitam što? da pišem što? da nov
započinjem iskušljivosti lov,

il' za vremena stari trošim plen?
Al' glasnik dođe, glasnik dođe crn,
da prekužiti moram oboje –
iskustva nova gorak zalogaj
u pobratimstva stara spomenu:
Ruvarcu posmrtnu. Dok mišljah ja,
života kako zbiljskom pozivu
odazvati se smrtna može reč,
odazva se Ruvarac pozivu:
umuknuo je; to je odgovor!
Moj Ruvarče!
ne srdi mi se, al' života mi,
– golema, ne znam, je li kletva ta,
najmanji je bar, znadem, blagoslov –
životom ti se kunem, pobro moj,
najbolja ti je ta još kritika,
– i bolje niko ne napisa još;
u njojzi samo zameriti je
taj humor što ga odveć oseća
u očima sav čitalački svet.
Da l' mučno, brale, delo beše to?
Pa odmaraj se, dokolan si sad!
Ne budite ga, smilujte se na nj!
Provoditi ga man'te po volji
za teškom školom vakaciju tu!
Sprovodimo mu samo bisage
do male one lađe zemljane!
Nepomična je lađa mala ta,
nepomična, al' svoje putnike
najstrašnijom brzinom odvozi.
Sprovodimo mu prtljag, braćo, taj,
a doma već je otputovô sâm.

[1863]

# NA PARASTOSU VUKA ST. KARADŽIĆA

Parastose opet: vera, ljubav, smrt.
Od neko doba vile srpske glas
parastosa se ne naparasi.
Parastos Vuku, umro nam je Vuk.
Pa šta? pa ko je samrtnik nam taj!
Jel' ono čelo bledo, brižano,
borovito što borački mu um
u bledilu sad krije večitom?
Na stolu nove srpske prosvete
u pročelju je čelo bilo to,
al' još to čelo, još to nije Vuk.
Il' usta ona možda medena
što toliki ispričaše nam plam?
Kroz usta ta je prošô poljubac
što stare svoje njime celuje
poštovalački mladi naraštaj;
al' još ta usta, još to nije Vuk.
Il' onaj valjda štakolazni krok,
života radna verni pratilac?
Zeleno drvo štaka nam je ta,
javorika iz njega proklija,
pramaletnje nam pesme hraneć gud.
Upisaće se na drvetu tom:
Ko za svog veka ne posrnu hrom,
pohramaće za njome vekovi.
Vekovito je drvo štaka ta,
al' još to drvo; još to nije Vuk.
Sasvim je drugi, drugi to je Vuk;
al' o tom Vuku što ga mislim ja
ne priliči mi ovde pričati,
jep Vuk je taj, taj pokojnik je živ,
a živima parastos ne biva.

Da, još je živ! U grudma nam je živ,
iz reči naših i on govori,
uz pesme naše pripev nam je on;
i da mu nije duha med nama,
pomolili bi molitvom se tom
pokojnih duša caru zadušnom
nek voljan primi našu starinu,
nek daruje predusretan mu dar,
od nebeskoga gusle javora.
I sasluša l' nas tako gospod Bog,
ponestaće iz raja javora,
potesaće ga dusi na gusle,
za tili časak srpski biće raj!
Al' kakve smo na zemlji srećice,
oteće nam još i taj zavičaj.

[1864]

# O ŠEKSPIROVOJ TRISTAGODIŠNJICI

Veštaka večnog tvorilačka svest
umarala se mučnih dana šest
dok stvori svet:
svetline zrak u noćni vrže mrak,
visine kršne odbi od mora,
slavuja ruži, guji dade zub,
magarcu uši a golubu ljub,
i stvarajući sve bez odmora,
kad šestu zoru rad mu dočeka,
i svoju sliku stvori, čoveka,
stvorenja cvet.
I po tome – ne beše potvora.
Zar tako divan čovek beše stvor,
zar tako težak čovek beše mor,
da Bog za njime treba odmora?
Oh, ne verujte! posle rada tog
opravljao se Bog.
Uviđô je, uviđô besmrtnik,
na čoveku da samo beše lik
što vredan beše stvoritelja svog,
a drugo sve slabotinja i jad;
oh, ne verujte! posle rada tog
opravljao se Bog.
Na osobit opravljao se rad:
u jednom liku, jednom životu,
stvorenja svu da smesti divotu,
svetlost i mrak da stopi, noć i dan,
anđelsku slast i paklenički plam,
neproniknuta biser-jezera
uz nedogledna visa urnebes,
slavuja glas, sikuta gujskog bes,

sred letnjeg žara zimogrozan jez,
uz ružin miris otrovan zadaj;
i sve to čudo, sav taj komešaj,
u jedan lik da složi, jedan log,
i učini – Šekspira stvori Bog.

   Visoki duše, nezaboravljen,
pozdravlje naše primi u spomen,
ne reci da ti dođe iznenad!
ta nad je sve što narod ima mlad,
u nadu tom i tvoja nam je sen.
Paklenih strasti rajski care ti,
razredi strasti golem komešaj
u narodu što malom ovom vri:
s visine svoje mirne, samotne,
navada niskih slomi razdešaj,
razmetljivih šprljoćudnika krik!
svevideć mu iznesi na vidik
sramote slavne, slave sramotne!
A što je slavno, što je večno u nj,
ni ti mu, kruno slava, ne okrun'!

   Al' de će naći molitva te ta?
U raju zar? Zacelo tamo, da!
I opet ne: ta dela tvojih kras
prenašô je i svakog tamo nas;
za tebe mora bolji biti stan,
nezamišljen još, neslućen, neznan.
A nije li božanstven sudijo –
u podzemaljski pakô poslô te,
zemaljski što se rob usudio
u nadzemaljske dirat poslove?
I s paklom bi se voljan borio
toliku ko je strast pokorio,
al' žešći za te mora biti stan,
nezamišljen još, neslućen, neznan:
taj stan ti je u tvojim delima;
u tome carstvu vladalac si sâm,
okružen sediš svetiteljima.
junacima besmrtnih tvojih dram.

U tebi tvorac čitav stvori svet;
nebeskog oca zahvalan si sin,
ne moga svet u tebi živu mret:
kô teret srca izvrže ga sinj.
Ti svetove iz grudi pogubi,
al' svet nam avaj time zdvogubi.
U srca tvoga svet taj izvrgnut
besmrtna duša uzede ti put;
u tome svetu, tvojim delima,
u carstvu tome vladalac si sâm,
okružen sediš svetiteljima,
junacima besmrtnih tvojih dram.

   I tu će naći naše reči te,
naš pozdrav tu će biti saslušan,
a pridvornike tvoje večite
umolićemo da ti zbore za nj:
Odnesi pozdrav gospodaru svom,
velikomučeniče Hamlete!
ne pusti sumnje da te salete,
u duhove prenesi smrtnu vest,
prenes' je pre neg' ono što si znao
svog roditeljskog duha zapovest
u sumnjičarsku, smrtnu svoju svest!
Odnes' mu i ti pozdrava nam glas,
u pozdravima dišuć svaki čas,
slavuja željna miris-đulijo,
Romea svoga verna Julijo,
ti mučenico svete ljubavi!
Tä svetiteljke nema milije od tebe,
vilo našeg Vilije!
sa Romeom u večit zagrljaj,
odneš'te pozdrav tvorcu svome taj!
I ti, rugobe ježe odabran,
glosterski kneže, danas odigran,
vladaru svom prinesi pozdrave;
– jer čudan svetac Vilija je naš
u raju svom i paklen trpi vraž! –
utišaj časkom navade ti žas,

razredi slašću želje stostrave,
priklon' se smerno hromim kolenom,
pristupi mu, toliko moljenom,
izruči mu i naše pozdrave!

    Iz vaših usta saslušaće bar
i naše glase pesnički vam car;
al' neće li mu mali biti dar?
Ni Srbin, bome, nije narod loš,
od vere mu je glava tvrđa tek,
a osećaj mu kâ i obraz mek,
promotrivost mu britka kao nož!
Al' britanski je Šekspir bio bard,
pred njime britkij', lebdi halebard.
Pred kime kleči Britanija sva,
za kime listom Zapad likuje,
šta mari taj, šta taj raspituje
za jedno pleme više ili dva?

    Sirotinja smo; ginuć za blagom,
zemaljska blata rijemo još niz,
još nismo vični prodirati vis
za blagom nebnim. Ti nauč' nas tom!
Al' ako misliš, silnih slava sit,
da, lakomi na blaga tvoga mit,
izneverimo drago ime Srb,
u onaj narod da se prelije
livena tol'ko Dušanova krv,
što tebi može zborit smelije,
uglednije što te je slavit znao –
misliš li tako, onda nam je žao:
do strašnog suda još pretrpi se,
a ne veruješ li – posrbi se!

[1864]

# BESEDA

## PRIKAZA

Zdravo da si, gospo draga,
gospođice vesela!
Lepa li ti nosim dara
od pesama od igara;
al' je nadev u tog slada
gorki spomen slatkih nada,
uspomena starih jada,
u bermetu slatkih snova,
od začina pelenova
taloži se slutnja nova;
al' ako ti čaša ova
u srdašcu preseda,
Srpkinja si onda prava,
primi samo zaborava;
u ponoći misli da ti
sunce mora nebom sjati,
da ti nikad ne seda!
Veruj, gospo, veruj meni,
veruj mi kô svakoj ženi!
A žene me znaju mlade,
devojka me svaka znade
od Budima do Salona,
ja sam vila od salona,
što večeras obećava
da će s vama da ne spava –
ja se zovem Beseda.
Istina je, ovo treba
gospođica kakva lepa
da vam kaže, da vam tepa,

da vam slatko deklamuje;
al' što će vam pesnik kaz'ti
ima opet svojih slasti,
srpska vila rekla mu je
da se sama ne blamuje,
da joj bude pristalica,
da je vama protumači.
Zato prosti, lepi zbore,
što se malo i on ači,
što je vilin izdajica,
po njega je ponajgore;
al', međutim, ko uščuje,
ovako vam poručuje:

# I SLAVA

Gospođice, Srpkinjice, zlato,
stara brigo, tešenje mi mlado,
sećaš li se još prvih beseda?
Ovo lice, ova slika bleda,
pred tobom je ugledala sveta,
i opet sam, gospođice lepa,
starija sam i od tvojih deda.
Pod osojom ovih trepavica
mnoga rajska skrivaju se lica
što su davno, davno na nebesi;
al' i mnogi praotački gresi.
Haj, onoga svetog belodanka
kad iz teška probudih se sanka
što ga sanjah Slovenka poganka,
u Srpkinju pretopih se vilu,
te se nađoh Dušanu na krilu,
kad je, svoje da proslavi sveto,
srpski care svoje goste sretô.
Znaš li, Bože, kad ne znaju ljudi,
da l' iz carskih otponikoh grudi,
da l' iz carska otponikoh lika,
iz usklika od uskolenika,
ja l' iz rodnih njihovih beseda,

iz molitve kaluđera seda,
ja l' iz onih gusala javornih,
ja l' iz ornih trubila nadvornih,
ja l' iz mila aranđelska krila?!
U kolevci dolina ubojnih
ljuljuškanih pod đogati' gojni',
u povojni' zastava trobojni',
od pobeda, od krvničkih beda,
voljna, mazna, divno sam odrasla!

## II KOSOVO

Stojbino divna, stojbino srpska,
srdašce moje, dome moj!
domaćini se iz tebe sele,
odomaćene radosti bele,
a crni jadi sele se u te
i vode tuge, crne im ljube,
tuđinke ljute.
Radosti bele, ala da znate
da mi se nećete vratiti više,
ne bi vam se tako sijala lica
munjevitim osvetljena mačevima,
ne bi vam tako viteški vranci
besno poskakivali:
al' id'te samo, idite, sjajte,
poslednji put je, sinovi, znajte!
A vi tuge, ale ljute,
a vi crni jadovi,
što ste se tako poneli jako
de dolazite na slavu, na čast,
u zemlju moju, u srce moje,
u moj dom?
Vaša je sila, mislite, vaša,
prokrčit što će vam u njemu stan?
proždrljivi crvi, nemoćni mravi,
sudbine moje nadničari!
Pravi moji gospodari,
to su gresi moji stari,

vi ste njihni robovi!
Stojbino divna, stojbino srpska,
srdašce moje štono si do pre
od silnih radosti prepući htelo,
da šta ćeš sada od toľkog jada?
Jada je više, jada je tma:
i svi ti jadi, svi su ti radi,
srdašce moje, u tebe stati,
a da se četa u tebe smesti,
krvcu odaspi, vojsku pričesti,
pa gini, srce, u slavi, u svesti!

### KOSOVKA DEVOJKA

U ruci kondir okrepna vina,
u grudma Božja znamenje sina,
tako sam išla po Kosovu;
založim svakog jelom i pićem,
izdišem i ja sa svakim tićem,
aľ izdišući opet oživim
da izdisajnom zaveštaj primim.
Zaveštaj beše bogat i sjajan:
kosovski da mu povratim zajam!
Čuvala sam ga, taj sveti amanet,
na pokolenja metala namet,
najmlađem, evo, kolenu ga dajem:
kosovski, braćo, vratimo zajam!

### ZDRAVICA

Aľ iza te žalostivne
samrtničke posestrimne
Branković me u stan zivne.
Pa uprkos sreće kivne
razavedem igre divne,
kolo vodim, Neda-grivne,
Paraćinke milostivne:
zvekću negve robokivne
kada poskok noge čilne,

nepočivne, šindivilne,
po rođenoj krvi plivne;
al' uz čaše kada pivne,
poskočice podvikivne,
razigrana slast mi živne,
krvlju mi se čaša livne,
nazdravici sad je red:
Zdravo, braćo, zdravo, Srbi,
evo, vi'te da smo prvi;
a da znaju zborit mrtvi,
nasuli bi čašu crvi,
napili bi našoj krvi;
al' su mrtvi sad na 'rpi,
blago onom ko pretrpi.
Mi smo, braćo, pravi Srbi,
sad se miri, sad se zdrpi,
e tako se kuća krpi,
zato vama nek se crpi
ova čaša, ovaj svet,
ev' ovako – naisced!

### III ŽRTVA ŠEJTANU

Na dušeku, svilnu, meku,
u odaji okićenoj,
u mirisu ružinome,
probudim se ja iza sna.
Dvorkinje me opkolile,
čekajući razbuđaj mi,
jedna drži suknju svilnu,
jedna košu zlatotkanu,
dragokupi pojas jedna,
neocenjen jedna veo,
ali jedna – grob je jeo! –
venčan drži venac beo.
Čelo nogu postelje mi
sedi jedan starac sedi,
milujuć me, probesedi:
„Ustaj, hrano, ustaj, Mare!

Kad odvede tebe care,
kadune te potimare,
onda spavaj potipare,
al' kad care nudi dare,
ustaj, hrano, ustaj, Mare!"
Sedi starac tako reče,
taj mi starac otac beše,
beše Đurđe Brankoviću.
Htedoh ustat sa dušeka,
al' u srcu mome usta,
usta jedna slika pusta
mog u srcu verenika,
slika moga Svetozara;
usta slika u srcu mi,
stade cepat srce malo,
da ga sasvim ne iscepa,
očajnica, bedna Mare,
cepat stade carske dare.
Skoči starac: „Bludna ćeri,
deri samo, samo deri,
al' i dvoma braće tvoje,
što taoci Turkom stoje:
braći svojoj pokrov steri!"
A ja sklopim dvije ruke,
na oči se veđe spuste,
kao da su sestre dvije
što se njima bratac krije,
sklopim ruke, sklopim oči,
dvorkinje se posla late,
nose dare obilate,
u pesmama i u cveću
svatovi se turski kreću.
A na vratah smederevskih
jedna četa svate sreta,
četa ova ide s lova,
Svetozar je četi vođa.
Smederevska uska vrata,
konji nam se susretoše,
ja mu dadoh stručak ruže,
on mi dade struk bosiljka.

Priskočiše pratioci:
„Đaurine, robe, crve!
na to l' ti se ruke strve?
u to l' ti se želja gubi?
znaj, kukavče, u toj ćupi,
ko pristupi carskoj ljubi,
znaj da mu se glava rubi!"
Nagrnuše pratioci,
stade vihor pred bedemi,
sto sabalja sukću krivi'
na jednoga srpskog mača,
svaki mu se dušman divi:
šat odoli, šat nadjača!
A braća mu, a drugovi?
Skamenjeni stoje nemi,
kô volovi u plugovi.
I već, evo, čauš jezdi,
govešćuje rukom vesti:
preda mnom se ropski klanja,
sa ručerde i sa sablje
crno vrelo žića kaplje,
u ruci se torba ljulja,
a u njojzi – trista vila!
„Carska zvezdo!" – „Dosta, slugo!
svejedno je, čija bila!
Lov ne beše pozadugo:
naknaditi taj ti žur će
despot Đurđe!"
Ode sluga kud se šalje,
a svatovi putem dalje.

Jedrenetski dugi puti
kao slutnje duše grešne,
kratki stanci i konaci
kô životi, kô radosti.
Na konacih sve počiva,
samo neva sanka nema,
već iz lednih iz nedara,
ispod sjajnih biser-toka

vadi stručak bosioka.
Miriše ga, dušom diše,
al' bosiljak ne miriše,
već iz njega miri ruža,
a iz ruže mrtva duša.
Badava ga krije neva
u nedrima zaptivenim,
đul miriše neprestankom,
blizu doći ne da sankom.

Jedrenetski dugi puti
kao slutnje duše grešne,
al' evo ih već se bele
tanke kule, kule snežne.
Nehotice rukom stisnem
biser-uzde na konjicu,
svati stanu, stade neva,
iz oka se prva suza
na ledenu ruku sleva,
a za njome druga kanu –
dva mi brata na um panu.
Skrstih ruke, pa uzda'nu':
„Bože žića, Bože smrti,
Bože jave, Bože snova,
Bože suza neutrtih,
Bože kruna i okova!
Gospodar si svega sveta,
sirota sam ja tek mala,
al' što ti je ova duša
u trenutku jednom dala;
blago tvoje dvostruko je.
Bože žića, Bože smrti,
Bože jave, Bože snova,
Bože suza neutrtih,
Bože kruna i okova!
Neka ti je prosto blago,
neka ti je žrtva prosta,
samo dušu mi još uzmi,
tek onda sam dala dosta!
Al' oprosti, večna pravdo,

što ti usta moja greše,
ti ćeš vratit sve to blago
namenjeno kome beše:
što od ove uze mome,
tvoja negda ruka daće,
daće srpskom rodu mome,
daće dvoma moje braće."
Reče neva, lakše di'ne,
nesta groze, nesta vine,
pa od vere i miline
zazor mi se nebu vine,
prati reči molitvine;
al' odozdo, izubaha,
iz nedara, ispod toka,
stade miris bosioka.
A kraj puta, iz šipraga,
ispod hlada divljih ruža,
glasovi se čuše gudni:
čas povede kô detence
u buncanju prva sanka
na kriocu majčinome,
kada sanja još o raju,
odakle je zemlji palo,
pa po cvetnom rajomiru
jaše, anđô, na lepiru;
il' mu dođe u snu rajsku
da se suncem igra lopte
terajuć ga palicama
od krilatih lakih munja;
čas prevuče druga strunja:
kô jagnješce ispod noža,
u podašnom očajanju,
kad se seća svoje majke,
majke svoje podojnice,
i majčina topla mleka,
kad se seća svega, svega,
al' sestrinih milih nega
uzdisajem krajnjeg meka.
Tako gudi iz ružika,

a ja mislim u nebu sam,
na krilima molitvenim
anđelska me pesma sreta,
neviđenim ustma gudi,
čas uspava, čas probudi.
Obazrem se, ali s leđa
svileni me svati glede,
glade brade, ruho rede,
a povije ispupčene
nestrpljiv pogled mršti –
podignem se, prekrstim se;
al' na čelu, u cik krsta,
ukoče se do tri prsta –
kô seljena da se cepa,
kao da se tvrdo nebo
u bezdani strmen slama,
a pakô se preko njega
plamnom hukom poduvire,
te kamenje usijano
u slomljeno pada nebo,
a u nebu studenome
siktavim se prskom gasi –
taki gudi, taki glasi –
al' taj lelek, to jecanje!
Kô usijan gvozden šiljak,
štono njime silenici
roblju sužnom oči peku,
kad sažeže oko živo,
a očajni osuđenik
zaptivenim jekne vriskom –
jel' to mašta, pričuvenje?
ili zbilja tako stenje
sa gusala žični gud?
Tarem oči, tarem uši,
ruho kidam – što me guši?
Pomagajte! – Uzalud!
Kad, al', evo, iz ružika,
dva nikoše bela lika,
izviše se dva guslara,

dva guslara vrlo mlada,
vrlo mlada, vrlo lepa,
al' i vrlo, vrlo slepa;
naricahu tužnim glasom,
kô da javor progovara:
„Kažite nam, dobri ljudi,
smederevski kamo puti?
ne bojte se turske sile,
padiša nas tamo šilje!
Kažite nam, dobri ljudi,
smederevski kamo puti?"
Ne znam dalje šta je bilo,
u nesvesti nema svesti –
samo znadem da to dvoje
senke behu braće moje.

## HAREM

Oj sarajska
noći rajska,
bescen-kutijo,
što je Mari,
svojoj jari,
car poklonio,
što je s Marom
srpski narod
zet oglobio,
što je Mari,
svojoj jari,
car otklopio,
pa je Maru,
svoju jaru,
njom zaklopio!
Oj sarajska
noći rajska,
bescen-kutijo,
mesto niza
od grimiza
biser-riza,

šećerlema
i alema,
slatkih buna
noćnih puna!
Noćnih buna
i kaduna
što me služe;
nose ruže,
igre viju,
ruže siju,
oh, a slavuj –
pevaj, slavuj! –
noću danuj,
danju spavuj,
srce spaljuj
u vatri!
mrtva živni
u milini,
u milini
opet gini,
opet živni, opet mri!
Večni dan što
večno sanja!
večna mašto
umiranja,
ja sam tvoja verna kći!
Sve junake,
sto plamena
srpske snage,
sto plemena,
i tih dernih
sto guslara,
tisuć vernih
Svetozara,
sve nek, sve nek ubiju:
za tu jednu noćcu sporu,
za tu jednu zoru skoru,
za tu jednu kutiju!

## IV KLETVIN BLAGOSLOV

I nastalo je carstvo kletvino.
U raskalašnom, besnom raskošu
obavio je ružik istočni
ukopnuo, malaksô, srpski bor.
Dubokim trnjem isprebadô ga,
iz bora srpskog živi teče sok,
a turski đul se njim pothranjuje,
te zabada sve življe, dublje još,
sve silnije miriše oda nj zrak.
Sahraniše se pod njim vekovi
otkako đule guši srpski bor;
dok ubojiti žrtvu kolje trn,
mirisnim dahom đul je zanosi,
zavarkuje je pesmom istočnom,
životom smrtni sladeći joj čas.
A ja, prognana vila borova
iz haremskih staklenih dvorova,
u kolibama duši tražim spas;
te da me ne bi gnjevnim ponosom
prostakova neoskvrnjena svest,
sramote moje greh kad opazi,
sa svetog praga proterala svog,
prerušujem se ruhom glumačkim:
Kad stegne zima ledom nemilim,
u *kolede* se bacam božićne;
preostalu da hranim siročad,
od malog boga zimni prosim smok.
Priže l' opet letnja pripeka,
te ropsku zemlju paklen ospe žar,
golotu tela cvećem okitim,
prikrivam se u rosne *dodole*;
domaćice me škrope zadušne,
ispirajuć okoreli mi greh.
A nestane l' mi nade poslednje,
u ropstvu kad se roblje nadmeće,
poruglivost zamenjuje mi bol,
povijam se svilenim krpama,

čohanom dizgom i klobodanom,
prerušujem se u *prporuše*.
Zaopuca l' najžešći gonivek,
gospodarska kad razuzdana ćud
najsvetijeg se maša robovog,
o živo srce pašmag otiruć,
kad prezrena, neznana srpska kći
i haremskoj već ropki zavidi,
u *kraljice* se hvatam onda ja,
te pojavama glumnim, gospodskim,
zavarkujem očajnom rodu svom
robovanja mu teški neotrp.
Te tako mutne budim vidove
iz poganištva drevnog spomena,
da poganičkom tim odolim zlu.
A hrišćanski napustio me Bog,
pa mesto slave svojih hramova
garišta crna ostavio je,
kô crne rane što ih zadade
ljutine Božje svespaljivi grom.
Po uvalama Stare planine,
po cvetištima ruže nebrane,
s božanstvima se grčkim sastajem,
de prognani iz legla susedna
odavno kriju neviđeni vek;
pa hramova kad osetiše žar,
pomoliše se, polakomiše,
da l' opet nije njinu carstvu red?
Al' palikuću kad su spazili,
poganijeg od poganištva im,
jaučući se natrag survaju
da i dalje prognanstva vrše kob.
Al' požarenih pogled svetišta
pomirio ih jadom uzajmnim
sa goniteljem stare slave im,
sa spasiteljem *Novog zaveta*;
u posestrinskim sastancima nam
napojiše i mene vrelom tim,
pomirljivosti blagom uzdajom.

Toj istini da apostolišem
zaišla sam po srpskih krajevih:
pod simvolom od badnjeg *vertepa*,
tumačeć misô spasiteljevu,
bogova starih pazila sam vid;
vertepaškim odelom glumačkim
u pesnički raznosila sam rod
„Jevanđelija" svete istine.
Te čuvidom zakrivajući lik,
s visine da me nesvest ne sruši,
šalećki tako obigrala sam
strmeni crne grdnu provalu
što teškom kletvom iskopa nam greh.
Strmac je taj već skoro obigran,
sa spasovskoga brega sviće dan,
već vernoj ćeri ruke širi rod,
sačuvala sam prosvete mu plod:
prihvat' ga, rode, okusi ga, na!
Starinska što je za te namena,
podarak sad je postô tebi nov;
na umoru što negda Dušanu
goleme težnje krajnji beše san,
sa carigradskih kula što su mu
starine grčke senke vestile,
Evripide, Sofokle, Eshile –
taj san već vila šesti sanja vek,
a sad na javi san ti nudi lep,
prihvat' ga, rode, evo ti ga, na!
*pozorište* je čim te nudim ja!

[1864]

# GRAHOV LAZ

(Svršetak pesme Staroga Barda – Steve V. Kaćanskog)

Tako reče knez Danilo,
a kneževo desno krilo
otpoleti laka leta
kraju malom kršna sveta,
otkud ono jeka zvoni
sokolova i junaka
i odsevak britka mača
sa junačkih sukće bedri,
te po nebu zvek korača,
a nebesa sev mu vedri;
otkud ono jauk tone
u krševe i u rone
kâ od zverja i jakrepa,
te do srca zemlju cepa;
zverski Turci otkudana
ispod srpska jatagana
kô zverinje ljuto vrište –
nadleti se na bojište.
Kad ugleda muke besa
od kosovska praviteza,
zanese se od potresa
desno krilo svetla kneza,
zanese se od milina,
sretan pade
na koleno srpske nade,
pade sluga pred Danila.
„Što je, slugo, što je, Vuče?
Da l' pob'jedi Srbin juče,
da l' pob'jedi? il' – po b'jedi?"
Knez Danilo rudi, bledi;
al' mu soko probesedi:

„Svršeno je, svršeno je!
Ime tvoje,
srpsko ime, ime naše,
nadjačaše!
Veće muke, veći lovi
ne behu ga satrt kadri,
a kamoli većil ovi,
a kamoli štene Kadri.
Turčin pade,
raznesen je na komade,
hole paše
paše – paše!
Tä nijedan ne uteče,
Srb-sokole sve pos'ječe;
glasnik jedan ode samo,
zadržat ga nije smio,
nije htio,
pustio ga mirna, zdrava,
glasnik taj je – srpska slava!
Ode glasnik, ode, ode,
čedo srpstva i slobode,
da po sv'jetu nosi glas,
ime srpsko, Grahov laz."

[1864]

# SPOMEN JOVANU ANDREJEVIĆU

Ne sudi meni, presuđena seni,
ne sudi mi zanesen pokušaj
iz onih svetova blagosloveni'
u stari te domamit zavičaj!

Al' čim da te mamim? čim da te zovem?
čim da ti tepam, da ti govem?
kad svaki slatke milosti glas
u očajni se preseca vrisak,
od srdašca meka čeličan stisak,
od ljubavi čini užas
milog spomena ovaj žalosni čas.

Pokojniče dragi! senko il' duše!
prijane, pobro, Srbine, druže!
Il' grobni nizu! il' rajski visu!
uveli cvete! odnet mirisu!
Mirisu, da – tȃ beše nam lipa,
slavujma srpskim u lišću leg,
a iz cvetova mirise sipa
patničkom svetu bogodan lek.

Pesmom se pita, svet da zahrani,
svet da zahrani – da se sahrani.
Čućeš nam glase, ti si ih svikô,
samrću svojom ti živa sliko
kivne nam sudbe!
Beše nam slična gudalu žica
cedilu suhom izvora gudbe
što gladi čelo vilinih guslica –
vilinski beše sa žice zvuk:

milinom zvuka vila se bela
silno zanela,
zamahnu luk,
lukom je gusle besno prevukla –
žica je pukla.

Kad take žice pucaju rodu,
jel' čudo što glasovi stranputicom odu?
jel' čudo što i nas, žičine druge,
neskladne tuge
obuze sklad,
zovemo senku, gonimo nad?

A koga zovu, koga li mame
sinovi tame?
Zar onog kom je, živ dok je disô,
kroz oba sveta letela misô,
pasala smelo neviđen svet?
zar tome mora nas tek da sluša
obesteljena, slobodna duša?
zar nije njome svak obuzet?

Kome je misô u čistoj duši,
s otim se duša Jovina druži,
vesela s njime, s njime i tuži,
krilima maše, suze mu suši.

Al' sklopi krila, suza nam ne nosi,
spomen je cvetak što ga suza rosi!
A miris što se po duši proli,
to su boli.

Ne goni bole, ne goni, Jole!
Bolu ti beše posvećen vek –
telu si znao vidati bolje,
al' kome se duša sa bolom kolje,
jadan je tome koljivo lek.

[1864]

# PEVAČKA 'IMNA

Glasova pevče, Jovane,
    svoj hram obnovi svet,
obnovi pesme potonje,
u slusima nek potone
    nesnosiv očigled!

U temelj *bas* nek udri sten,
    podrivljiv neimare,
nek budi mnogu tužnu sen
    iz kosturnice stare,
da mahne mošti – uspomen
    da nosi pred oltare!
Glasova pevče, Jovane,
    svoj hram obnovi svet,
obnovi pesme potonje,
u slusima nek potone
    nesnosiv očigled!

*Bariton* muški neka zid
    za svetilište gradi,
u neprogled, u neprokid,
    nezvanoj neveradi,
a stupove u nedovid
    slobodi, veri, nadi!
Glasova pevče, Jovane,
    svoj hram obnovi svet,
obnovi pesme potonje,
u slusima nek potone
    nesnosiv očigled!

A svod nek diže *tenor* smeo,
    kô ruke kad se združe,
u molitvi se Bogu sveo
    za nezdružene duše,
dovršit hram da pusti ceo
    il' – i to neka ruše!
Glasova pevče, Jovane,
    svoj hram obnovi svet;
obnovi pesme potonje,
u slusima nek potone
    nesnosiv očigled!

Al' omladino, glase moj,
    na vršku ti mi čuj se!
Ti jabuku, Adamov plod,
    uznesi na vrhunce,
il' mesto nje nek mladi poj
    dopoje s neba sunce! –
Glasova pevče, Jovane,
    svoj hram obnovi svet,
obnovi pesme potonje,
u slusima nek potone
    nesnosiv očigled!

[1865]

# PEVAČKA 'IMNA JOVANU DAMASKINU

Za Srpsko pevačko društvo pančevačko
Bogu zefira, Bogu oluja,
gospodu sfera zvučnoga mâ,
Bogu slavuja i Bogu guja,
gospodu tutnja gromovima:
ti, kletvo zemne omane,
ti, pesmo nebnih snova,
odnes' mu, sveti Jovane,
i glase naših bola!

Bogu celiva blažena cika,
paklenom strašću što piše raj,
gospodu vriska očajanika,
rušeći večnim nadama traj:
ti, kletvo zemne omane,
ti, pesmo nebnih snova,
odnes' mu, sveti Jovane,
i glase naših bola!

Bogu tišine živoga groblja,
Bogu poretka večnoga sna,
Bogu gospode, gospodu roblja,
nemome Bogu mukloga strâ:
ti, kletvo zemne omane,
ti, pesmo nebnih snova,
odnes' mu, sveti Jovane,
i glase naših bola!

Gospodu seva britkih mačeva
kad se povede poslednji boj,
Bogu što zvekom skrhanih negva
pripevne gusli pobedopoj:

ti, kletvo zemne omane,
ti, pesmo nebnih snova,
odnes' mu, sveti Jovane,
i glase naših bola!

Bogu zefira, Bogu oluja,
gospodu sfera zvučnoga mâ,
Bogu slavuja i Bogu guja,
gospodu tutnja gromovima:
ti, kletvo zemne omane,
ti, pesmo nebnih snova,
odnes' mu, sveti Jovane,
i glase naših bola!

[1865]

# SAMSON I DELILA

I

„Oj, Samsone, majčin dane,
Izrailjev dični brane,
mrzi, sinko, Filišćane –
Filišćani mrze nas!
Al' ne ljubi, moj golube,
filišćanske tol'ke ljube –
jača ljubav neg' omraz!
Al' i otkud u tih grudi'
gde muževom otrov sudi,
za žene im tol'ka slas'?"

Tako majka od milina
junačkoga kara sina,
diva sviju junačina;
divak sinak zbori njoj:
„Zar muževi? – Sram je reći! –
što ih tisuć bega pseći
od vilica magareći'
kad zamahne sinak tvoj?
To muževi? To su žene!
Pa zar žene protiv mene?
Kad s ženama vreme gubim,
volim s ženom da se ljubim,
no s ženama biti boj."

„Ali zašto Filišćanke,
mamne tanke domišljanke?
Izrailjke, izrajanke,
zašto, sinko, ne bi nji'?

Uzmi Maru, imaš stada,
od istoka do zapada,
stadovita j' oca kći!
Uzmi Saru, imaš zlata,
a lepotom vredi mlada
filišćanske cure tri!"

„Izrailjke? Nekad beše,
dok me slave ne poneše,
ne znajući svoje seše,
prosio sam jednu ja.
Imala je jednog čika,
filišćanskog najamnika,
čiko njojzi bolje zna:
odvede je na prevare
među svoje gospodare –
sad im noću uz pehare
mesto žiška licem sja.

Jest, al' sada, Bože sveti!
kad od mene tuđin strepi,
sada me se svaka lepi!
Sad me ljube, sad me mare,
sad mi nude Sare, Mare –
poneare!
Filišćanke nisu verne,
al' neveru ljubim njinu,
jer je vera u svojinu,
u rođeno, u materinje.
Pa te čežnje, tog snebiva,
u junaku što uživa,
a krvnika opšte sreće
otiskuje, mrzi, neće!
Tog sudara izobilja
razigranih dveju sila
od omraze, od omilja –
oh, Delila!"
„Šta? Delila?
Tako li se zove vila

što je srce sinu mome –
zar sa mnome
podelila?"

„Da, Delila!"
Odazva se vitez mladi,
te se rukom
po junačku čelu gladi,
sklopljenih se maša veđa
kao da se nečeg seća,
muči mukom.
Al' badava rukom krije
ponos-čelo i povije,
osećaja sakrit nije
iz osmejka što se smije,
što s' iz otih divskih grudi
u nadimu teškom budi,
što iz krsta svakog bije,
iz obilnih što se vlasi
od potresa tajne stras'i
u raspletnih bujnih mlazi'
zatalasi,
sakrit nije...
I ne sakri osećaja,
već iz grudnog ispotaja,
iz uvojna kosotresa,
iz osmejka bonog teza,
u jedan se uzdah sliva:
„Oh, Delila!"

Pa kô potop od bujice
kad ustavu prvu svali,
te poplavom bujnih vali
ruši, dere neštedice,
po uzdasih tako prvi'
u junaka reč povrvi:
„Oh, Delila!
kakva li si, pusta, bila
kad pogubih tebi vojna

od gazanski' što je vrata
odbijao nesavlada!
Ti se maši koplja bojna,
pa iz grla viknu gojna:
'Za mnom, žene!
preda mnom je vojnov sene!'
Te namignuv izmičarom,
postiđenim ženskim karom,
ti zavitla, ja prihvatih –
al' kako si bila divna
u zanosu žara kivna:
da te vidim još jednome,
slatki grome,
oružje ti natrag vratih,
udri, rekoh, sloboda ti!
No poruga moga diva
potpala ti beše sevu;
te u gnjevnom razagrevu
već se lati mača siva
i zama'nu –
al' zamanu!
U zanosu i u žaru
ja podiđoh tvom udaru,
u žestokom, u zagrlu,
grudima te digoh, vrlu –
obamrlu.
Ja podiđoh tom udaru,
al' od žešćeg od udara,
od očiju, od nedara,
osta rana bez vidara! –
oh, al' evo što je vida,
što je skida!"

U toj reči, ispod grudi
vadi svile komad žuti,
na svili je sitan vez –
taj je vezak što zamuti
Samsonovu bistru sves' –
šaren vezak njemu niže

jedno lišce,
a pod lišcem sitno piše
po komadu žute svile:
„Doveče si u Delile!"

## II

U svetu Gazu, u Dagonov hram
filišćanske je vođe skupila
Samsonova nesvladana ćud.
U hramu gori žrtvenički plam,
prosevkuje sumrakom svodovskim,
osevkuje bogovska stupila;
al' žešće još u grudma vođevskim
prosevkuju kroz razbor im i sud
Samsonova junačka čudila.
Progovara gazanski stari vođ:
„Ne ostaje nam druga pripomoć,
Delila samo, prevara i noć –
kom ne dosadi mržnja do sada,
tom ljubav nek je smrtna dosada."
Svi ostali se bradom zglađuju,
te gazinskome reč povlađuju:
„Ne ubismo ga mržnjom do sada,
nek mu je ljubav smrtna dosada:
ne ostaje nam druga pripomoć,
Delila samo, prevara i noć."
Pokloniše se starci u povlad,
u jedan klim, u jedan bradoglad.
Al' ima jedan među njima mlad,
Askalon mu je očevina grad,
na glavi mu je zlatan oblučac,
sa grudi mu kamenja stoji sev,
al' žešći još iz očiju mu gnjev:
„Delila zar? Zar žena, bludnica,
posteljičarka kmeta robovskog,
junačkom rodu da nam bude spas?
Jel' ovo zbor? Jel' ovo sudnica?
Svetilište li hrama bogovskog

il' svedilišta oskrnavni jaz?
Al' moja je žestina uzalud
kad vidim već, kad vidim i kad znam,
da j' onim žarom planula mi grud
što gori njim en' onaj sveti plam,
ipak bi samo zato gorukô
da bolje vidim – grdna porugo! –
da bolje vidim srama našeg mrak.
Zborujte s njome, da vam nisam kriv,
al' ja vam odoh sad u nedoziv!"
I ode knez. U hramu Dagona
za bogov kip malena beše klet,
molitvenište božnog nagona,
svileni tek je zastiraše vez;
u otu klet je otišao knez.
Drugari mu se stari zgledaju;
da l' gnjevne možda reči tuviše,
te smišljaju da dobar beše svet?
Osmeškuju se: „Mlad je suviše!"
Pa, božansku gledajući klet,
namiguju: „Sad ode na zaklet!"

Uvedoše Delilu. Gori plam;
u goruku žrtvenog svetila
glavarima se klanja Delila,
Samsonovih milina divni stan.
Progovara gazanski kneže sâm:
„Razumele su, ćerko, vojvode
da tebi noću krišom dovode
krvnika nam Samsona! Ćerko, čuj!
I noćas ako dođe nesretnik,
nek iskaže na zagrljajni ljulj
činovnoj snazi šta mu biva vig.
A kad se slegne slatki sanak u nj,
čuvaru našem željen podaj mig –
pa umesto krvnika roda tvog,
u tvoj će pasti blažen zagrljaj
žeženog zlata nebrojeni slog,
i purpura i kamen samosjaj."

Ućutao je Gazin stari knez –
iščekuje se Delilina reč.
Jeste li vid'li hrčad, ogarčad,
kad gospodara svog opskakuju,
te štekom draže lovački mu smer,
a on ih tiša stegom smišljenom
da ne bune već pogođenu zver?
U Delili se tako krenula,
na pozivnu glavara zapovest,
ispod srca životnih strasti mah:
sramota, ponos, groza, ljubav, strah –
no zazorna stišavaše ih svest
u svetoj zbilji hrama bogovskog.
Al' kad je zverski razabrala smer
što starčeva joj dava ponuda,
odusta zazor, straščad posukta,
kô dobra paščad na golemu zver.
„Budalo stara, kukavico siv!
Samsona – ja – da izdam – omanom?!
Šta misliš, dede, ko ti je taj div?
Gospodar ti je, znaš li, gospodar,
gospodar tvoj, a moj je, moj je – car!
Pa kakvom si se poneo pomamom
da meni ti, ti meni nudiš dar?!
Ja nemam zlata, nemam purpura,
ni bisera, ni kamena što sja,
al' imam sve – Samsona imam ja!"
Glavari glede, blede, trnu, mru,
u hramu je tišina samrtna.
Čuje se goruk svetog plamena
uz žestoki Delilin predisaj.
Al' odonud de sveta beše klet
zašušta kanda svilen onaj vez,
ispoda nj obraz ukaza se bled:
askalonski se mladi čini knez;
i jedan gled i jedan živi gred
na Delilu je pošô u polet:
„Devojko, ženo, druže, Delilo!
objavljen liče svetoga mi sna,

međ ženama ti jedna delijo,
iz ovih ruku ne puštam te ja!"
Koliko beše milostiv mu vik,
toliko strašan govornikov lik:
s postolja, misliš, Dagon siđe sâm
da osveti obesvećen mu hram.
Delila ciknu, prebledi kô sen,
obnesvešćena pade na kamen.

## III

U po šeste bujne noći
što mu svesti ne dađ' oči,
iz ljubavnog neodvaja
Delilina zagrljaja
Samson skoči:

„Ženo, ženo, kaži pravo,
Jel' u tebi bog il' đavo?
Zar se tako usta ljube
što im zubi rodu tvome
na razboju samrtnome
samim škripom glave rube?
Zar se tako željno-voljno
obamire na toj ruci
što ti sa nje sinoć vojno
na samrtnoj beše muci?
što ti sa nje mnogoj braći
kratki večak posta kraći?
Ženo, ženo, kaži pravo,
jel' u tebi bog il' đavo?"

Kô Mojsije na Sinaju
kad ugleda u osjaju
snova svojih ovaput
što naroda prvom sinu
iz oblaka crnog sinu
sevotinom obasut,
Delila se tako baca

pred sinajskog gorostasa,
celuje mu kolena,
uvojke mu gladi vlasa
sa čeonog što se krasa
do junačkog viju pasa
oko diva golema.

„Hoćeš da ti kažem pravo?
U meni je bog i đavo,
divan đavo kâ i bog:
ispod neba tvoga čela
snela mi je vrela želja
zrak bogovskog oka tvog;
a vladalac uđe mraka
iz oblaka uvojaka
u zanosnu moju svest,
zamrsi mi bujnim pramkom,
ulovi mi gujnom zamkom,
obezumnu moju žest."

„Zar u tebi moja kosa?
u tebi mi oči zar?
Pa na meni šta još osta
da naknade bude dosta
za te strasti nenažar?"

„Oh, kam' da je za odnetak
ove kose silni spletak,
želja mojih neprovir!
Zagrljajem da je kosim,
u nedrima da je nosim,
da mi bude nedromir!
Pa da mi je popit oči
poljupcima jedne noći,
kamo sreća, kamo slas'!
Jer onda bi tek Delila
tog ostatka vredna bila,
desna ruko, tvoga mila,
medna usta, vas, oh, vas!"
Šesta noć se tako zbori,

šesta noć se tako gori,
šesta noć se tako mori,
šesta noć:
od naslade i miline
verne strasti Deliline
u junaku većem gine
svest i moć.
Pod uverom njenih slova
sklaplju mu se oči crne,
crna vrata svetlih snova;
u zanosu srce trne,
rusa glava malaksava,
na tvoje se spušta krilo,
oj, Delilo –
Samson spava.
Ništ' mu sanka ne buduka,
ni skokovca besna huka,
ispod okna Delilina
što se strmi sa visina,
a kamoli ona jeka,
ona dreka izdaleka,
preko gora, preko reka,
da će doći sad do njega!
– Narod bega:
„Oj, Samsone, majčin dane,
Izrailjev dični brane,
udri, sinko, Filišćane,
Filišćani tuku nas!
Hanaan je jedno groblje,
tvoja majka jadno roblje!"
tako dalek zbori glas.
A čuje li tog pozdrava,
tog pozdrava smrtnih strava
izrailjskom rodu glava?
Samson spava.
Samson spava, ne čuje ga,
al' ga čuje glava sveta,
al' ga čuje gospod četa,
al' ga čuje Jehova:

Serafimi nisu sišli,
al' Delila što sad misli,
to je misô njegova!
„Na toliko moga žara
zar se ništ' ne odgovara?
Na toliko strasti prave,
na toliko zbiljske jave,
zar odgovor lažni san?
Ili možda nema vere
da mi ljubav nema mere
ni u sjajnom očnom blizu,
ni u bujnom neostrizu
divne kose – ali stan'!"

Diže ruke te sa zida,
od postelje, sa dohvata,
sa veziljska suha zlata
nožičice jedne skida:
„Divska koso, njivo divna,
na tebe sam sada kivna!
Dopusti mi da te kosim,
da te kosim, da te nosim,
da pokažem tvome lavu
što mu carsku dičiš glavu,
i ako te sa nje skosim,
da je divan baš i osim!"

I okupi kosu vojnu,
nožicama po njoj krojnu,
stade seći pram po pram;
pa podiže rukovetak,
njim će svoj da kiti kletak,
svoje sreće mali hram;
i već uze ređat breme
od ljubavi pregoleme
po svom telu i odelu,
po pokućstvu žensku celu,
striz po strizak, niz po nizak;
sad baš kipa kiti mala
što kazuje boga Bala,

Filišćanu znak pobožja –
pade slika sa podnožja;
Delila se grozom strese,
obazre se,
u grlu joj zasta vrisak –
Jel' to Samson što tu spava?
Samsonova zar to glava?
tih vilica grdni zjap?
te nozdrve uzvijene?
te zar oči ispijene?
pa te uši – taj nezgrap?
Ista slika, bog i duša;
na samrti njena muža,
isti zelen, bledi vap!
Strašna misô, ponoć nema,
mali žižak dogoreva,
u Delile duše nema,
tek da samo iz vajata
posrćući nađe vrata.
A napolju, u po trema,
susreta je jedna žena,
ta je žena mati njena;
majci svojoj ćerka pada
jecajući oko vrata:
„Majko mila, majko stara,
opet ideš od glavara?
Znadem šta se tamo sprema,
al' Samsona više nema,
mesto njega en' u kleti
na postelji mojoj spava
avet grdna mojih strava –
Dagon mi se njome sveti
što mu hrama obesveti';
eno vam je, sad naval'te!
na njoj, na njoj kiv iskal'te!"

A šta na to majka stara?
Sa ulice trem otvara,
iz ulice sa svih strana
silne čete Filišćana:

„Amo, deco, Samson spava!
Budimo ga! Kamo sprava?
Kamo ostra slepila?
A ti, ćerko, ne stoj tuna,
ucena je tvoja puna:
svetla kruna Askaluna
za tebe se spremila!
Živo, sinci, kamo klinci?
kamo ostra slepila?"

I nagrnu četa mnoga,
puna duha crna, zloga;
iz kuće se začu vris –
pod Delilom kleca noga:
vrisak beše njenog boga,
Samsonova oba oka.

## IV

U tamnici je sužanj, okovan,
u tamnici je glava naroda,
u tamnici je snaga naroda,
u tamnici je nada naroda,
u tamnici mu sudac bogodan,
u tamnici je Samson, okovan.
Pa sve zbog jedne žene! Žene zar?
U tamnici junaka sviju car,
i glava, snaga, nada roda svog
i Božji narod i u njemu Bog.
U tamnici? Al' tamnica je pet:
Filišćanova, to je jedna tek,
al' on je slep,
i tamnica mu celi beli svet,
i tamnica mu ljubavni mu jad;
al' tamnice bi sve te podnô rad,
da nije jedne što mu pije krv:
da nije narod Filišćanom strv;
tu tamnicu, taj okov da je strest,
krivice svoje nemilosnu svest!
Al' Bog je velik:

žeženo gvožđe kô kad se kali
u studni vali
te biva čelik,
tako se duša sužnoga diva,
paljena slavom sjajnih pobeda,
topljena žarom željnih pogleda
ognjenog oka Delilinoga,
tako se srce od plama živa
u smrtnu studen tamnice skriva,
slepilom žarki pogled okiva,
te – pesnik biva.
Samson je pevô.
Pevô je zemlju, pevô je nebo,
narod i Boga, slavu i sram:
junaštva svoga minula dela,
divotu mušku divskoga tela,
prebujne kose srezani pram,
ugasle zvezde zenica slepih;
pevô je pogled očiju lepih;
pevô je ljubav i njenu silu,
oh, i Delilu!
Šta je s Delilom? Kamo Delila?
Zar i njoj slomi tamnica krila?
zar i njoj oči u večnoj noći,
ta neće biti, oh, neće moći:
gvozdeni šiljci slepila kleta
stopili bi se od njena gleda;
al' u snu, možda, s njegovih grudi?
Oh – da poludi!

Samson je pevô, ori mu se glas,
bojeva smrtnih nekad živ užas,
nadjekuje okova tužni zvek,
s tamnice stresa memlu kamena.
Pa ni kamen mu mâ ne sprečuje,
čak na dno pakla prodire mu jek,
razbiraju ga dusi plamena.
Al' onaj gore, taj ga ne čuje,
već otvara Filišćanima sves',

čuje ga mladi askalonski knez,
te zbori lepoj svojoj nevesti:
„Delilo, dušo, slatki savezu,
čuješ li taj priželjak nebesni
slavuja slepog u tom kavezu?
čuješ li pesme, znaš li kakve su?"
Delila čuje i Delila zna,
od opomene spopada je stra',
od pomisli se krvca sleđuje,
a kamo l' glasa tutnjavina ta;
što zalečen tek bol pozleđuje,
al' ipak veli: ne zna, ne čuje!
„Šta, ne čuješ ga zar?
pa neka dođe, da ga čuješ bar!"
„Okani me se; mahni me se sad,
veselje da nam tuđ ne kvari jad!"
„Veselje zar? Ti strepiš, blediš, mreš –
ha, još ga žališ? Još ga ljubit smeš?
Za sutra će se svadba spremati,
al' Samson će svatovac pevati!"
Nabreknu roba, rob s' udaljuje
i tamnica se odmandaljuje.
„Oj, sužnju, robe, robe nerobe,
evo ti nosim gusle kedrove,
ako ti glas od pesme oslabi,
da uz njih sutra pevaš o slavi."
„Čuvare bedni", zbori sužanj div,
„čuvare bedni slepog jada mog,
daj amo gusle, amo lucanj kriv,
nadapeste l' im odrezan mi vlas?
Al' donese l' mi drugi kakav glas?
Jel' živ moj narod? Jel' mu živ još Bog?
No Bog će ga sačuvat, ustreba l' –
al' šta Delila, zbori, živi l', zna l'?"
Filišćanin se maša za mandal:
„U nagradu sa vešte izdaje
gospodar mladi, askalonski kralj,
na ženidbu s Delilom pristaje!"
U Samsonovim grudma nema dâ.

„Rad izdaje? Rad kakve?", prošapta.
„Rad kakve? Gle, još pita! Ha-ha-ha!"
I ode čuvar jasno kikoćuć,
zatvoriše se vrata, škrinu ključ,
iz tamnice se grdan začu rik,
kô ranjen lav il' kô nadražen bik,
poraskidani zveknuš' okovi:
mandal se strese, čuvar drkće sav,
– pomozite mu silni bogovi! –
al' presta rik, tišina, kamo lav?
Ni glasa mu – čuvara prođe stra':
„Ni glasa više? Ha-ha-ha-ha-ha!"

## V

Askalon je divan grade,
primorje ga više nema:
dvor do dvora, hram do hrama,
stub do stuba, trem do trema.

Al' hramovi svi su mali
pored onog hrama sveta
u kom glavom obitava
Astarota, mati sveta.

Od suhoga stoji zlata
salivena slika njena,
pod nogama slike zlatne
bela stena od stepena.

Od suhoga stoji zlata
salivena slika njena,
na temenu slike zlatne
krov od hrama mirno drema.

U očima slike zlatne
neka misô kô da seva
gledajući ispod sebe
kakva li se slava sprema.

U hramu se svadba slavi,
tih svatova više nema:
askalonski car je ženik,
a Delila lepa neva.

Čelo nogu sede mladi
boginjina lika sveta,
do visine njihne jedva
žagor svadbe što dospeva.

Čelo nogu boginjinih
sede mladi vrh stepena,
mlad je ženik živi plamen,
a nevesta bleda, nema.

Mlad je ženik plamen živi,
gori, zbori, pripoveda:
„Što je tebi, zlato moje?
Što me sunce ne pogleda?"

„Ne pitaj me, srećo carska",
nevesta se ispoveda,
„još je Samson u životu,
to je izvor mojih beda.

Dok je krvnik taj na svetu,
nisam tebe, care, vredna,
boginji ga žrtvuj danas,
davno mu je krvi žedna.

Nek boginji bude žrtva,
pogubi ga, kruno svetla,
skini mržnju s moje duše,
da ljubavi nije smetnja."

Tako zbori neva mlada,
razgovor joj ognjem seva,
mlad je ženik mrko gleda,
pogledom je sagoreva.

Mlad je ženik mrko gledi,
nema zbora, lica bleda,
a nevesta moli, kune,
iz očiju bol isceda.

Iz očiju bolom prosi
nemilosna milos' neva,
za nemilos' jednu mušku
obećava milos' žena.

Mlad je ženik mrko gleda,
pomrkuje roba verna –
to je vid'la jedna stara,
krunisana glava seda.

Krunisana seda brada
filišćanskog carskog veća
što seđaše kraj boginje,
mladencima iza leđa.

Krunisana seda brada
mladoženji tiho smeta:
„Ne, sinovče! nemoj tako,
ne skrnavi sveta reda!

Izrailjski svećenici
evo t' sede do kolena,
a ti skidaš glavu glavi
izrailjska roda cela.

Ne, sinovče! nemoj tako,
ne skrnavi sveta reda!
Zamoli ga i ti malko,
izrailjska brado seda!"

Izrailjska seda brada
svećenik je prvog reda,
u svatove dozvala ga
filišćanskih moć pobeda.

Moć pobeda filišćanskih
i naroda grdna beda
i naslada zlobe radi
Samsonovih slavnih dela.

„Svetla kruno, slavo mlada",
svećenički zbori deda,
„misliš li mu ti milostit,
izrailjski narod ne dâ.

Pustiš li ga mirna, zdrava,
njegov narod smrt mu sprema:
kamenjem će da g' utuče,
buntovnik je, da ga nema!"

Htede starac dalje kleti,
al' u grlu stade kletva:
eno s' onaj sluga vraća
što ga posla kruna svetla.

Poslani se vraća sluga,
za njim vode jednog slepca,
stade dreka Filišćana:
„Ubite ga, jednog štenca!"

Jedan oca, drugi sina,
svaki druga žali svesna
što izdahnu pod udarcem
Samsonova bojna besa.

Kô gomila divljih pasa
kad napadne tigra zvera,
tako graja Filišćana
na Samsona jurnut smera.

Stade dreka Filišćana,
al' nijednog svata nema
da se takne smelim dirom
Samsonova divskog tela.

Samsonova tela divskog
i glave mu bujnog resa,
– zarasli su sramni trazi
Delilina kobna reza!

Zarasli su trazi sramni,
obnovi se snaga mesa
u kidanju od okova,
u drmanju sužnih reza.

Obnovi se divska snaga,
al' ne vidi dana bela,
svetovi se kreću grudma,
al' seljena sunca nema.

Od podvika Filišćana
priviđa mu s' bitka sveta:
„Ko je junak", div zagrmi,
„sa Samsonom da s ogleda?

Ko je junak?" U gomili
nema glasa, duše nema,
samo jedan cik se začu
sa visine, sa stepena.

Samo jedan cik tek beše,
al' Samsona žešće sleta
nego rika cele vojske
s protivnikom kad se sreta.

Jedan cik tek, jedan skok tek,
i evo ga vrh stepena,
i evo ga do neveste
i carskoga vojna njena.

Bez pokaza vida svoga,
bez očiju dana bela,
tek poveden jednim cikom
i mirisom njena tela.

Skamen'lo se carsko veće,
svećenikom krvi nema,
prikovan je ženik mladi,
bleda lica, zbora nema.

A nevesta nema glasa
da joj vriskom odoleva,
sakrila se za stup zlatni
Astarote, majke sveta.

Za stup zlatni Astarotin,
što počiva na njem greda,
a na gredi krov kristalov
golemoga hrama sveta.

Oko struka boginjina
nevesta je ruke svela,
samrtne joj kapi biju
s obamrla bela čela.

U prostoru grdna trema
tišina je mrtva, nema,
Samson čuje otkucaje
izdajnička srca njena.

Samson diše predisaje
najmilije sviju žena,
paklenim se seća bolom
sviju slasti, sviju beda.

Paklenim se bolom seća,
paklena ga misô cepa,
za belu je hvata ruku,
žestina mu kivna, slepa.

Za belu je hvata ruku
Samsonova ruka leva,
a desna se slepo strmi
da se maši vrata njena.

Desna mu se slepo strmi,
al' umesto vrata bela,
za grlo je uhvatio
Astarotu, majku sveta.

Astarote sliku zlatnu
što je na njoj naslon greda
i celoga krova teškog
boginjina hrama sveta.

Kolika li beše str'ota
Samsonova bola preka,
zaljulja se Astarota,
prsnu zlato, puče greda.

Raspade se cela građa
od livanska teška kedra,
na junačke pada glave
i na bela pada nedra.

Kô usovi sa Livana
kad ukopnu na vrh brega,
te kedrove zbrišu luge
pod navalom silna snega:

Tako tutnji, tako puca
poljuljana zgrada cela,
na junačke pada glave
i na nedra pada bela.

I na krune i na vence,
i na mitre od obreda,
i na starce i mladence,
na rumena i na bleda.

I na zlato i na svilu,
i na pesme od veselja,
na Samsona i Delilu
i na kletvu njinih želja.

[1869]

# SPOMEN NA RUVARCA

Uoči Nove godine je bilo,
nakanô sam se doma podockan
od večere, iz društva vesela;
sa bližnje crkve kucnulo je trired
pod ključem žad mi škrinu kapija;
na dvanaest kao da beše.

Tišina je;
aľ ne tišina blaženog sanka,
već kao tišina oko bonika teškog;
poduhuje vetar, kao
isprekidano grčevito
diskanje bolesnikovo.
Dvorište tamno, samo tek
uz opali prikućak kao da se miče
nešto belo;
pomislim da je nespokojni duh
pokojna kakva glasa
što se u Matici porodi nekad,
predlažuć da se pustoš opravi,
pa bludi sad, očekujući plod.
Pritrp' se malo, duše,
u toploj čim se nađem odaji,
uzdahnuću jedared za tobom,
tä imam kad – jer ja sam matičar,
a ti ćeš, kao što vidim, biti
za tragičan momenat natičar.
Toplota blaga, naložena peć,
u njojzi tinja panj,
kô starog leta mrtvo telo, ispucano, crno,
što spaljuju da vampir ne bude.

To staro leto, stara godina!
Kakva je strašna bila u životu,
da kakva bi tek bila, žalostan,
da još jedared ustane iz groba,
da se povampiri!
Strahota! ratos takih misli!
Razuzurim se, okrenem peći leđa
i mislim šta da čitam,
da rasteram te mutne vidove
o oživelim grobovima
i umrlim životima.
„Jevanđelije" mi na stolu,
najbolje takoj bedi tešilo.
Badava! svaka vrsta, svaka seća reč
na onoga junaka jaganjastog
što umrtvi svoj život besmrtni
da njim oživi grob.
Prevrnem list, prevrnem i drugi,
pred očima mi glave prolaze
kô lubanje koštane mrtvačke.
Sad evo već *Otkroveniju* red.
Pismena se po listovima mute,
načiniše se crna strašila
što o njima proričuć pričaju;
a jevanđelske svete istine
ozbiljnijom tek čine opsenu.
Jest, eno je, te grdne bludnice
*Otkrovenije* što je otkrilo,
pokazuje mi otkrivenu blud,
previja se u mučnom naponu –
il' umire il' rađa?
A uz nju se prikučila aždaha,
sedmoglavi zmaj,
na prvoj glavi glava mrtvačka,
iz vilica joj modri plam
polagano po crnom dimu liže
kô da nešto piše –
u mlazovih pročitam sričući:
Ruvarac! ... Šta, Ruvarac? je li, zveri?
Ha! po tom sam te poznô, bludna kćeri:

Ti, ženo, ti si stara godina,
a ti, aždaho, ti si duša joj,
izdahnula te umirući sad,
pa, bludnica, u času poslednjem
još ima kade da se porodi!
Al' stani, šta to jekće?
Kô napreg od kašlja, zaptiven, suh.
Na umoru jel' ropac godine?
Na mojim vratma kucnu neko,
zbilja: kuc, kuc, kuc!
Ja nehotice dahnuh: Ulazi!
Otvoriše se vrata nečujno,
nečujno stupi jedna bela senka –
ne, nije senka, mrtvac. Misli l' zar
grozovito *Otkrovenije* to
sva čuda svoja ređat preda mnom,
pogibije, vaskrsenija sva?
„Dobar veče!", avet me pozdravi;
poznajem glas:
kô ponoćnoga vetra piruk
kad inje strese s vrba nadgrobnih;
poznajem glas: tako je predisô
u časovima svojim poslednjim
Ruvarac Kosta.
„Dobar veče!", i ispod pokrova
koštanicu mi pruži u pozdrav;
prihvatim je, i stisak leden joj
sveg ukočenog oprosti me strâ.
„Dobar veče!", otpozdravim mu ja,
i da me vidi da se ne plašim,
bajagi stanem šaliti se s njim:
„Pa otkud tako dockan, bogati,
zar i ti noćnik, i ti bekrija?
Al' to je valjda tvoja tragičnost?
Što za života htede prezreti,
osudili te na to po smrti!"
Nasmeši se porugljivo: „Tä da,
već znam šta misliš; misliš, umro sam?
Badava, što je zemna površnost!

Pa ti da pojmiš poziv čovečji?
Ni osnove mu nisi nazrô još!
Planeta ova, Zemlja, zemlja je;
pa kako poziv ovoj da postigneš,
u njojzi, slepče, il' na njojzi zar?
Jel' bolje srce, ili ljuštika?
Shvataš li, površniče?" Ja bih znao
inače na to odgovoriti,
al' neću da ga jedim, redak mi je gost;
razmišljajuć bajagi, ćutao sam.
„Pa šta to čitaš?", zapita me gost.
„Jevanđelije", rekoh.
„Okani ga se, dodijalo mi,
taj kurs već slušam celu godinu,
pa zato imam rekraciju sad
do prva kukurika."
„E gle! pa lepo, milo mi je baš;
pa kad je tako, znaćeš, jamačno,
ima li Renan pravo ili ne?"
„Zvanične tajne", reče koštanik,
„ne kazuju se površnicima.
Al' sad okren'mo drugi razgovor!
Pripovedaj mi štogod o njojzi!"
Posadi se i žarom pitljivim
usplamteše šupljine očne mu:
zapitô je o svojoj ljubavi.
Kazivô sam mu da se seća na nj,
i da će njega pamtit večito,
jer seća ga se, to zacelo znam,
kad god se poje „Pamjat vječnaja".
Duševna svest joj sva je njegova,
a nesvest tela daće drugome.
Kad vidim da mu godi pripovest,
upotrebim trenutak ugodan:
„Pa kad smo se već tako sastali,
pozajmi mi od ovoga znanja što!
Pozajmi mi od..." Gost me prekine:
„Opet pozajmi! More, dokle ćeš?
U Prehodnice novci su mi svi!"

„Pozajmi mi od svoje nauke,
osvesti mene šta da verujem
o jamačnosti opšteg uskrsa?"
Il' htede sad, ugodljiv, zagladit
u prve što mi zajam odbi moj,
il' izveštajem dirnut ljubavnim,
tek on se diže, ispravi se dug,
u čelo upre prstom desničnim,
a šuvačnim u gole kukove,
zaori glas kô podzemaljski grom:
„Alfa i omega!"
I zbilja beše lubanji mu vid
(u produženju s plećnim kostima)
kô malo alfa, a pod šuvakom
savijahu se bledi kukovi
kô veliko omega. „Razumeš?
Objasniću ti stihom u knjizi!
Otvori knjigu!" Ja je otvorim.
Ja prevrćem, al' i on pažljivo
u glavama upleten vreba stih.
„Ha! evo ga! gle! 'Ja sam alfa i' –"
okrenem se, al' – nema gosta mog.
Gle prokletnika! prevario me!
Obazirem se, glenem u knjigu,
i gle – početak strasti Hristove,
izdajstvo Petra, petlov kukurik.
Zacelo je te reči pročitô,
pa, u brizi da čas ne propusti,
po zakonu asocijacije
ideja srodnih pomislio je
da kukuriknu petô zaista,
i zato tako izneveri me.
Al' ništa zato, hvala, goste moj,
naveki hvala! Rekô si mi dosť.
Alfa i omega!
O mudra smrti, o samrtnička,
živa mudrosti!
Alfa je glava, alfa to je um,
početak svega, dušin neimar,

što u njoj zida budućnosti sjaj;
a omega, jest, omega je kuk,
sramota, trbuh, lakomost i blud,
zidara umnog večni rušitrud –
to omega je svemu, svemu kraj.

[1865]

# DO POJASA

U mene ima mala jedna knjiga,
u njojzi slika mnogih poznanika,
mladalačkih, starih, umrlih obraza,
celokupnih il' do pojasa;
te prevrćem ga katkad od svih briga,
prevrtljivosti zemne spomenika.
U mene ima mala jedna knjiga,
u njojzi slika mnogih poznanika,
među njima je, vidim s prva miga,
među njima i moja stara dika,
al' ona baš – oh, šteta toga stasa! –
samo – do pojasa.

Jest, ona je, nenagledana deva,
ovapućeni rajskih duša san,
da, to mi grlo uz pesme pripeva,
oh, to je lik toliko opevan!
Da, tim je gledom prikovala bila
pesničke mašte vihorovna krila,
smehutka tog je izmamljivô grej
mučenoj duši radojički smej.
Jest, ona je, mog ljubavnog sunašca
prebujna zemlja.
Jesi l' ti, zemljo? – baš ni glasa;
al' pored svega nemlja,
jest, ona je, al' samo – do pojasa.

Tek sad se kajem
što nisam češće zemnim prolazio krajem
već navek po tom ognjenom vrhuncu,
po nedomašnom, umišljenom suncu!

Jedared tek pohodio sam je,
na toga dočeka, divote te!
Jevropa cela, obraz njen, dabome,
u svem izobraženju svome,
– al' sad joj već zacelo ne gine
ni obraznosti apotekine –
Jevropa cela, svečana odela,
crvena čas, čas bleda;
pa iz oka, da podanička gleda!
Što sad kô iz dve vulkanske bezdne crne
izgorelim životom smatrača protrne,
u onaj par to prvi beše žar,
sunčanom polazniku zemljin dar!
Na slavoluk sam ulaziti stao,
na usta joj, na Đuli-Carigrad,
a napred sam joj slao
telale lake, živu poljupčad.
Al' telal ode za telalom,
na povratak nijedan da se dao;
oh, tih telala strašno me je žao:
jedared me još, zemljo, samo pusti
telale te iz tvojih vabit usti,
da od njih čujem sledi mog polaza,
divote da mi pričaju i čuda,
u tebi sve što žive kamo kuda,
bar samo – do pojasa!

Bar samo do pojasa,
do jekvatorskog ognjevitog raza,
gde može da je sunca moga raje;
ja dalje nikad ne ugledah kraje,
svog sunca nikad ne uzabrah ploda,
banana, smokve, šećera, urama;
al' ni od boda otrov-nepodoba,
od pustinjskih pripeka i zahoda,
od poroda preplamljivoga plama
ne beše rana duši od pesama.
Ne boj se, priboj tvoje Dobre Nade
sunčana moja ne prebrodi lađa,

da vidim šta ti Inđija valjade,
da ogledam od morskih naranadža:
iz tvojih mi se usta
priviđala tek pusta
zemlja Maharadža.
Iz usta ti, iz prozorića zori,
iz očiju ti opsen-poludneva,
što pustinjika pričinama mori
osočna hlada plamovih gajeva:
divotu raja, naslade potaja,
obamiranje daha zagrljaja,
slobodu nudeć, život, sebe sama
za nizak jedan žalosnih pesama,
za jedan trajak nemoć-uzdisaja,
pa ma je stalo večitoga spasa –
al' samo – do pojasa!

Pa do pojasa život nam je ceo:
u poprsju je Bog nas otpočeo,
a vrag ostali dodao prilepak.
Da nije tako, zar bi mogla ti
da sunca moga ljubavnoga žaru
u svom zemljanom utečeš nemaru?
Tä zar bi mogla, zemljo huda, ti,
mogla se zar za drugog udati?
Mogla bi zar zakloniti se mučki,
obručiti se za mesec obručki?
Zar on gospodar osleka i sleka,
on onih strasti more zadobi
što sunčan žare nekad u tebeka
iz nebesnih visina natopi?
Da nije tako, ne bi l' sunce zar,
zar ne bi sunce pomrčalo sjaj,
oblačinom se smrklo osvete,
a iz oblaka živi planô grom,
od sunčane te srede odsekô,
da se saletiš vaseljenom svom,
kô sreće moje odsečena glava,
a duša tvoja plamna i krvava

u repatički neka sukće vrv:
pa de god nađe zvezdanoga niza
što moja ljubav u nebo upisa,
nek sprži zvezde u plamenih mlazi',
a spržene naveki nek ugasi
sramote tvoje, sreće moje krv!

Al' još se Zemlja sa večitih staza
pomela nije; nijednoj zvezdi gasa,
ni poraza od repatička mlaza,
ni spomena od poslednjeg užasa,
vrti se svet i od i – do pojasa.

[1874]

# MOJA DANGUBA

## I

Kamo noći, kamo dani,
prozboreni, propevani,
bratovani, drugovani,
kamo noći, kamo dani?

Rumene se čaše ljube,
liju im se kipom duše,
zdravica im srce dube,
usta im se ljubom suše!

Kamo noći, kamo dani,
poljupci prouzdisani,
kletvama prozaklinjani,
kamo noći, kamo dani?

Sedi ljubav, pije vina
iz očiju punih naši',
što ga više ljubav pije,
više ga je svakoj čaši.

A pesama jato plavo
srcima se kuca: Zdravo!
– Pesme, lakše! Mahni, ma'ni!
Kamo noći, kamo dani?

A kad odu braća doma,
kad je dosta slatkih snova,
kad se smeste zanos-pesme
u postelje od stihova:

## II

Raziđe se ponoć nebu
u sećanju budne duše,
te tamninom pamtiveka
iz daljina osunčanih
dolaze mi silne čete
što ih sunce zrakom plete,
a ponoć ih podupleće,
stare čete novih slika
nepoznatih poznanika.
Čas mi veste staru slavu
krvi moje prarođačke,
te varljivim zanosima
razdraženu dušu moju
dušanskima snovma ljube –
čas ohladne i poblede,
te iz moga zagrljaja
kô pritajne kliznu guje,
oblačnim se kriju skutom,
munjeviti sukću gresi,
a za njima uzastopce
sa stenevlja suda nebna
pogrmljuju gromne kletve;
kô da mi se zlobni pakô,
uspevši se do nebesa,
blaženičku ruga sanku,
te užasom čini živim
da se duša, milovana
obljubima rajskih slika,
stidi svoje slave mlade.
Vidovi me taki gone
u časovih snoviđenja,
a kad i njih zora stopi,
na mome se vide listu
sitni retci crnih slova,
svete mošti mučeničkih snova.

Kamo noći, kamo dani,
prosanjani, promaštani,

pronađani, projađani,
kamo noći, kamo dani?

## III

I sada mi priviđenja
razbuđuju ponoć snovnu,
bledi redi od obraza,
bližnje duše, drage seni,
oživele uspomeni
izumrlih prijatelja.
Ama nisu javilici
od podoba drevna doba,
ne nude se duši mojoj
mirisima bosiočkim
iz davnine mučeničke,
već mi disak zagušuju
jučeranjim zadasima
životova razilaza,
te besamrt vida svoga
spomenima začinjući
samrtničke ništavosti,
istu sudbu kô da kažu
užasnutom posmatraču.
Nebne misli zemni borci,
dušinome svakom zraku,
svakom ljudskom žrtvenjaku
uzastopce u povorci,
u ponoći hladne groze
gomilina nehajanja
zanesenom dušom nose
sanovanje svetlij' dana
da prosvetle svetsku tminu;
al' umesto sevlju njinu
da uteče svetski mrak,
munjsko umlje kako sinu,
te obasja priokolje,
još su samo viđ'li bolje
vekoviti neprozrak.
Uginuše – senke ove

što vedrije gone snove,
istu veste nemit-sudnju
mome snevlju, mome budnju.

## IV

U prizraku toga vida
i ti mi se kažeš, dušo;
sred krvava tvoga stida
venac te je obakružô
mučenička obasjava;
u njemu se kajno mori
lice tvoje, sanče krasni,
iz očiju tvojih gasni'
prosnivana negda java
prekorima prosijava.
U prekori' kô da zbori:
Kamo noći, kamo dani,
prosanjani, proželjkani?
Od jave si kovô snove,
sad od snova javu vezi!
Strasti moje plam-otrove,
jave moje budne besi –
ti ih snovi' potamani!
Kamo noći, kamo dani?
Al' što si se, sliko siva,
ti međ ove slike smela
što im zemlja krije tela,
kad te znadem da si živa?
Ti si živa, ti si čila,
ti si lepa, ti si vrla,
al', tvoga mi prva grla,
da si davno već umrla,
mnogo bi mi življa bila.

## V

Udilj mi se tako menja
spomen zemna prolaženja,
te od mračna likometa,

što ih čini siva magla
mojih bonih uzdisaja,
kako li će naći reda
ona četa što je nagla
iz davnina vekotraja,
pradedovskih trazi snova,
da negdašnju slavu sladi
neviđenih vitezova
nezahvalnoj unučadi?
Snovi, slavo, vitezovi,
oprostite mom nehaju!
Ne bi bilo vašem sjaju
u prsiju kraja ovi',
ne bi bilo otpočina,
tek da nije žešćih čina,
uzdisajnih oblačina
okužljive samrtnosti!
Al' ovako, vilo, prosti!
Katkad samo još me pusti
dok časova traje pusti',
da popevam natenani:
Kamo noći, kamo dani?
Al' uoči novom danku,
kad već budu na presanku
oni sanci uzdisanci,
oni mračni tugozvanci,
kad se slegnu crne seni,
onda, vilo, hodi meni!
Od oblaka, što u volje
ostaviše stari gresi,
odbijaće, vilo, bolje
tvoji svetli, danski vezi.

[1866]

# 1867–1874.

# OH, ŽAO MI TE JE!

(Po ruskome motivu: „Мнѣ жаль тебя")
Oh, žao mi te je, iskreno me ljubiš,
i pitaš: da l' te ljubim ja?
No, jadnice, tim sama sebe gubiš,
ne mogu da ti kažem: da!
I tog je bilo, ljubio sam i ja,
u mladom srcu život kipnu mlad,
al' oko srca moga žestok oganj bija,
i prekipe života prva slad!

I presta plam, i prevrela je vreva,
i utiša se u srcu kip,
al' niotkuda ruke da doleva
u srca moga nedosip!
Još niotkuda milostive ruke
da svete vlage line u pehar,
nit uzdisajnih otkud usta da razbude
ispod pepela što još tinja žar.

No kad bih znao da tvoja ruka mala
milosti daje – kad bih znao,
skinô bih s grudi gvozdena mandala,
oko srca bi plamen sjao:
i opet vreva, opet žari znani,
i opet prekip, opet ugas, jao!
Oh, ostavi se, dušo, mahni me se, ma'ni,
jer žao mi te je, žao mi te je, žao.

[1867]

# NEVERICE...

Neverice, moja veverice,
što se vereš posred vita granja,
zelen-granja moga mladog danja,
te kidukaš mirisavo cveće,
šaren-cveće zanosnih mi snova,
te grizukaš rodove noseće
od smerova i muških smelova,
a slavuja očajnoga čuja,
što cvetiće pesmicama ljulja,
skakutom ga plašiš nemerice,
neverice, moja veverice!

Neverice, moja veverice!
I granje se oko tebe svija,
cveće na te mirisima dija,
rodovi se kidaju i sami
koji će te slađe da namami,
a na vršku željkuje slavujak,
tvoj mu vodi pesmicu skakutak,
celo drvo mog života mlada
za tobom je, a sa tebe strada,
ma zginulo tako neberice –
neverice, moja veverice!

Neverice, moja veverice!
Kad me zgrizu tvoji sekotići,
na drugo ćeš drvo se podići,
bez cvetića, bez ovih slavuja,
al' ga gušća mahovina čuva.
I tamo će zima da te nađe,
spašće lišće i rodovo slađe,

mesto čuja pesama slavuja
staće huka gornjakova duja,
mesto cveća, hladne vejavice,
neverice, moja veverice!

Neverice, moja veverice!
Budu li ti mrazi na dosadu,
povrati se tvom drvetu mladu:
u njemu je jedna šuplja duplja
gde se rosa sa cvetića skuplja;
u jezeru tih suznih kapljica
kupaju se trazi tvoga lica;
ti se siđi u jezerce bistro,
ma se ličak ispred tebe istrô,
šat usahne samo jezerice,
neverice, moja veverice.

[1868]

# NA PARASTOSU SRPSKOG KNEZA MIHAILA M. OBRENOVIĆA III

„Po milosti Božjoj i volji narodnoj".
„Vreme i moje pravo".

Predate stupam, duše *vremena*,
po čijoj beše *milosti* nam dan,
jedinstvu srpskom da navesti dan,
po nemilosti tvojoj – nema ga!
Preda te stupa, ne moj slabi glas,
preda te stupa *volja naroda*:
od kivna noža zverskog zaboda
po licu krvav ukršta se mlaz,
iz besmrtnih joj grudi protiče
na teške rane mučenička krv,
iz očiju joj dažda promiče,
šat silnu krvcu suza spere vrv!
Progovara gospodar pameti:
„Opet si došla, grdna aveti,
car-Uroševih muka sliko ti?
Po kojoj mi se javljaš prigodi?
Izmamljuje l' te crni Vidovdan,
te napuštaš svog zaborava stan?"
„Slika sam celog srpskog plemena:
Zapitat moram duha vremena
što moga kneza meni negova,
jel' ono lice *prava* njegova,
jel' na to smerô, jel' osnivô to,
koljivo ovo i – koljivo to?"
Odgovara gospodar vekova:
„Mera je puna prava njegova:

mere ga suze naroda mu svog –
vremena sviju ja sam živi Bog,
al' celu moju besmrtnost bih dao
za jedno tako, jedno samo jao!
Ne tari suze, senko Srbije,
izvidaće ti grdnih rana trov,
izvidat mora Vidovdane nov,
sad ne tri suze, lij je, crpi je!
Zalivaj suzom tužnog plemena
božanstvenoga klice semena
u tvoje grudi što ga baci knez:
krvnikov ga ne moga' satrt bes.
Gde taka dažda seme zalije,
tu niče cveće odabranije,
to cveće mora redak dati plod
na čudo za svet, na spomen za rod!"

[1868]

# NA PARASTOSU JELENE BOZDINE, ROĐ. BELANOVIĆA

A gde smo mi?
Iskaž' nam ti, zadušna pesmo mi,
il' – nemoj ti! – navestila nam je,
označila je pokojnica već:
u pozorištu smo!
U pozorištu svetom, velikom,
u kom se služi samo jedan glum,
al' prema tom su drugi glumovi
kô prema suncu sitne zvezdice;
vaseljena je samo kutija,
da sobom čuva dragi kamen taj
u sedam boja što se preliva
i svaka boja jednu kaže strast:
taj glum se zove: tajna večera,
junak je Bog u licu čoveka,
gledači su mu celi beli svet,
nenagledanu gledeć pojavu
de čovečiji sagoreva lik
od unutarnjeg plama Božjega,
pa istim plamom, kojim sagore,
u život opet vaskrsava nov
oživljujući gledalački svet.
I rekoh vam, u pozorištu smo.
A pozorište? Zar to nije hram?
U njem se služi žrtva ljubavi.
Iako se u njemu ne slave
bogovsko-ljudske strasti Hristove,
iako mu ne svetli sunčev plam,
al' u njem trepte jasne zvezdice,
samrtnih strasti besmrt-vesnice.

Od zvezdica je sunce svetlije,
al' sagledati ne da sjaja svog;
u zvezdice je lakše gledati,
a i one su čeda sunčeva;
pa i mi smo se sakupili sad
u pozorištu gluma sunčanog
da blagu jednu spomenemo sen
rad zadužbine hramu zvezdanom;
a ona će pomoliti se, znam,
onom što suncu krug pokazuje,
što zvezdicama svet opasuje,
da milostiv blagoslovi naš hram.

[1868]

# RAZGOVOR S UVUČENOM SRPSKOM ZASTAVOM U MAĐISTRATU NOVOSADSKOM

Zastavo moja, zastavo trojna,
svijeno srce naroda bojna,
zar već u tvojim bojama spava
crvena krvca i krvca plava?
O čemu snivaš kad se ne njijaš?
Jel' te rođeno koplje probolo,
te od beline rođene svijaš
samrtni pokrov na telo golo?
Zastavo moja, zastavo trojna,
svijeno srce naroda bojna,
o čemu snivaš?

Da li se sećaš vekova davnih,
vekova davnih, časova slavnih,
šareni leptir kad si još bila,
po lepom vrtu srpske celine
poletajući s cveta na cvet?
U suncu slave šar ti se krila
divno preliva,
a ti počiva
na cvetnoj ruži dušanske sile
sisajuć iz nje zanos i svest.
Slavan to beše srpski lepirak
i srpskog vrta zanošljiv mirak,
slava se naša daleko čula,
čula je za nju istočnica bula,
čula je za nju, pa se dokrade,
pod jaglukom joj lepirak pade
zanesen slavom od vrta svog:

bula mu krila rezati stade
na šaren-gaće za dilber kade
mekog saraja padišinog.
Da li se sećaš još i tih dana,
te crne trage sramotnih rana
srezanim krilom stidljivo skrivaš?
Zastavo moja, zastavo trojna,
svijeno srce naroda bojna,
o čemu snivaš?

Preblagovala s' u lakom sanu
sumornu zimu narodnog stida,
al' već i tebi proleće granu,
sarajske čini sa tebe skida;
sunce slobode i krstov znače
mlada će krila da ti ozrače.
I ti se prenu iz teške kobi,
čauru ropstva krilima probi,
poleti suncu i krstu svetu,
al', još u letu,
stade te piska, stade jauk.
Ne behu to zraci sunašca zlatna,
to beše mreža pauka gladna,
suzama gorkim beljena, prana,
naroda klana, poisisana,
a usred mreže krstaš pauk:
u prepredenoj, golemoj mreži,
srpski lepirak – evo ga, leži!
Paučinom si sapet u krili',
gmizavi pauk po tebi mili,
šeće se po tvom srcu strvenu,
sisa ti plavu krv i crvenu,
a ti, zar živiš, zar očekivaš?
Zastavo moja, zastavo trojna,
svijeno srce naroda bojna,
o čemu snivaš?

Ako još ima krilatih snova
ispod okova,
oh, onda sanjaj oblake crne
što će ih vreli juže da zgrne,
oblake crne, oluje besne
i munje kresne
i grom i jek;
vihar da sapon raskine mreže,
tebe u vrte tvoje donese,
grom da sažeže
pauku vek.
Il' ako ne moš od sreće ružne
zamislit, druže, toplote južne,
bujice lužne, vihore kružne:
a ti bar usni severne stege,
mećave, ciču, smetove, snege,
da krune pršte na čelu živu,
korice mrznu o sablju krivu,
ni krvav porfir da zgrije krv!
a kamo l' krvnik u plaštu sivu,
a kamo l' pauk, a kamo l' crv!
Pa nek i tvoje srce prehladni,
tek da te pauk ne jede gladni,
tek da mi nisi strvini strv!

[1869]

# JADRANSKI PROMETEJ

„ἐλεύθερος γάρ οὔτις ἐστί πλήν Διός."
„Jer osim Diva niko nije slobodan."
                  Eskilo u *Vezanom Prometeju*, st. 50.

Na prestolu od ljudskih kostiju,
pokupljenih po sramnim bojev'ma,
prilepljenih samrtnim znojev'ma,
ćilimovim' u krv močenim
junonska sedi bečka velemoć.
Namastila je smežurani lik
rumenilom sramote narodne,
uzajmila je čudotvorni pâs
od boginje slobode – uzalud!
I on je svoju moć izgubio
dotaknuvši se grešnog tela joj,
te mesto da joj trošni drži struk,
razveo je tek na dve polutine.
Junona stara, gnjila Austrija,
put odasla svoga Jupitra
da misirsko donese povesmo.
A kakvo čudo čelo nogu joj?
Orlušina tu sedi dvoglava,
isperutana bojem skorašnjim.
Jedna joj glava krilu klonula,
a druga joj otekla od boja,
u otoku priviđa joj se moć;
umesto plamnih strela gromovih
u kandžama je stisla lakomim
krivokletava sramnu lomaču.
Progovara Junona tiću svom:
„Davori, dvoglav doglavniče moj,
izobranjena moja obrano!

Zar teških rana ne prebole još
od severna od orla neverna?
Zar ne prebole?
Il' valjda t' je odlomaka žao
u noktima ih nežno stiskajuć?
Utišaj se – sve kletve slomljene
povezaće misirsko povesmo!
Davori, dvoglav doglavniče moj,
izobranjena moja obrano,
zar neće biti carska ponuda?"
Al' orô ćuti, muti mu se vid,
pomrkuje krvavom zenicom,
zbori mu krv: „Ne luduj, gospođo,
ne koriste l' mi kletve slomljene,
još manje će koristit zakrpe!"
„Da kakve bi, moj tiću, ponude,
rad oduminja rana žestokih,
rad zaborava srama samrtna,
rad oporava, oh, rad osvete?
Čega si željan, da ti majka dâ?
Junačka srca?" Orô groknu: „Da!"
„Al' ne srdaca s mrtvog razboja,
no živa srca – jel'? – ognjevita –
ne bi l' ti star obnovio se žar?"
Ha! kako klikće stari dvoličnik,
pa kako mahnu krilom u polet,
pa kako stiska kletven rukovet,
tä kao da sluti majčinu namen,
tä kao da sluti kakav mu je plen,
kô da ga gleda kako j' odabran
slovenski titan, divak okovan,
svog Vidovdana oličeni grej –
Jadranski Prometej.

    Na hladne grudi stene prikovan
Prometej srpski, prigrlivši kam,
na raspetiju mre vekovitu.
Kakav je greh, te večno s njega mre?
Nek reče Sila, neka kaže Vlast:[3]

---

[3] Κράτος i Βία u Eshila.

„Kakav je greh? Što htede sve da sme!
Slobodu htede, htede sunčev žar:
a svu slobodu za se treba car!"
Slobodu zar? Zar sunčev htede žar?
Da, da! i onog dana Vidova
dotaći se već htede sunca div,
al' proguta ga, silo preka, ti,
aždaha zla u mukloj zasedi.
No zasede ti plamni zalogaj:
ne zagreva te, kô što zgreva svet,
već utrobu ti vrašku sažiže
u besnilu te večnom satiruć.
Ti divu htede, sebi stvori mrak,
al' div tek ipak jedan ote zrak,
pa, da ga spase od aždahe zle,
pričestio se njim našte srce;
pričestio se, beše čas da mre,
al' pričešće mu mreti ne dade,
besamrtan ga obesmrti zrak.
S tog zraka gonjen, izdan, ostavljen,
u očaju za suncem sništenim,
priljubio se srcem stištenim
uz ledni kam, priljubio se sâm,
ne bi l' bar kamen smilostivio
Božjeg mu zraka neumrli plam.
Kamen se nije raskamenio,
al' kosovski se skamenio div,
te kamenom i živim plamenom
u zagrljaju večnom proniknut
stvori se kremen.
   Oluja besni, bora jadranska,
bori se bora s morskom pučinom
fijukom gujskim šibajući val:
u smrtnoj muci val se propinje,
poduzima ga bele pene bol;
al' u oluji nema milosti
dok sama svojim besom ne klone,
sumrtva padnuv na razjaren val
očekuje sudbine osvetu.

I val se sveti gonilici zloj:
u nesvesti je videć nemoćnoj,
na bistrim leđ'ma ljuljuška je blag,
te mesto ljute slušaš osvete
u otpljuskaju opad-osleke
čak iz dubine bisernoga dna
nebrojen smeh: ha-ha, ha-ha, ha-ha![4]
    Oluja besni, goni pred sobom
oblačine sa mutnog severa.
Jel' oblak ono što se strmoglav
ustremio s visina viharnih
na ponos-glavu diva jadranskog?
Jel' oblak crni to, jel' urnebes?
Da j' oblak crni, raznô bi se sav
u letu burnom ispred grudi tih,
rasprštao bi se gromov buzdovan
o kremen-glavu sina gorina.
Nit' oblak crni, niti j' urnebes,
već orla to je dvoglavoga bes;
za njim se dala četa lakoma,
sve beli galeb kukavac li sinj,
za okljuvcima plena popašna.
Nad glavom se nadletev divovom
orlušina se sleće dvoglava,
zaklikta klikom srca grabljiva,
natklikuje olujno hukovo
i zapljuskaja morskot silni šum;
u silnom kliku s jatom nasrtnim
na obnažena diva pada zver,
te kako mu se srca zažele,
zaboraviv umorna puta let,
na čelo stade žrtvi željenoj,
u rebra g' udri dvokljunimice.
Iz kremen-grudi ne poteče krv,
al' kremen kresnu, orla posu plam,
a iz kremena iz ognjevita

---

[4] – – ποντίων, τε κύματων
ἀνηρίθμον γέλασμα. – –
    Αἴσχ. Προμ δεσμ. 89-90.

zaori grohot: ha-ha, ha-ha, ha!
Od otog smeha viharnoga mâ
orlušina se uvis podigla,
poveriv buri krila spaljena
i sitna jata uplašeni rep.
I div se krenu, probudi ga kres,
i jedan pokret samo, jedan stres,
i usta div, Jadranski Prometej,
krvnika traži, nemilosna, zla,
al' krvnik ode, odnosi ga smej,
pojekujući za njim na sav ma':
Ha-ha, ha-ha, ha-ha, ha-ha, ha-ha![5]

[1870]

---

[5] Po dopisima austrijskih nemačkih novina sa ustaničkog bojišta, dovikivali bi se ustanici grohotnim smehom. Vele da je strašno bilo slušati taj smeh.

# PARIZU

1867–1870.


Ponosna glavo sviju gradova,
kamo divote tvojih kudara,
tvojih bulvara i alkazara,
      tvojih prado-va?

Šarena glavo seljenske guje,
okolo zemlje što se koluta,
prisojka ljuta po svetu luta,
      da sunce truje,

Lakoma glavo Evine zmije!
Još ti se švigar ognjena repa
u večnoj muci vražija čepa
      po paklu vije,

A ti se željom iskušiteljke
mašaš očajno propala raja,
da padneš opet sa zlatna kraja
      prazne peteljke:

Ti još ni repa nisi rasplela
od umiljaja car-napadaču,
trag mu je još na skrhanu maču
      ljuba ti vrela,

A već se stare mašaš slobode,
jabuku tražiš u Božju vrtu,
sujetom slave tvoje nadrtu,
      evinski rode!

Al' nema raja! Zaman ga vabe
poslednjim kajom sinovi doba,
zadahom groba zadiše zloba
      pijanog Švabe.

Al' nije Švaba: Od jeda mrska
svetska se guja u kolo savi,
rođenim telom svojoj će stravi
      glavu da smrska.

Nesrećna glavo! Sad si mi lepa:
Bolom si grehu zazora dala,
svaka ti muka stotinu zala
      sa duše cepa,

Svaka kumbara hramove zida,
svaka ti kapka iz bonih grudi
godine teške lakome bludi
      s vekova skida.

Al' onda, onda! Oh, ne sećaj me,
ne spominji mi slave ti sramne,
pozlate mamne rđe ti tamne,
      nevolje sjajne!

Sva se plemena stekoše sveta,
te ti u nakit umetne kose
umenja svoga sklopove nose,
      kô čele s cveta;

Talije blage hvalisav sine,
što mu pod rukom i kamen zbori,
što šarnu rumen otima zori,
      da likom sine;

Pa namet-pleme Nemice krute,
u kog i topa gromovna usta,
što tamo zjape golema, pusta,
      ćute i – slute!

I Misir stare šalje zidare,
rođaci Vlasi tikvice nose,
svi su se stekli: ili da prose,
      il' da te dare.

Svi su se slegli u grdnu 'rpu,
kô rajska živad čoveku prvu,
sve se to klanja u živom vrvu
      carevu grbu.

Il' one slike zlaćanih buba
zar nisu carski grbovi bili?
na plodu rajskom tragovi gnjili
      gujina zuba.

Pod zlatnim žigom careva grba
svi su se sagli – al' svi baš nisu:
jednoga samo ne beše blizu,
      ne beše – Srba.

Nema pod otim zlatnim rezama
nijednog znaka životnog vrela,
ni bar uzdaha junačkog mrela
      roda pesama.

Zar što mu ne daš, pletkušo stara,
da srca svoga uzore sveže
slobodnom rukom u kamen reže,
      il' platnom šara?

Ne ume Srbin kama da krnji,
al' jedan kamen urezan stoji,
Srbine, brate, u grudi' tvoji':
      Taj kamen crni

Crna je Gora. Na tom je kamu
azijska guja zubima kivnim
izgrizukala crtama divnim
      junačku dramu.

A druga guja, klizavij' spona,
s druge ga strane po rebrih kreše,
da novu sliku srpskoga steše
      Laokoona.

Pa taj pod otim zlatnim rezama
da bude svedok životnog vrela,
skamenjen ropac junačkog mrela
      roda pesama?

Nikada! Nikad laskavim vigom
nećeš domamit vojana strasti,
da drugar bude rajskih ti slasti
      pod otim žigom!

Pod otim žigom? Oh, ne sećaj me!
Ne spominji mi slave ti sramne,
pozlate mamne rđe ti tamne,
      nevolje sjajne!

Pod otim žigom! Slika mi živa
tek sada srce spomenom steže,
s njome mi sviće, s njom mi se leže –
      noćas te sniva':

Ne beše Pariz, ni svetsko glede,
žena to beše golema, gola,
u krilu čedo skorašnjeg bola,
      ženino dete;

Ženino samo? Rađali su ga
Svi puci sveta, samo na čelu
belegu nosi očinskom delu
      ženina druga.

Belegu nosi carskog neduga.
Sa tog neduga večitog žiga,
– oh, al' on misli sa suložnika –
      svet mu se ruga.

Svet mu se ruga! Gromove besa
susedu prvom o glavu vrlja,
u plamen i sâm očajno srlja –
      plam do nebesa!

Nestade plama. Samrtna tama;
samo u ruci pijanog Švaba
palilo gori boja i graba,
      prosveta srama.

U tome žaru vidi se žena,
po golom telu rana je silna,
na rane kaplje s palila kivna
      vatra žežena.

U tome žaru ala je lepa!
Bolom je grehu zazora dala.
Svaka joj muka stotinu zala
      sa duše cepa.

Rumen-požara seća te stida.
Svaka joj kapka iz bonih grudi
godine teške lakome bludi
      večito vida.

[1870]

# SUŽNJI

„Tä robićeš mi, robiti,
    i nećeš dići glave,
a zastave ću pobiti
    crvene, bele, plave!

Nek izbor bude izabran,
    al' ti ćeš birat noću;
a moj će biti beli dan
    i onaj koga hoću."

Tako se hvali besni bes;
    al' narod, sloga silna,
u ruci steg, u duši sves',
    dočekuje svog sina.

Pred njime konja lastava
    družina jaše smela,
uz koleno im zastava,
    crvena, plava, bela.

Kroz ulicu im vodi put
    gde sužna braća čame,
gde tinja, mrakom potisnut,
    slobode sveti plame.

Na rešetku je ustala
    družina srpska sužna,
u očima im suza sja
    od radovanja tužna.

Na suze pada zračak
    što sunce šalje sužnjim,
osvetlio je mračak
    u bojama u dužnim.

Nad glavama se druga
    po zidu razapela,
šarena, divna duga,
    crvena, plava, bela.

„A kamo mog zelenila?"
    zagrmi besno slovo.
„Zar sme da ti je nemila?
    Tä ja sam lance skovô!"

„To, gospodaru, znači
    da nije bilo žita,
a nećeš nikog naći
    ni dogodine sita.

A što po duzi vrvi
    crveno-modra grana,
to znači biće krvi
    za koju godin' dana.

I biće mnoge bele
    po razbojima kosti,
od neke zemlje velje
    snežani neki gosti."

Al' bes je planô u pomam:
    „Zar ti što meni robiš,
ti proričeš još meni sram,
    zar ti još meni kobiš?

Pa neka bude da se mre,
    pa neka bude krvi,
al' ti si rob, i ti ćeš pre,
    da, ti ćeš biti prvi!

A dotle moraš robiti,
    i nećeš dići čela,
do srca ću te probiti
    crvena, plava, bela.

Nek izbor bude izabran,
    al' ti ćeš birat noću,
a moj će biti beli dan
    i onaj koga hoću!"

Al' izbor ne bi izabran,
    ni danju nit' u noći;
a sram još nije izapran
    u besnog besa moći.

Od žestoke pomami
    a od sramote velje.
te zastave tamani
    crvene, plave, bele.

A dođe li do zadnje,
    do one duge možda,
i na nju će da nagne,
    i s nje da se – stropošta.

[1874]

# DON KIHOTU

Kad zarede nove bede,
    kad se smrknu beli dani,
kad potamne i poblede
    zraci nadom izasjani,
nepogoda nevidovna
    kad mi slomi krila plovna,
pa, dok snova ne uzletim,
    hoću malo zavetrine,
tad se navek tebe setim,
    budaline Savedrine.[6]

Kad me lepo čedo mamne,
    te za njome svest zabludi,
mrežom gustom kose pramne
    zakloni mi pogled ljudi,
mrakom svetlim oči tamne
    užgu sunce mi u grudi',
pa kad mahom sunce zađe,
    a s očiju mreža sađe,
u oblaku mojih jada
    jedna mi je pavedrina:
znadem kako i ti strada,
    budalino Savedrina!

U skupštini kad se graja
    digne naglas mudre reči,
mora da se um pritaja
    kad se ludost pred njim peči,
u žestini okršaja
    vetrenjača mnoga zveči,

---

[6] Migel de Servantes Savedra zove se pisac *Don Kihota*.

kad je glavi drugo mesto,
    a trbuh se za sve brine:
sećam te se vrlo često,
    budaline Savedrine.

Kad se posle duge noći
    jave zraci nove zore,
te pomislim sad će doći
    sloboda na naše gore,
da će hteti, ko će moći,
    dići narod Bogu gore,
te će biti jedan, srećan,
    neće biti Save, Drine,
i opet se tebe sećam,
    budaline Savedrine!

Al' kad vidim pametare
    gde s' klanjaju šupljoj sili;
kad junake vidim stare
    gde ih skotska naslad gnjili,
te sad ono pale, žare,
    čem' su bili borci čili;
da želucu nije smetnje,
    mač otpašu sa bedrine –
take slike nisu vredne
    budaline Savedrine.

[1874]

# PRELJUBNICA

### I

Gde se diže gora divlja,
gde je raja Turkom krivlja
sa hajdučka prekozimlja,
sred ubavog Nerodimlja,
tu su dvori popa Mila.

U pop-Mila žena bila;
što je bela gorska vila,
što su silne čini njene,
čarolije i opsene –
sve to bledi, sve to vene,
pored ove divne žene.

Al' onako i pop čuva
svoju sliku zlata suva
i od vetra, kad zaduva –
a gde ne bi čuvô čeda
od pogana turska gleda?

U pop-Mila snaha bila,
lepotica izobila,
u turske je pala ruke,
brat mu ode u hajduke.

U hajduke bratac ode,
pomozi mu brate, rode:
u bijelu Nerodimlju
da se nada prekozimlju,
a Đurđevo kad uskori,
pazi ga u pustoj gori;

pazi, hrani,
a na domu ljubu ma'ni!
Naiđu li turski besi,
eno gora, eno lesi,
a ne bude l' ni tu mira,
eno svetog manastira.
Tu je čuva zakon, vera,
čuva zavet kaluđera,
iguman je Milov druže,
jednom bogu verno služe,
pod jednom su rasli brigom,
učili se jednom knjigom;
samo što u oca Mrate
nema roda, nema nade,
nema žene, nema mlade,
a pop Mile dve imade.

Na domu ga Anka dvori,
sa nje su mu mili dvori,
a u gori
za slobodu junak gori;
krvav s njom ga venac veže,
osveta mu kuma beše,
a dever mu beše ručni
jedan gled na narod mučni.

– Što će; Mile, lele mene,
što će, popo, dve ti žene?
I jedna je taka dosti
da ti život omilosti,
da srećnijeg tebe nema,
a ti si se venčô s dvema!
Kako ti je rekla Anka
kad uoči Đurđeva dna,
neutešna, setna, jadna,
začinjava čas rastanka:
„Idi, vojno, idi, leti,
pušku puni, mač o bedra!
Dosadno je doma leti,
odveć su mi topla nedra.

U gori je hladovina,
slobodina sladovina;
ti već ode gde ti gode
muške nege te slobode:
ja te od nje ne dovija'
dok ti sama ne dodija!"

Badava joj, badavada,
pričaš kako narod strada,
kako treba muškog rada
i pregora i savlada,
tim ne stiša njenih jada.
„Zbogom, ljubo, zbogom, draga,
čuvaj mi se od Turaka,
u pobrata moga Mrate
ima sveti zaklon za te!"

Hajduk ode.
Lete časi, dani brode,
preko borbe, preko muka;
a kad stigne noć hajduka,
te u čarnoj svojoj gori
legne da se poodmori,
a laka se misô vine
gde ga čeka ljuba, sine,
tu da divno otpočine:
u sutonu uspavljaja,
iz gorina ispotaja,
u šušnjavi lišća suva
kao da mu se glas pričuva:
„Kamo tako, kamo, druže,
kamo ti se misli pruže?
Zar ti misliš, pored mene,
da još možeš imat žene?
Samo mene smeš da ljubiš
sve dok vrhom đorde plave
svom narodu zipku slave,
sebi raku ne izdubiš!
Ja vas ljubim sve jednako,
svakog žarko, svakog jako,

ko se gode venčô sa mnom
krvlju vrelom, smrću tamnom,
bojnim klikom i opelom,
ko je sa mnom dušom, telom,
ja se dajem samo celom;
ali druge ja ne trpim –
il' me nije među Srbim'!"

Tako šapće, tako zbori
suhi listak na vrh gori:
sa javora il' sa duba
njim hajduku zbori ljuba,
verna ljuba sveg mu roda,
tako zbori s njim sloboda.

Al' po dugom po rastanku,
po davnašnjem Đurđevdanku,
teško beše popa Milu
samo dvorit gorsku vilu;
ma na časak samo mora
napustiti zaklon gora,
latiti se belih dvora.

Skoči Mile; na dnu luga
traži brata, traži druga:
„Idi, druže, idi, brale,
do kućice moje male;
ljube moje verna nega
danas, sutra nek me čeka
na noćištu krila meka!"

Hajduk ode;
a hajdučke čete glava
leže, misli da odspava;
kô da nema ni slobode,
da ga kori i razdrema,
gluho doba, gora nema.

## II

U skrovitu Nerodimlju
besni Turci preotimlju,
a bedna se raja krije,
a bedna se raja vije,
žalosnije nigde nije.
Samo žena popa Mila
ne boji se turskih sila;
od uranka bela danka
pa do noći tihog sanka
sakriva se lepa Anka
na dnu belog samostanka.

Crni starci, pesme tužne,
ne žaloste lepe sužne,
dolikuju, teše, blaže,
uzdižu je, krepe, snaže.
Al' i šta je njena beda
pored onog lica bleda,
pored onog tužnog gleda,
punog bola, punog vreda,
što iz oka oca Mrata
kô tužaljka od opela
na crkvena struji vrata,
sahranjujuć blaga velja
samotna mu žića cela
u grobnicu nepovrata?!
Ne može se lepoj Anci
ne prozborit tiho, blago:
„I moji su crni danci;
ali što je tebi, brato,
što je tebi, oče Mrato?"

„Što je meni?
Što je cvetu, što je travci
kad joj zraci živodavci,
daždom davno nerošeni,
kažu: žedni, gini, veni?!
Što je meni?

Kakvi boli nečuveni
behu našem ded-Adamu
kad u mučnom svom osamu
jedno rebro dade živo –
što mu beše muci krivo?
Što je meni
te zavidim svakoj seni?
Znaš li, draga, znaš li, sele,
kol'ko ove kleti bele
svakojaka kriju blaga,
srebra, zlata; kama draga,
sakrovišta zaveštana
Dušanovih slavnih dana,
u ovome svetom kutu
nepoznata vragu ljutu?
Al' što mi je do tog blaga,
što do zlata, što do srebra!
sve bih dao, sele draga,
do poslednjeg svoga rebra,
pa i srce iz nedara,
da je meni jednog dara
što g' imaju druga nedra,
što ga je u svakog sebra!
Što je meni?
Okreni se onoj ženi
što je nekad iz dubina
zapitala svoga sina:
'Kako ti je, sinko, mreti?!'
Oh, i mene pogled sveti
često tako pita, preti,
ja mu ne znam odgoneti.
Što je meni?
Eno vidi, eno gleni:
kad je muka na vrh vršku,
kad se srce popne gršku,
te o rebra ljuto bije
jedno rebro da odbije,
mada znade da mu nije
niotkuda tvorca velja
da mu stvori želju želja,

divnu javu mučnom snevu,
sveže vrelo razagrevu –
da od rebra stvori Evu;
onda, onda iz oblaka
siđe ona slika blaga,
onda siđe iz daljina,
iz okvira, sa visina,
smilujuć se na svog sina,
lepa, grešna Magdalina;
oko joj se rajem smeši,
zagrljaj joj meni teži,
sve mi zbori: Greši! Greši!
Onda, sele, dušo, snago,
zakriljenče moje drago,
onda ne znam što mi biva:
obuzme me magla siva,
nestalo je sviju muka,
raširi se sama ruka,
od milina sve bih plakô,
taštu sliku grlim lako,
grlim, ljubim, ev' ovako!"
Nestalo je bleda lika
svetogorskog isposnika,
nestalo je bola velja
mučenika, svetitelja;
mesto njega plamen želja
iz očiju sipa, strelja,
mesto misli, mesto briga,
slika bika jarenika.

Kô pupoljak jarnog cveta
posle zimnog nepokreta
kad otvori slaba nedra
žezi prvog dana vedra,
niti znade, niti pazi
hoće l' jošte doći mrazi;
kao pregršt vode gasne
kad je u plam dete bacne,
pa, umesto plam da stiša,
pretvori se sva u paru,

još se vatra stvori viša,
još razbukti silnu jaru,
tako žena popa Mila
u opčinu teških sila,
u opčinu tužna zvuka
ispričanih veljih muka,
u zanosu gorka slada
jadnog milja, milih jada,
tako mlada pade, strada.

Jedan zalet, jedan stisak,
jedan poljub, jedan vrisak –
i opet je puno mira
u dvorani manastira,
samo tamo iz okvira,
sa visina, iz daljina,
proviruje Magdalina,
lepa, grešna, nedokajka;
a nad njome bogomajka
pod sinovljim pod raspelom
tužno lice krije velom.

Al' ni da su ozgo slet'li
arhanđeli oni svetli,
što na svodu, iznad stuba,
krase sliku strašnog suda,
ne bi čuo otac Mrata
silne jeke njihnih truba –
a kamoli tutanj bata,
a kamoli škriput vrata –
al' je čula lepa ljuba,
popadija popa Mila;
i da nije bilo šušnja,
krivoj svesti njena slušnja
pričula b' se zuka bila
anđeoskih belih krila –
otrže se od svih sila.

U dvoranu kale kraknu,
igumnu se ruke taknu:
„Jedan hajduk stoji vanku,
raspituje za hrišćanku,
popadiju traži Anku!"

Popadija jedva diše,
po licu joj strah se piše:
„To je Mile, je li, dede?
Bože mili, kako smede?!"

Ocu Mrati čudno biva,
od užasa i snebiva
kolena mu dršću živa,
iz lica se krvca sliva,
jedva, jedva što izusti:
„Neka dođe, pusti, pusti!"

Al' umesto svoga vojna,
vidi Anka momka bojna;
teret joj se s duše skida;
vesela ga živo pita:
Dobro došô, dragi pobro,
šta mi nosiš, koje dobro?"

„Ja te doma tražih, sele,
prazne nađoh dvore bele,
u selu je turska sila,
mišljah da si s' ovde skrila.
Poruka ti od pop-Mila,
ove noći da će doći,
da ga nega tvoja čeka,
konaka mu steri meka!"

„Ove noći? Mili Bože!
Šta to misli, kako može?
Silan Turčin selo gazi,
ima ih na svakoj stazi,
da ga koji krvnik spazi!

Bože blagi, mojih jada,
da mi tako vojno strada!
Idi, brale, idi četi,
idi živo, idi, leti!
Kaži da mu ljuba reče,
ako nema želje preče,
da još čeka koje veče!"

Al' besedi otac Mrata:
„Ja sam željan svoga brata;
ionako nisam davna
ugledô mu lica slavna.
U mene ga ljuba čeka
i postelja zove meka.
Tu ga neće Turci smesti,
neka dođe, nek dojezdi!"
Hajduk ode
isporučit Milu zgode.

A iguman kalu migne:
„Večeras će pop da stigne.
Žuri, starče, konja jaši,
kaži turskom četobaši
nek hajdučku glavu vreba
iza grma, iza žljeba,
sad mu neće već uteći,
a i ti ćeš blaga steći!"

Kaluđer se smerno klanja,
smerno klanja i uklanja,
ostavljajuć lepu Anku
svom igumnu u ohranku.

## III

Oj, javore! oj, davore!
Svetli sine čarne gore,
hladoviti moj odmore!
Al' si mio, al' si sladak
kad razastreš tamni hladak

od godine do godine
na sinove slobodine,
zatočnike sirotinje,
branioce slabotinje,
kad raširiš svetle ruke
na detiće, na hajduke.
Al' sred sanka kad te lepa
krvnik svali da te cepa,
kad ostaviš kamen golac
ne da Turkom budeš stolac,
već da roblju budeš kolac:
Oh, javore! oj, davore!
Svetli sine čarne gore!
Dece svoje srdomore!
Ala si mi mrzak, more!
Al' kad ti se setim ćerke,
tešiteljke, slavoberke,
obajnice teških muka,
odajnice tajnih bruka,
pokajnice grešnih zala,
očajnice – oh! gusala –
onda, pobro, onda: hvala!

Minu leto, nesta s vida,
udovica jesen skida
od žalosti i od stida
bujno ruho i šareno,
suzom sreće narošeno,
odeva se maglom surom,
oblačinom, kišom, burom,
isto kô i lepa Ana
u zakrilju samostana;
a igumna blagosilja
dobra raja Nerodimlja
što na susret ljutoj zimi
udovicu sebi primi.
Blažena je milost blaga
što na gladna i na naga
kô nebeska slazi snaga,
blagodet je večna njena,

nema kraja, nema mena.
Ali milost kletva biva
kad se pod njom vatra živa
ljute strasti muklo skriva,
ćudi j' užde, ćudi dave,
jedan čas joj dođe glave.

Oko svetog manastira
nema danas vična mira,
sveca slavi stanak beli,
milostinje prima, deli.
Skupila se mnoga graja,
skupila se mnoga raja,
sveg se laća što je spaja.
Al' družina ponajveća
kod gudača s' onog sreća
što je lepše sreće seća,
pa ih teši, nadom krepi,
vidoviti guslar slepi:
vratiće se dani lepi!
Kroz družinu traži puta
otac Mrata crna skuta,
a za njime, lica žuta,
oborila lepe oči,
udovica smerno kroči.
Tek pevaču što se priču
brojanice da se stiču,
on okrenu drugu priču:
peva borbu doba skora,
peva sina srpskih gora
kako hita odozgora
da s' naljubi ljube lepe,
pa od želje silne, slepe,
u zasedu pade ljutu,
izdajnički podmetnutu;
borio se kâ pomaman,
da odbije napad sraman,
branio se, ali zaman;
drugari mu već se žure

da krvnike porazjure,
da ga spasu i odbrane,
al' ga zgodi kivno tane;
ranjena ga nađu druzi,
u veljoj ga nose tuzi
ponajgušći gde su luzi,
lečiše ga svakim biljem,
svakim gorskim izobiljem,
dolazile gorske vile,
te su s rana samrt spile:
oživeće hajduk Mile;
vile će mu snagu sneti,
izdajniku da se sveti.

Tako peva guslar stari:
čudno peva čudne stvari,
peva glasom čudna jeka,
kô da ječi izdaleka
uzdisaj iz drugog veka,
pun sećanja, punan seta,
vapaj duše s drugog sveta.
Tako peva, tako gudi,
udovici pali grudi:
čudna joj se misô budi,
okom bludi, licem rudi,
za srce se živo hvata;
od uzbuda silna, jaka,
i ne vidi osmejaka
s porugljiva mnoga lica,
i ne čuje zajedica;
al' ih vidi, al' ih čuje,
ne zna ni sâm kako mu je,
vidi, čuje otac Mrata,
steže mu se oko vrata,
ipak slepcu blago zbori
– gorki jed u slatkoj kori:
„Blaženi su verujući,
veseli će u smrt ući;
koga celi narod ljubi,
večito ga živa tubi,

toga niko ne pogubi;
Bog ti dao, slepče, vida,
kô što Mila ne izvida.
Al' hvala ti, pevče slepi,
utešni ti glas okrepi
kukavicu ovu sinju,
i za tu te milostinju
– jer milost je, ma i prazna –
čast obeda čeka masna
i pospasa slasti razna.
Vodite ga, braćo, sada,
trpeza vas moja rada
kô livada svoga stada!"
Svukoliku graju pučku
iguman je krenô ručku.

Otac Mrata krupno kroči,
krvlju mu se šire oči,
s pokrupnim se smerom boči;
prepala je sina mraka
pesma jednog prosijaka.
Nešto mu se ljuto sluti:
kad već pesma tol'ko gudi,
da šta znaju drugi ljudi?
Pa šta mari, neka znaju,
kukavice nek se kaju,
sve bi to mu bila šala,
ne b' mu bilo do gusala,
da mu nije žrtva zala
dosadila, dodijala.
Pa mu j' i to na dosadu
što će ljudi da ga znadu,
te će morat on da sluša
gde ga grdi svaka šuša.
Što su dosad svikli bili
crvenoj se klanjat svili,
gologlavi pred njim dube,
zazirući ruke ljube,
kad on prođe, oči kriju,
a pred krstom čelom biju –

u oči mu da se smiju?!
Neće biti, nikad neće,
dok iguman rukom kreće!
Ovaj guslar više ne sme
zagudeti gudne pesme,
a sirota lepa Anka –
u njega joj nije stanka.

   * * *

Trpezi se narod zgrće,
a iguman časkom svrće
u ćeliju one rđe
što je Turkom haber odnô
da je Mila smaći zgodno.
„Oče, kale, druže, brale!
rad potrebe dođoh male:
spazih jutros nekog tvora
gde se šunja oko dvora –
daj mi tvora skotomora!
A kad bude posle ručka,
dok ne dođem s lova mučka,
ostaviću lepu Anku
u zakrilju i ohranku
tvoje kleti, tvoga ključka."
„Evo, oče, evo trova!
Srećna tebi želim lova!"

## IV

Družina je za sto sela,
željna, voljna i vesela;
ređaju se mnoga jela,
svako sebi udešava;
samo ona seda glava,
onaj slepac, kô da spava.
Zaman bujna masna kujna,
zaman kondir vina rujna
što, kô rastop suha zlata,

za nj donese otac Mrata.
Domaćin ga nudi živo:
„Ti mi, priško, činiš krivo;
zar mi nisu vredna jela
da t' založe srca smela,
zar mi vino nije vrlo
da t' okvasi gudno grlo?"
„Hvala, oče, no me mani!
Znaš kakvi su sirotani:
ponudiš ga kao gosta,
ne zna, jadan, što je dosta;
a ko peva i ko gudi,
tom objelo navek udi;
kô opija čarom pesme,
opijati sebe ne sme!"
Iguman se jedi, ljuti,
što mu guslar posô muti,
pa kako mu beše krivo,
kraju goni ručak živo;
razlaze se s punog stola,
sito malo, gladno pola,
razlaze se preko dola,
preko luga, oko vira,
a gdekoji traži mira
pod svodovi' manastira.
Lepa Anka pošla nikom
s igumnovim namesnikom;
ima, reče, neke knjige
što teraju crne brige,
što stišaju želje, strasti,
duhovne su pune slasti,
knjige će joj sad pokaz'ti;
lepoj Ani poziv godi,
s kaluđerom smerno hodi,
on je svojoj izbi vodi;
ćelija je tamna, mala,
ali nije bez mandala.

\* \* \*

U dvorani nema gosta,
nekoliko tekem osta
čudnih druga, lica čudni',
među njima guslar gudni;
al' to nije slepac stari,
da mu gode mali dari
što mu dele gospodari;
progledô je junak pêva,
iz očiju misô seva,
sa grudi se gunjac deva,
te otkriva nakit muža,
zasjaj toka i oruža;
a sa brka i sa čela
tre sedinu praška bela.

„Ne mogu se kriti više;
napred, braćo, časak stiže!"
Progovori drugar jedan:
„Ma ti, Mile, osta žedan,
ti kod ručka gladan osta,
prihvati se, mahni posta!"
„Zaveštah se svima svetim,
danas, dok je suncu sjaja,
ne okusit zalogaja,
dok se zalcu ne osvetim.
Ko to viče?" Svi s' osvrnu,
osvrnu se i pretrnu:
na stolici pored stola
kraj zlaćana kraj kondira
jedan sluga manastira
od paklena vrišti bola,
do neba bi piskom prodrô,
oči stale, lice modro.
„Što je, brajko? Što to biva?"
„Ubiše me zdrava, živa",
kazujući kondir zlata:
„to je, to je otac Mrata!
Htede nekog tim da truje,
tu je – tu je!"

To izlanu pa izda'nu;
tako prođu svi lakomci.
Oko njega stali momci,
među njima guslar Mile
živo zbori reči čile:
„Bože leka, Bože trova,
blažena ti milost ova!
Pokor spremaš s bujnog pira
nevredniku svog putira.
Za mnom, braćo, neka bira,
iz puške, il' iz kondira!"
Pričest smrti junak diže:
„Za mnom, braćo, časak stiže!"

\* \* \*

Otac Mrata ide s šeta,
sa njim ide mnogo sveta.
Pred ćelijom namesnika
zastao je otac Mrata,
zatvorena nađe vrata,
lupnu o njih te povika:
„Jesi l' doma, namesniče?"
Iguman te vanka viče:
večernje se tebe tiče!"

Iz izbe se čuje jasno
gde zahteva neko glasno:
„Otvor', oče, taki vrata!"
Šklocnu brava, mandal pade,
a namesnik na prag stade;
al' zagrmi otac Mrata:
„Ko je s tobom? Šta? Zar mlada!
Zar si ti to, ćeri jada?
Zato li te, bolan, primi',
da te otmem jadu, zimi,
tu da budeš sramoti mi?!
Ko sramotu meni sprema,
milosti mu više nema.

Još večeras idi, seli!
Nek te hrani ko te želi!"

Kô lavica, silna, smela,
kad na viru bistra vrela
sitnih pasa lavež sretne,
nevidovni krz je tekne
od lovčeva zrna vrela,
svesna snazi časkom stane,
od ponosna gnjeva plane,
raširivši sevne oči,
digne glavu, rikne, skoči,
taka srca, taka lika,
skoči Anka na glas vika
pogrdnoga klevetnika.
Al' ako je svesna dosti
igumnove silne zlosti,
silne zlosti i pakosti,
da l' i svoje nevinosti?
Oh, tä nije, kuku, nije!
To je lomi, to je bije,
zato dršće, oči krije,
stog joj licem rumen lije –
nije, nije!
„Al' zar on baš, onaj isti
što mi ote život čisti,
te mi osta duša šuplja,
nit ga štovah, niti ljublja',
s kog, slabačka, jadna žena,
u zanosu jednog trena,
izneverih svoga druga,
on zar, izvor svih mi tuga,
u oči mi da se ruga?!"
Od ljutine, silne, gnjevne,
pogleda ga, okom sevne –
al' nad glavom klevetnika
ukaza se jedna slika:
kondir drži rukom levom,
a desna mu britkim sevom

mač junački zrakom vitla.
Tu je senku nekad vid'la,
tu je senku nekad svikla,
kad joj beše jedna, cigla!
On je mrtav! Zar iz groba?
Čas je stigô sudnjeg doba!
Dah joj stade, noga kliznu,
za srce je živo stisnu,
u samrtnom bolu vrisnu,
zaljulja se, pade, svisnu.

Svak se živi okameni,
svakoga se srca taknu
i iguman sâm uzdahnu,
samo mrka slika maknu
oca Mratu po rameni':
„Zdravo da si, oče crni!
De se malo i osvrni!
Ako li te slike plaše,
napij se iz ove čaše!"

Osvrnu se otac Mrata,
pred njim stoji Mile živi,
u levoj mu sud od zlata,
u desnoj mu paloš sivi,
oko njega sa svih strana
stoji četa oružana.
Pretrnô je od užasa,
vide da mu nema spasa,
vide da mu valja mreti,
al' još hoće da se sveti.
Uspravi se, oči staše,
drhtavi se prsti maše
napijene kobne čaše:
„Tako tebi zdravo bilo,
kô što s' ovo meni pilo!"
Ispi vino iz kondira
svemogućnik manastira;
od napitka zlo se stresa,
a od bola i od besa

rik ga stoji do nebesa:
„Otrovô me, braćo, ljudi!
Sudite mu! Bože, sudi!"
Baci čašu, kleče, panu,
i izda'nu.

I hajduk je dole klekô,
bolanim je glasom rekô:
„Bože, sudi! Tako budi
kad te strašni sud probudi!
Sud je suđen i za mene:
nema meni više žene
dok mi narod čelo glave
krst samrtni ne pobode,
osim jedne zore plave,
čarne gore i – *Slobode*!"

[1874]

# PESME UMETKE
# I SITNIJI PREVODI

## IZ „MAHARADŽE"

Lotova ružo, bleđana drugo,
radosti moja i moja tugo,
nad tobom ginem, nad tobom tužim,
krvlju te pišem, poljupci sušim.
Moj te je soko uzabrô s grane
da vida rane moje neznane,
a ti se jadaš, od jada blediš,
na mom se opet sokolu svetiš.
Hej! da se meni u ružu sabrat,
pa da me hoće soko uzabrat,
al' bi mu ruža zamirisala,
sokolu bi se zanela glava,
pa bi usprnô, pa bi posrnô,
pa bi on na mojim grudma pretrnô.

[1861]

# IZ „MAKSIMA CRNOJEVIĆA"

## I
### ANĐELIJINA PESMA

Ej, pusto more! Ej, pusti vali!
Ponosni beljci, srčani ždrali!
Vi mi svu radost moju preneste,
i opet zato umorni neste!
Koju je od vas blaženi đoga
što j' odnô morem dragana moga?
Il' nije jedan toliko sretan?
Pena vas bela sve poduzela,
svi ste ga valjda trkom preneli,
zato ste besni, konjici beli!
Al' da vam spustim na pleća gojna
tugu kad draga izgubi vojna,
taj teret ne bi preneti pregli,
svi bi kô janjci morem polegli,
tuga bi moja u more pala,
al' bi i mene sobom odzvala!

## II
### PESMA OBRAZINA

Kad se danu više neće
    da nam svetu bude vođ,
onda dane masku meće,
    divnu masku, crnu noć.
Ispod nje se na svet smije
    očicama zvezdanim,
tu se ljubi, tu se pije,

tu se igra, tu se vije,
    tu se bdije među snim.
Ni mi drukče ne možemo
    neg' što radi dan i noć:
Kad se siti provedemo,
    masku dajte u pomoć!
Naša vlada, naš je red,
ličina je čitav svet!

Dodija li zemlji prloj
    oblagati listom breg,
po letini po umrloj
    belu meće masku, sneg.
Pa kad njeno svene cveće,
    kad se vode zalede,
onda tekem vino teče,
rascvetane mesojeđe
    divotama salete.
Ne možemo ni mi ino:
    sad se otkrij, sad se krij –
razom toči obrazino,
    razom toči, razum pij!
Naša vlada, naš je red,
ličina je čitav svet!

## III

## NADANOVA PESMA

Dva se tića pobratila, do dva sokola,
posred boja, posred mila, posred pokolja.
Krili su se zagrlila pobratima dva,
u boj lete, rane ljute hrana im je sva.
Tako tići zagrljeni preletaju svet,
bela jedna golubica susrete im let.
Divna beše, sjajna beše, rajski beše cvet,
prevari se soko sivi čarom obuzet.
Osta soko u opseni golubičinoj,
dugo nije pobre vidô, ne godi mu boj;
dugo nije, jedva, jedva dade im se srest,

al' za pobru već ne beše pobratimska svest:
perje mu je sagorelo, što će neznanik?
A golupče begat stade, nepoznat joj lik.
Perje mu je sagorelo milujući plam,
milujući u tri duše osta soko sam!

[1866]

# IZ LABULEJEVA „ABDALAHA"

### I

Šta će mi zlato što vama treba,
tkanice plave kô komad neba?
Na čast vam blago, kamenje drago,
burnus mi dajte na telo nago!
Živim da sanjam, sanjam da živim,
što sam još živa, tome se divim.
Kad ću se proći haremska mraka,
bez vedra neba, bez čista zraka?
Pustinjo mila, gde si mi, drugo?
Česmico, sestro, nema te dugo!
Na tebi pase kamila s hatom,
a ja u hladu ćeretam s zlatom.
Ej, što te mislim, prijane dragi,
mlad si beduin, smeo, u snagi,
dođi, ukrad' me od moga starca,
od matoroga, sedog magarca.

### II

„U grob skačeš strmoglavce,
  sulud Hafise,
u grob skačeš, tek da možeš
  reći: Napi' se!"
„Ne uči me, seda glavo,
  stari grešniče!
Hafis pije, mada mu se
  život izmiče.
I kad dođe smrt na njega
  mladog, živahnog,
on će i njoj čašom: Zdravo!
  čašom: Spasi Bog!"

[1860]

# IZ BULVER-LITONOVIH „POSLEDNJIH DANA POMPEJE"

(1859)

## I
### PESMA SLEPE CVETONOŠE

Kupi cveća, tä kupi, braco!
    Došla sam ti izdaleka slepa,
porod je zemljice cveće,
    a zemlja je – kažu – vrlo lepa;
dečica su na mater nalik.
    Iz krila sam ih majke brala,
    još mire, kâ u krilu njenu,
    gde su s rosicom u snu cvala.
    Sa vetrićem, svojom dušom,
    mirisavom, slatkom dušom,
    dihala je preko njih.

Još od poljupca rude ta usta bajna,
na obrazi suze, kô rosica sjajna,
jer plače – tä plače ta miljena majka,
i danju i noću, kad detence najka;
briga je teška, a nežno srdašce,
da odniknu deca kâ sjajno sunašce.
    Plače majka da detence rudi,
    a kad plače, rosica ga budi,
    rosica je suzica od majke!
Vi imate sunčanoga zraka
    gde se svako ljubi
    što ga sunce budi,
al' ja slepa – oči pune mraka –
    živim od ukrasa

pesmice i glasa.

Svete donji, tavnoga si veka,
tu ti šušti jadovita reka,
evo čujem gde se senka šeta,
tu mi diše, tiho me obleta,
pružim ruke da senke uhvatim,
svaka mi je i mila i draga,
al' ne vidim do tužnoga mraka,
mile senke nikad da uhvatim.
   Kupi, dragi – kupi!
Čuj! kako uzdiše cvetak:
„Kada diše neva slepa,
zatvara se ruža lepa,
ružica je detence od zraka,
strašno joj je dete, lice mraka;
uzmite nas od devojke slepe,
mi bi hteli vaše oči lepe,
veseli smo, ne dajte nas mraku,
dajte vaše oči, dajte njihnu snagu."
   Kupite, kup'te, da ne tuži cveće!

## II

## VEČERNJA PESMA ČASOVA

### 1

Letnji dane, dugi dane,
   prođosmo te mi,
dan nam prođe, nojca dođe,
   pevajte nam vi,
   pevajte nam vi!
Nek je pesma lepa, glasna,
   i vesela šala,
što je tebe, devo krasna,
   ispod lišća zvala:
   dragi te je ostavio,
   bog te vinca pozdravio,

pozdravio, utešio.
Žmire zvezde iznad toplog zraka,
žmire zvezde, ćuti nojca draga,
   a umilni vali
   tiho s' odazvali,
   tiho šušte, obali se dali.
Na krilu joj risova glava,
a na cveću nevesta spava,
   na majkinoj dušici,
   na vinovoj lozici,
   lozica je oblistala,
   oblistala, obgranala,
a kroz lišće prisluškuju,
a kroz lišće fauni vire.
đavolasti fauni vire,
pa se fauni osmeškuju.

## 2

Da umorna puta,
   umorismo se,
sad se noćom luta,
   opićemo se.
Kupajte nam krila,
krila su nam bila
vrlo daleko!
   Vina toga dajte,
   pa nas posipajte,
vina toga, sjajnoga sunašca,
jer je vino vedro od sunašca.
   Kada sunca nema,
   kad oko zadrema,
   vino nam je tu,
grožđu sunce dalo,
   svu milinu dalo,
   svu milinu tu;
Ostavilo dušu na evenjci,
kano momče[7] kraj vode na senci.

---

[7] To je momče Narkis videlo svoju sliku u vodi, pa se samo u sebe zaljubilo, te se od čežnje stvori zelenkadom.

# 3

Jedan pehar ocu nebeskome,
drugi pehar Ljelju krilatome,
  od pehara do pehara
    Majinome sinu,
  od pehara do pehara
    hvala im na vinu!
Zdravo da su cure bez pojasa,
bez pojasa, a gologa stasa,
što ih spaja lepota Aglaja!
Ko uživa u času uživa!
    Deder, dakle, vina
    časovima svima,
    rujna vina dajte,
    kol'ko, ne gledajte!
Kom je dika čašćenje i piće,
taj ne broji pošto mu je žiće.
Jako nam se hiti, pospite nam krila,
da nam vince sipi sa tih lakih krila,
u tom rujnom vincu svi da potonemo,
da pospemo vence kad se izdignemo.
    Plam nas – plam nas zamota!
Kano što su cure bajne
pri ogranku zore sjajne
lepog Miza zavarale,
na pećinu navarale,
    tako da – tako da,
zavaramo i mi bogića mladog u zagrljaj,
vitlamo ga trlom, smehom, haj, haj, haj!
vitlamo ga pevanjem i grohotom
po rekama noćnim sa tavnim pohodom –
    ho, ho! naš si već, naš si već, Psilo!

# III
## LJELJOVA 'IMNA

Glas zazuji po kefijskoj struji,
glas zazuji, rumen zrak prohuji,
rumen-ruža rumenije sjaji,
prisluškuje golupče na jaji.

Časovi se nadbacuju cvećem,
cveti mire, oni s neba vire,
gore, polja, celo more sinje,
jedini je uzdisaj i milje.

Ljubite se, momci i devojke,
ja sam izvor svakog milovanja,
Haotova[8] roda i postanja,
kad s' osme'nem, oblake prosenem,
a kad ljubim, zoricu probudim.

A zvezde su moje oči sjajne
i moja je bleda mesečina,
spustila se tama na ledina,
dragog slade njene oči bajne.

Moje cveće, moje rumen-ruže,
li divota ljubičica mladi',
moji zraci majevski i hladi,
moji snovi što lug obasuše.

Ljubite se, dečaci i mome,
cela zemlja preliva se mnome,
i vali se o bregove ljube,
a vetrovi grle ih i bude.

Svašta ljubi! Slatki glas se gubi,
kao da snivaš, pa kad se razdremaš,
talas trava i zelen-talasi,

---

[8] Po Izijodu.

tavna šuma i zefir-uzdasi,
sve još zbori, sve šapuće: „Ljubi!"

## IV
## ANAKREONKA

U srcu čašinom kipuće, lije
    vino umesto krvi,
al' kad se čaša mladosti pije,
    tu lezbovina draža još vrvi.
        Ala sija, ala vri,
        teče, kipi u vatri,
    iz očiju da ti povrvi!

Sipaj mi, sipaj, do vrha, do pene,
    tekovinu Lija[9] mlada,
ključ nam je dao od loze zelene
    tavnici sveta da otvori vrata.
        Pij, more, hoj,
        pa se ne boj!
    Niko nas ne vidi osim lampada.

Pij, vi'š, kô ja što iz tvog oka
    slađa iskapljujem soka;
osmejkom bogu loze odlani,
    slatki moj, meni uzda'ni!
        Osvrni se bar,
        kida me žar,
    žedna sam pogleda tvoga!

---

[9] Lieos, nadimak Bakov, od *lio* – drešim, odrešim.

# V
## BAKOVSKE PESME SLICI SMRTI

### 1

U carstvu si mraka, nekada što si
   ljubio, pio do zore,
kraj svečani' voda šetaš u grozi,
   al' misô te nosi sve gore!
   Al' se tubi što se ljubi
   kad se nebo zlatom rubi!
Al' žao ti je, jel', što se mora da gubi?
Kraj srušena dvora ti mećemo cveće,
   duši ti nekad beše to dom,
kad ti je ruža mirila sveđe,
   čaše se smešile zlaćenim dnom,
   kad ti je tamburin glasak
   gonio letivi časak,
kad ti se nojca kitila dnom.

### 2

Smrt, smrt, maglovit je breg,
   kuda plovimo svi –
leg, tanko vesalce, leg, leg, leg!
   Leg, slatki vetre i ti!
Vencima okuj mi čase
   kad smo već žrtve svi tu,
tä pesmom i vencima, zna se,
   kite se žrtve da mru!

Vek nam je kratak, ha, ha, ha, ha!
   Da kako tek trenuti minu?
Mladost je vino, ispi' do dna!
   Ljubav je biser u vinu!

### 3

Dobro došô, crni goste,
sa daljnih, strašnih mora,
poslednja l' se ruža ospe,
grliti te svaki mora!
Crni goste, zdravo!
Sva je prikladnost
da nam budeš gost,
tvoj će biti dvor
svakom gostimor.
Al' u zloj toj kućini
zasad smo još tuđini,
a ti si, bledi liče,
hladni, nemi koštaniče –
tek za malo naš gost.

### 4

Al' ipak smo sretni, ipak, ipak,
naša je zemljica, naše sunašce;
daleko je grob, daleko je mrak,
kud časova leti krilašce.
Slatka je tebi čašica, je li?
Al' oči su tvoje slađe mom ljubu,
u dušu ću ti pod krilak beli,
golubica kô što golubu!
Uzmi me, uzmi!
A kad mi srce zanosom usni,
a ti me ljubni, a ti me pusni,
probud' me na tvojoj usni!
Pa reci mi rečma i uzdisajem,
al' više još očiju topivim sjajem,
da mi se još sunce ne gubi,
da još urna nije ugasila žiška,
da još gorimo od živa suviška,
da me – moj dragi još ljubi!

## VI
## NIDIJINA LJUBAVNA PESMA

### 1

Vetar i zračak ružicu ljubi,
 ružica ljubi zrak;
i kome da govu vetrovi duvi,
 ko l' da ne mrzi mrak?

### 2

I vetra nesta, nestade smesta
 nebesni nesmir taj –
ono što duše, to mu je duše
 poslednji uzdisaj!

### 3

Oh, sretni zrače, kakovim bajem
 kazuješ vernu milost?
ti ljubav svoju kazuješ sjajem,
 sineš – vere je dost?

### 4

Al' vetar kako veru da dade?
 Uzdisaj mrze mu svi:
Nem nek se, nem do ruže dokrade –
 vera je njegova – mri!

## VII
## GLAUKOVA LJUBAVNA PESMA

Čun se po moru poljuljkuje sinju,
a srce moje po svome milju,
voljno se pušta u dubinu plavu,
jer duša tvoja bistrina je valu.
 Majina il' oluj moru tom strasti

       osmejak il' uzdisaj tvoj je,
       oči će tvoje putniku kaz'ti
        pute, kô zvezdice dvoje.
Nek potone čun ako bura navali,
jer dok ti je ljubavi, on je na vali';
milost i vera ti, to mu je žiće,
pod neverom tvojom potonuti će.
   Oh, slađe je tonut u vali' vedri',
     srcu u nepromen!
   Ako se misliš menjat u nedri',
    pusti me sada da mrem!

## VIII
### KAKO SE RODILA LJUBAV[10]

#### 1

Kô zvezda u nebnoj plavoti,
  kô iz noći valovite san,
ljubav se diže – u ploti –
  iz mora, iz mora van!
Stade tišina, smešenje stade
neba i cele kiparske ade;
zelenim srcem sazreše gore,
životom kipte, životom gore,
životom što se rađaše mlad,
u žilama zemljinim zemljičin slad!
    Slava ti, hoj!
Najdublje pećine mrak ispoda te,
  nad tobom najviši nebeski svod,
u srca svoga srcetu zna te:
  Uju! rodi se, ljubavi, rod'
   Stani mi, vetre, stoj!
Od večera[11] letiš na srebrni' krili',

---

[10] Na ovu je pesmu podstakla Bulvera jedna slika, prenesena iz Pompeja u napuljski muzej, što prikazuje Veneru kako niče iz mora.

[11] Mitologija priča da je Venera ponikla iz mora, ukraj otoka Kipra, kamo je doćarkaše zefiri sa zapada. Na Kiprovu bregu čekahu je proleće, leto, jesen i zima da je pozdrave i dvore.

po kosi joj ćarkaš, po kićenoj svili,
a kad joj paneš na predušnu grud,
obamreš u nerazbud.
A godina šilje svaku ti dob,
    utakmice neka ti gode,
ceo svet je od sada veran ti rob,
    gospoduj, božanstven rode!

## 2

U školjku je kleklo, gle,
biserče, pa ne tone!
Kako joj školjka rumenom piše
    nedra i obraz beo,
po divotnom telu se niže
    od ruže tinjavi veo
Pa plovi po vali plavi,
    pa plovi nad plavim dnom;
a nad njom odozgo sunce se slavi
    sa ćerkom jedinom.
        Slava!
Tvoji smo svi, pa veki smo tvoji!
Tä svaki listak breg što ga doji,
tä svaki valak u morskoj reki,
    svakolik uzdisaj
    što na sunčev izleti sjaj,
sve je to tvoje, oh, tvoje na veki!

## 3

A sada, dušo, sad u miloći,
kada ti blage pogledam oči,
kao iz nji'ne da se dubine
porođaj sveti nanovo vine;
veđe su tvoje bešika meka,
    u njoj ljubavče spi.
Gle! kako puče školjkina stega,
    iz oka dolaziš – ti!
      Slava ti, slava!
Dolaziš duši mi divotna, cigla,

kao da si sada iz mora nikla.
　　　Evo te, zdrava!
Dolaziš duši mi divotna, cigla,
kao da si sada tek iz mora nikla.
　　　Slava ti, slava!

## IX

## GLAUKO U TUĐINI

### 1

Lavorikom nekad junakovom
　　　koga da kitim?
Zanavek je mećem na nag mu dom
　　　u vencima vitim.
Ko će dosadit junaku
il' jednom lisku na grobu mu nagu?
　　　Lavorika je za nji',
za nas je darak manji:
　　　ružice, uvele ruže,
　　　i sa slobodom i s robom se druže.

### 2

Ako i spomen ume da mre,
　　　što se ne ume da vraća,
sloboda i nada odu što pre,
　　　naslada nek je što slađa.
Hajd', pletite vence, pletite ruže,
　　　naš nek je taj bar splet!
Slabotinjama praotačke duše
　　　u podsmeh dadoše – cvet.

### 3

Na kršnih, sedih vrhunci',
na Filinoj[12] svečanoj unci

---

[12] Župa uopšte, a termopilska napose, u staroj Atici.

stišao se junački vrv!
Aru se stišala sila,
ne bije više golema žila,
　　slava joj beše sva krv!
Glaukopida izdade sama sebe;
od Zevsa do Ebe
　　nijednog bogića sveta.
Al' još oko bistrih česmica
srebronoga šeta se pesmica,
još budi slavuj mesečev san,
roje se čele još u beli dan
　　po srcu starog Imeta.
Pali smo, to je sva nam grehota,
　　al' milost nam širi svoj vrt;
kad je već Ljubav prvenče života,
　　mezimče nek je za smrt!

### 4

Pleti mi ruže, pleti mi, plet'!
　　Što je lepo, sve je još naše!
Dok svetli još svet, dok miri još cvet,
　　što je lepo, sve je još naše!
　　Što god je lepo, nežno il' sjajno,
ni javno na danu, il' noću potajno,
vesti nam dušu Jeladom – Jeladom,
goni nam brige utešnim hladom.
　　　E, pa pleti mi ružice, plet'!
　　　O danima zbore mi davnim,
　　　zaduhom jelinskim slavnim
　　　diše mi tuđinov cvet.

## X

## PESMA POLAZNICE ARENE

Let! let! let! na veseli na ogled!
　　Glave kô šuma u svaki red!
　　Gle, mačevače, kô sinovi majke Alkmene,
　　kako se ređaju sredom tišine arene!

Nema tu reči – stane ti dah
kad ih ukoštači samrtni strah.
Trum, trum, trum, kako je voljan im gred!
Let, let, let! na veseli na ogled!

## XI
## TUGA ZA DETINJSTVOM

### 1

Zar ne biju i pramaleće
    studene kiše, severne struje?
Zar ne krije i detinjstva cveće
    pod lišćem svojim gdekoje guje?
        Oh, grize nam set
        najlepši cvet
što nam ga vreme u vence snuje?

Mada smo mladi, opet nas mlati
    kadikad udes loš;
sve što je lepo, sve je u nadi:
    bićemo sretni još.
        Što dugin trak
        veže za crn oblak
    i našoj tami sinuti mož'.

### 2

Zar ne sine sunčev grej
    i zimnoj gdekojoj zori?
Al' spor je po plaču smej,
    a rani su lekovi spori.
        Uspomena nam tek
        začinje sadanji vek,
    veselje nas bez nje tek mori.

Nema ni dugina negdanja luka
    s oblaka što nam je sjao,
a dođe l' oluja, sred većih muka

       sve većma nam ga je žao –
        i s vrtom igre
        poslednje čigre
       poslednji san ti je stao!

## XII
## SVEČANA SVIRKA DA NAM JE TIHA

### 1

Čuj! svirka šalje pozdrav po cvetku
    dvorani dragoj vam, gde Psila goni zrak;
kad mladi bože vilu nađe Kretku,
    u panskoj vruli pev taj niče blag.
      Ko blaga rosni poj
        što je sad pojio vas,
    i ti nam otpoj, časna 'arfo, njoj,
      božanstvenoj Afroditi, znaš!

### 2

Ori se truba gromko preko četa
    jer žešći zvuci samo su za rat,
al' ustma slatkim pod vencima smeta
    drugačij' zvuk neg' ljubavni šapat.
Čuj mi se, zvuče, al' tiho se čuj,
    kô slatki ženski maz,
ko god te čuje, nek misli na duj,
    na ljubljenih usnica glas.

## XIII
## VENČANJE LJUBAVČADI

Ljubavčadi nestašne
    igraju se milja;
al' kô da se smeška sve?
    Deđ', malo i zbilja!
Tu smeh, tu igra, trlo, vrt,
sad opet, méne radi, srd.

Uh, sram ih bilo, kako to?
  E, Lesjo moja, kako:
ta jutros, moja dragano,
  i nas dvoje smo tako.

## 2

Svi donde behu slobodni,
  ni vlasti, ni sudišta;
al' ni ljudi, ni bogovi
  bez glave nisu ništa:
i tako bude dogovor
izabrat suca za taj spor.
  Hajd', poljupca – dabome, da!
    Zar taj meni da sudi?
  Tä bilo bi me navek stra'
    od osorne mu ćudi!

## 3

Med igračkama nađu šlem
  vojački boga Ara;
krestu mu kite perašjem
  na grozu sviju lara.
Dä, zgodan kralj što beše to,
dä, zgodan sudac, hajd', na sto!
  Da, diko, svetom vlada mač,
    zato im treba junak,
  al' požešći još osvajač
    bio bi tvoj smejutak!

## 4

Prevesela je družina,
  ne dopada se šlemu,
jedared je, još dobro zna,
  zanela vojsku njemu.
Pa mož' i njega, zlo će bit,
tu samo žena biva štit.

I oženi se kraljev šlem,
    da s ženom deli bede,
pa kako, drûgo, ja da smem
    podnosit je bez tebe?

### 5

Na ljubavčad je gledala
    golubičica mala,
golubicu je sedala
    uza se milost kralja.
Družina viče jagmice:
„Da živi kralj do kraljice!"
    Oh, da imam, pa da ti dam
        sve krune, sva prestolja,
    al', draga Lezbo, gde da znam
        od krila tvoga bolja?

### 6

Nestašci misle: golub-ćud,
    golubinja i vlada;
al' da vidiš, kad poče sud,
    tog jada iznenada!
Naučila od Venere:
baš ljuto kazni nevere.
    To isto, ljubo, kâ i ti;
        no ta je misô pozna!
    Ja pozna' lik ti blag i ti',
        al' u srce s'upozna!

## XIV

## POGREBNA JADIKOVKA

Hodi preko tužne kipresove grane,
    što ti mesto ruža zasenjuje prag,
na pute nikad više nehitane
    spremaj se, Kokitov putniče drag!
Da, tužne ti prošnje, da, plačnih svatova:

smrt ište dušu ti – njoj si sad zet,
uvojci su tvoji od samrtnih snova,
   pehar ti naliva Stigov crni smet.
Ni vesele noći, ni slavnoga dana,
   ostade ti pesma, osta osmejak njen;
tek argoske kćeri i bure bez dana,
   tek paklena sova i titanski joj plen.
Ajolević mukli, što prti uz brdo,
   uz večito brdo večiti kam,
pa sin Kaliroin, troglavo grdo,
   pa Lidijin kralj i večni mu mam.
Smotrićeš sve to senovnim mrakom
   što sobom krije Plutonov svet,
eno te tamo! čekaš za barkom,
   a ona čeka na naš obred!
Pa hodi de! oh, ode bez okleva!
Sen mu se muči među nesahranci,
zublje već gase zorini zaranci,
hajđ, jadaoci! Pokojnik zahteva.

## XV

## 'IMNA VETRU

### 1

Sa oblačne postelje ti
siđi, vetre, tihi, sveti;
ti si nama tih i svet
ma koji te poslô svet:
il' jugovnjak Auster blag,
il' istočnjak Evros jak.
ili onaj burogred
što ga šalje sever bled;
isto ćeš nam biti mio
kô Zefire cvetovijo
kad se rosom noći mlade
nimfi svojoj željan krade.

## 2

Gle! mirisi kako plove
iz kadiljke srebrokove;
zar ti Tempe vedri' nedri',
zar Kiprija svoji' kedri'
mesečinom ružin' ade,[13]
zar ti lepše ruže slade?
Gle, kako se miris bilja
edesom vije iz kadilja,
mirisima steru zrak,
da ti srebrn miri trag.

## 3

Visoki zrače, večiti vore
    svega što diše, svega što bi,
iz ove neme pokupi kore
    semenje što joj darova ti.
Uzleti, plame, uzleti!
    Vetrino besna, ne stoj!
Uzmi ga; plame sveti,
    dar uzmi, zrače, svoj!

## 4

Evo ga! evo ga! kako se žuri
    vetar na poziv nam!
Puckara, strmi se, juri
    po svetoj gomili plam!
Diže se, mrsi krilata ala
u plamen krila – huka ga stala!
    Draži, drmusa plamene guje,
    kako se viju, kako li zuje!
    Uvis, uvis, žestoki plam',
    da ti nije vetra sram!
    Ispolinski svaki krak
    u naručaj vetrov drag!

---

[13] Rodos.

Stihije se stekle smrti na carištu,
da svoje traže, svoje daištu!

### 5

Obnosi kadilni sud!
Žičin utišaj gud!
Jer sad će ti, dušo, vatrina moć
razgonit zemaljsku noć.
Iz tamničnih, okovnih muka
    prosta si, zbogom poć'!
Kô vetra neprestani juri
    kad morem zračnim zaplove,
i ti se prostorom žuri –
    za tebe ne kuju kove!
    Preko mrtve vode sad
    preći ćeš Stigu rad;
    blago tebi! sad se šetni
    čistinama gora sretni',
    gde, daleko od mrska Kokita,
    mnogo drago što sve za nas pita.
    Nisi više zemljin rob,
slobodan si, dušo! oh – a mi?
    Kamo i naše slobode dob?
Da budemo sretni kô ti!

## XVI

### SALVE ETERNUM

### 1

S mirom ot'šla, dušo!
    S mirom, sude svet!
Puklo srce tužno
    vraća nam s' u svet,
u strahotni, tamni dom
otišla si preda mnom!
Hitleni časi zovu nas amo,
al' i mi brzo za tobom hitamo!
        Salve – salve!

Dragi nam sude i svečana kleti!
Pepele nemi! Večne vam pameti!
   Salve – salve!

## 2

*Ilicet – ire licet*
Badava nam, oj, oproštaj,
iz groba nama srce daj!
U grobu srce, a ti u grudi',
nose te kud god noga zabludi!
Badava nas kapljice škrope
 iz reke što pere gre',
badava te, milosni grobe,
 vatra čistarica tre!
Nikad se spomen ovoga huma
ne rastavi od našeg uma,
pogrebni obred ti večno nam „oj"
a večiti spomen svećenik tvoj.
   Salve – salve!

## 3

*Ilicet – ire licet*
Iskre se poslednje osipaju,
 vetar ih nosi kud duše;
stihije svoje uzimaju,
 a duša među druge duše.
Biće ti mračni miliji Stig
 što mnoga u njem suzica nam sjaje:
ljubav je kratka tek dok si živ,
 kad umreš večito traje.
   Salve – salve!

U našim dvoranama ružični cvet!
Danas je rumen, sutra je bled,
ali kiparis, grobu ti svet,
večno je zelen ka' i naš let!
   Salve – salve!

## XVII
## POZIV UTVORI ZRAKA

Tesalkinju mora volet
voda pa i zrakov polet,
s Olimpa imamo čini
menjat mesec na visini,
niti Misir znade šta,
nit mađonik Persa zna
što ne znamo mi iz pesme,
il' iz cveća, il' iz česme.

Nevidovna utvoro,
Tesalkina udvoro,
tako t' one veštice
što mrtvace leči sve:
Itakina kneza ti,[14]
što je znao razvezati
potok da mu proriče –
tako ti Evridike,
što je diže, mrtvu sen,
svirnim čin'ma vojno njen –
Medejinih čara ti,
kad je muž sta varati;
zračnih dvora utvoro,
hodi, hodi, u kolo!
Duhni preko vode te,
kazuj duši povede,
događaje što im trag
budućnosti krije mrak!
Hodi, zračna utvoro,
hodi, hodi u dvor, o!
　　Hodi! – oj, hodi!

Pa nijedan neće bog
uzor biti doma mog,
ni Apol, ni Palada,

---

[14] Odisej.

ni Zevsova palata,
kao što ćeš biti ti.
Hodi, pa ćeš viditi!
Hodi! – oj, hodi!

## XVIII
## EPIKURKA

Man'te se adova vaši',
    što nas flamini njima tek biju!
Mislite l', Kokit nas plaši?
    Il' strašilo paraka triju?

Siromah Joviš, teško li si njemu
    da živi, kô svet što ga bedi,
neprestano samo ućutkujuć ženu,
    da nas neprestano gledi.

Al' slavimo mi Epikura
    što se tim pričama smije,
što nas od adovih žmura
    odbio kao da ih nije!

A ima li Jova i June,
    ala ih za nama bole!
Pa ako se stoga i bune,
    ne žive ni oni baš bolje!

Zar uhode bogovi, je li,
    koliko izljubismo snaša?
Kol'ko si, grešniče velji,
    o ručku ispraznio čaša?

Tä dosta su ova ljubavna usta,
    pa svirka, pa vino, što radost sprema!
Je li bogova do neba pusta,
    šta te je briga – ovde ih nema!

# XIX
## POPRETNA 'IMNA NAZAREĆANA

Po nebnom visu, po zemnom nizu,
Bog – *naš bog* – navek je blizu!
Na oluj-buri vozi se, juri!
Visine u klek! u strep ponuri!
Teško gordeljivu što njega goni!
Teško obmanjivu što ga se kloni!
    Jao, grešniče, jao!
Zvezde će pasti, sunce s' ugas'ti,
   nebo se skršit kô listak pao,
u paklu u gore
očaja more,
    svaki mu val po grčšnik živ!
Jednom će tek
prestati vek –
   a to je vreme, seljenski div.
    Slušaj, trubnuše gromi!
    Gledaj, zemlja se lomi!
Na anđelsku prestolu, evo ga, sja se,
   dolazi mrakom
    sudac mrtvakom
vernike svoje da spase!
   Srećan ko pati, zlo ko je kriv!
Teško gordeljivu što njega goni!
Teško obmanjivu što ga se kloni!
    Jao, grešniče, jao!

[1865–1867]

# IZ ŠEKSPIROVA „LIRA"

## BUDALINE PESME

### I

Ne pokazuj što imadeš,
ne iskazuj sve što znadeš,
imaj više no što dadeš,
češće jaši, ređe s' plaši,
ne poveruj svakoj laži,
ređe s' maši naši' vaši';
ne id' čaši, ne id' snaši,
čuvaj kuću, posla traži;
biće t' više jednoj maži
sto funata no što važi.

### II

Ko ti reče: ostavljaj
    zemlju na poklon,
uza me ga postavljaj,
    budi sâm baš on:
tu će biti budala
    i sladak i grk,
jedan šaren dodola,
    drugi malo drt.

### III

Budalam' je zla godina,
    za mudre važe ljude,
a mudrima je godila,
    kô majmuni se lude.

## IV

Od radosti ih stade jao,
    od tuge mene poj:
med budale kad beše pao,
    car igra žmure moj!

## V

Kô poslednju koru da,
tražiće je, ali – da!

## VI

Kukavčiće vuga hrani,
al' i sebe tim sahrani.

## VII

Uhvaćenu liju
i ovaku priju
odmah bih s očiju
za šiju;
tek podvezu da m' noviju
sašiju;
i – ju!

[1873]

# MARSELJANKA

Hajdemo, deco roda moga,
slave je naše svanô dan,
na nas je cara robovskoga
krvavi barjak zavitlan.
Čujete l' kako na bojištu
u divljem besu riče zver:
podaviće vam sina, ćer,
drugare vaše, braću ištu!
Za mač, braćo, za mač! ... U red, u bojni red!
Napred, napred,
nek skotska krv zaliva svaki gred!

Pa šta će ropska četa ova,
ni podla carska zavera?
Kome taj okov što ga kova
krvnička stara namera?
Francuzi, nama, oh! sramote!
Da, silno draži vraški glas!
Tä nama preti, hoće nas
u staro ropstvo sve da vode...!
Za mač, braćo, za mač... U red, u bojni red!
Napred, napred,
nek skotska krv zaliva svaki gred!

Šta, da ta čorda tuđinika
po našem pragu širi vlast?!
Prodane čete najamnika
junake sruše u propast!
Oh, Bože! vezanih zar ruku
da nam pod jarmom gori lik,
a pogan kakav nasilnik
uživa našu živu muku!

Za mač, braćo, za mač! ... U red, u bojni red!
Napred, napred,
nek skotska krv zaliva svaki gred!

Tirani, strep'te, strep'te, krivci,
gde vas je god, nek vas je stra'!
Slobode mlade verni sinci
naplatiće sad sva vam zla.
Vojnik je svaki, da vas bije;
padnu li mladi sokoli,
majka nam nove odoji
i svaki za nju, svaki mrije.
Za mač, braćo, za mač! ... U red, u bojni red!
Napred, napred,
nek skotska krv zaliva svaki gred!

Francuzi, buđ'te junač prava,
puštajte, al' i drž'te mah,
pošteđ'te glave jadnih mrava
što silom dižu na vas prah!
Al' despote, krvnike stare,
nenasićene kraljeve,
te nemilosne zmajeve,
što majci svojoj nedra žare...!
Za mač, braćo, za mač! ... U red, u bojni red!
Napred, napred,
nek skotska krv zaliva svaki gred!

A omladina mač nek paše
kad starij' naši poginu,
iz njihnog prâ nek stope naše
vrline njihne podignu.
Preživiti ih zar nam vredi,
kô delit s njima groba mrak?
Al' ponos će nam biti jak,
osvetiti ih, il' umreti.
Za mač, braćo, za mač! ... U red, u bojni red!
Napred, napred,
nek skotska krv zaliva svaki gred!

Milino sveta domovine,
osnaži osvetnički boj,
a ko za tebe rado gine,
slobodo draga, uza nj stoj!
Nek dođe nama pod zastavu
pobeda na tvoj podvik drag:
nek izdišući vidi vrag
i ponos tvoj i našu slavu!
Za mač, braćo, za mač! ... U red, u bojni red!
Napred, napred,
nek skotska krv zaliva svaki gred!

[1870]

# POZNICE
# (1877–1909)

# PRAVA „BRANKOVA ŽELJA"

(Pobri Zmaju Jovanu Jovanoviću)

Znaš, u ono lanjsko uzavrelo doba,
u doba bojeva, kretanja, seoba,
u to doba nada, snova i deoba,
oživelih sumnja, obamrlih želja,
jedna nas je želja zanosila velja.
Ja sam želju vrelu, tajiti ti neću,
nosio po hladnom, po velikom Beču,
te sam bio bliže u tom kobnom dobu
Brankovome svetom pobušenom grobu.

Pozna jesen beše ispred zime râne
– sirotinja zna već da joj nema hrane –
i poznice behu poslednje obrane,
obrana već davno belina i ranka,
pod Beljinom samo znam poznicu Ranka;
a i ta će biti brzo već obrana,
obrali smo bostan kraj takih obrana.
Kô priroda cela i Černjajev drema,
Aleksinac klonu, a Đunis se sprema,
„lisje žuto pada", gotovo ga nema,
ne pada „s drveća" kitnjastoga Srema,
lisje žuto pada na mrtvoga Branka.
Umoran sam lego na to lisje žuto,
zemlji mi je bilo uho pritisnuto,
ispod zemlje tutnji grmljavina neka,
zemljica se njiha ispod mene meka,
kroz grmljavu čujem jecanje, jauke
– zemlja dobro vodi, znaš fiziku, zvuke:
„Sva se zemlja trese, miču mi se kosti" –

(čini ti se, možda, 'iperbola mala,
al' zemlja je bečka zbilja zadrhtala,
kô što davno nije, od više godina,
čitati si mogô u bečkih novina,
a možeš ih čitat, imamo i gori',
no pustimo Branka neka dalje zbori):
„Sva se zemlja trese, miču mi se kosti,
je li suđen danak? Prosti, Bože, prosti!
Tutnjavina grmi od Božjih gromova,
svetovi se ruše s nebeskih svodova,
silna neka zveka bruji izdaleka
od onoga moga, onog Juga meka,
i rika i cika, pobede, porazi,
kô s anđeli da se otimaju vrazi,
otimlju se dusi o sirote duše,
cika ih je stala, da žive zagluše,
a mrtvi iz groba da pročuju snova.
Sva se zemlja trese, miču mi se kosti,
je li suđen danak? Prosti, Bože, prosti!
Međer dođe doblje da oživi groblje!"

„Nije, pobro, nije! Slobodi se roblje.
Zar ti ne znaš, druže, razabrô zar nisi?
Valjda što si starij' u grobovoj nizi,
davnije ti pamet u blaženstvu drema,
te ne pitaš šta se s one strane sprema,
ranije ti duša pođe više groma;
al' moje su brige skorije sa doma.
Nije došlo doblje da oživi groblje,
nije, pobro, nije – slobodi se roblje.
Porađa se sloga u našemu rodu,
porađa se, mlada, da rodi slobodu,
u naponu mučnom probilo je koplje,
rasporilo koplje utrobu joj kivno –
šat se lakše rodi Božje čedo divno.
Nije, pobro, doblje da oživi groblje,
još će mnogo živo popadat kô snoplje
dok se, jadno, staro oslobodi roblje."

Tako drugi glasak zbori iz dubljine,
iz tuđinske one mrtvačke družine,
tamo iz onoga grobovlja najero,
čini mi se da je Preradović Pero.

## BRANKO

Zar je kucnô časak? Blago nama, blago!
Zar je čitav narod za slobodom nagô!
Pa zar, pobro, ovde da nam kosti trunu
gde krvnici našu mladu sreću kunu?
Zar kad naša braća Kosovo osvete,
da nam turskom krvlju groba ne posvete?
Kad ne mogu da sam i ja sred megdana
s potomcima dična Jelačića bana,
s potomcima Čiče, Šupljikca i Mikla
– a slozi su braća jamačno već svikla –
kamo da mi braća bar kosti prenesu,
od miline da se u zemlji zatresu
kad pobedu grmne lik slobodnih grla,
Vojvođan se bori uz Hrvata vrla,
da oživi braći sloboda umrla,
a u svetoj četi što slobodu sprema
vidim i sinova mog kitnjastog Srema.

## PERO

Tvog kitnjastog Srema tamo, pobro, nema,
tako ga je malo, kao da ga i nema;
još je malo, pobro, družine junačke
iz ravnog Banata i široke Bačke;
ponajmanje, tužan, sablja im skrhana,
ima potomaka Jelačića bana.
Srbija je, eno, pala, malaksala,
samo se još drži Crna Gora mala;
ali nema tamo kitnjastoga Srema,
Jelačića bana potomaka nema:
nisu voljni živoj nevolji i žrtvi,
s pokojnim se bave, sećaju se mrtvi';

od velje milosti prenose nam kosti,
kô da po bojištu nije toga dosti.
Miču se Hrvati u pobožnoj pošti
da prenesu moje u zavičaj mošti,
miču se Hrvati, Bože im oprosti.
Kad pomislim, tužan, miču mi se kosti,
ko nam kroji kapu s ove strane Save;
koji tuđi jadi domovinu dave,
ko l' baštinu harči Krajine krvave?!
Al' neka se žure, imaju i rašta,
mašta mi je java, java mi je mašta –
nek nosila tešu s rođenog mi huma
dok još ima drva u krajiških šuma!
Miču se Hrvati da mi nose kosti,
i tvoje će Srbi jamačno prenos'ti,
složiće se braća u mrtvoj milosti;
nema druge sloge Hrvatom i Srbom,
do na našem grobu, pod mrtvačkom vrbom.

## BRANKO

Avaj, braćo draga, ostav'te me mirno,
da mi niko nije kostiju dodirnô!
Ma ovde počivô do suđena danka,
u slobodnu zemlju samo nos'te Branka!

*Na Cetinju, o Aranđelovu dne 1877.*

# DUŽDE SE ŽENI!

Iz mora nikli dvorovi beli.
Čim su se tako divno popeli?
Jesu l' ih vali sobom izneli,
lice im vodom umili slanom,
il' ih je sunce umilo danom?
Ni voda vlagom, ni sunce sušom,
Venecija je dahnula dušom:
prošla je bolest večita, duga,
prošla je skoro morija, kuga.
Đemija plovi bogata, zlatna,
u more stere vezena platna,
more se pred njom veselo peni:
                dužde se ženi.
Al' ne ženi se kô drugi ljudi:
careva ćerka čeka i žudi
prosilac da joj okiti grudi
divotom svoga istočnog blaga,
pa da mu bude nevesta draga;
al' dužde na nju ne svrće traga,
ni lav mu na nju ne miče krila:
duždeva neva, duždeva snaga,
carica samo krilatih sila,
                morska je vila.
Nevesta čeka u svojoj slavi,
iz oka vlažnog duša se plavi,
u njoj se dužde milinom davi,
nazire biser, divote sluti
što su joj njima kićeni skuti;
a neva širi naručja meka,
na valovite grudi ga čeka.
Razastri, nevo, duvak ti beli
što su ga vali, deveri mali,

penom ispleli, tebi prideli,
dužde ti prsten natiče velji!
Venčani prsten potonu na dno,
varnicom more kresnulo hladno,
s miline sušte neva se užde:
    venčô se dužde.
„Veseli da ste, kićeni svati!
Ovu će slavu vekovi znati:
u slavu moje neveste divne,
u spomen spasa od kuge kivne,
crkvu ću dići nebeska krasa
na ime sveto Matere spasa."
Gospoda ćute, pogledom mute,
al' ipak zbore glave pognute:
„Tvoja je, dužde, uvek starija:
Neka se diže *Santa Maria*
    *della Salute!*"
„Neka se diže, neka se diže!"
Samo je jedan pognuo niže
prosedu glavu; dužde ga pita:
„Kamo se, kneže, misô ti skita?"
Starac mu zbori: „Mučno je, dužde,
starijem reći istine sušte;
briga mi velja veselje muti:
kako ćeš dići zadužbinu ti?
Sve smo livanske srezali kedre
da podignemo dvore ti vedre,
pa otkud, dužde, briga je prva,
otkuda naći osnovu drva?
otkuda drva, otkud kolaca
    domu molaca?"
Al' oko šajke diže se more,
valovi duždu šapuću, zbore:
„Šta će ti stabla daljnoga kedra?
Drugu mi hranu trebaju nedra:
bliže se diže jedna mi drûga
što mi se navek nizini ruga;
šume joj divne oglavlje rese,
u pakost tonem kad ih zatrese,

jedom bih suhim sebe popila
kako me ljuti Zagorka vila!
Al' kosa njena opasti mora,
ogolit vila slovenskih gora!
Ču li me, vojno, nevesta prosi:
Hram nek se diže na njenoj kosi,
   sreži je, skosi!"
„Neka ti bude! Ne treba kedra!
Drešite šajke, sterite jedra,
sekire britke dižite gore,
nek pada dublje slovenske gore!"
Šajke se dreše, jedra im pupe,
nose ih grudi duždeve ljube;
stigoše šajke, sekira zveknu,
jaukom silnim gora odjeknu,
divovi gorski, večiti dubi,
padaju u čast duždevoj ljubi,
padaju s brda, padaju s dola,
sa dubom jela, s borom topola:
   gora je gola.
Po goloj gori sam sever duše.
Od zimne vlage, od letnje suše,
goli sin gorin, željan slobode,
il' vodi pade, il' kopnom ode.
Sa vernim nožem, sa diljkom dugom
bori se jedan sa turskom kugom;
a drugi sinak Zagorke majke
po moru goni duždeve šajke,
po moru goni, u more roni,
u tuđu službu, tužan, potoni,
duždevu poznu natrašku kivan,
sveti se sinak, junačan, divan,
oružjem tuđim, u tuđu slavu,
ali krvniku zadaje stravu:
bije na Visu oklop-aveti,
   majku si sveti.
Al' ima l' slave rođenom robu?
U pregalačkom, čilome dobu
sloboda samo sramotu pere,
sloboda dela, slova i vere;

njome je samo krv prolivena
junačke braće blagoslovena,
njome se stare vidaju rane,
njom će i robu sunce da grane,
njome se davna osveta sveti,
njome se râvne kršne vrleti
do rodna polja, do sinja mora,
njome se diči slava nam skora,
    Crna ni Gora.

\* \* \*

S oglavlja divnog Primorke divne
stresô je zamah sekire kivne
semenje zrelo. Severni vetri
poneli su ga na zračni nedri,
prosuli su ga po Crnoj Gori.
Iz tog semenja nikoše bori;
al' nisu bori što dužde mori,
već junak živi, živ da se bori.
A ponajdraže vilino seme
s Njeguša diže do neba teme,
s visine svoje prostire grane,
sve bi da srpske zakrili strane
narodni prvak, miljenik vila,
krševa crnih gospodar beli,
velikom dobu natražak veli
    malog Danila.

\* \* \*

Nikšić se predô. S nikšićka polja
novog mu cara prenosi volja
do krajnih gora, do mora sinja,
do Plava ravnog i do Gusinja,
do tvrdog Bara, šeher-Ulcinja.
More je puklo. Vila se budi,
valovite joj predišu grudi,

bunovnim okom u čudo gleda
gde divan junak na konja seda;
konjica belog u more goni:
„Pomorko vilo, negdanja srdo,
evo ti, ljubo, znamenje tvrdo:
iz krvnog roja svetog mi boja
slazim u krilo slanog ti spoja,
njime da sperem jada nam dvoja –
        moja si, moja!"
Da li potonô sunčani žare,
u izdisaju poslednja gleda,
po moru piše dugine šare?
Ili se vila zažari bleda,
procveta licem, očima sinu,
osmejkujuć se gorinom sinu?
Vila se smeši blažena lica.
Al' crno jato od oklopnica,
kivnih mu sreći, junaku preti
da će mu ljubu silom oteti.
Vila se njima grohotom smeje,
pobratim juže po moru veje,
valovite joj pomiče skute,
kô ljuske baca đemije ljute,
oklopnice su morem prosute.
Vila se smeši; skrovitom lukom
junaka traži penastom rukom,
gladi ga rukom, zbori mu mukom:
„Ne boj se, dragi, evo ti žene,
ne boj se, vojno, evo ti mene,
        Anadjomene!"

[1878]

## OMLADINI NA ZBORU

Dobro se našli u mladom žaru,
    dobra vi sreća, srećan vi rad,
narodu svome, patniku staru,
    nesamrtnosti simvole mlad!

Čudne mi misli nadimlju grudi
    gledajuć umom skupljene vas;
iza sna teška kô da se budi
    obamro neki prežaljen glas.

Iz toga glasa kao da niču
    zborova starih likovi svi,
nad vašima se glavama stiču,
    da vide šta ste, što ćete vi.

Vidim i žive, vidim i mrtve,
    pregorô svaki život je taj,
sve su to borci, sve su to žrtve,
    iako nije krvav im kraj.

Svakog ih lepa zanela misô,
    sve je na svetu žrtvovô njoj,
samo je njome živeo, disô –
    sustô je sveti spremajuć boj.

Al' prođe bojak, prepuklo koplje,
    junačka volja salomljena:
ostade Prizren, ostade Skoplje,
    ostade Bosna zarobljena.

Male se duše prepale živo,
    između vas već popuje brat:
„Narodu svom ste činili krivo,
    nikakav narod nije za rat.

Moja se njiva raširit neće
    kad Bošnjak više ne bude rob.
Hoće l' slobode, neka se kreće."
    Tako vam novi popuje pop.

Ne vidim njiva da mu se širi,
    Bošnjak i Era robuju još,
ali se šire mnogi šeširi,
    pod njim' se mozgu zbegava koš.

U koš se svaka letina stekla,
    zelena žetva, rod je to „nov",
pa se zažegla, pa se zapekla,
    hoće da tanki zapali krov.

Vidim ih gde se med vama bore,
    koševa svojih nude vam šted,
i onaj gleda, nad vama gore,
    likova zračnih bleđani red.

Gleda ih ona skupština stara,
    nad vašim radom boleći bdi,
gleda vas hoćete l' primiti dara,
    hoće da vidi šta ćete vi.

Da l' ćete primit na pleća mlada
    prezrelih plemena nedozrelost,
uredbu novu svetskoga rada,
    slovenskom svetu bačenu kost?

Skupština zračna čisto vas pita:
    Ko za slobodu proklinje boj?
Da li što hvali vlast dinamita,
    zavere mučke pakleni stroj?

Gledaju slike, oči im stale,
    da li su živet imali kom?
da li su bili samo budale
    žrtvujuć sebe natrašku svom?

Al' vi ste Srbi, srce vam planu,
    odozgo ga je zažegô plam;
na tome sjaju, na tome danu,
    zbor onaj zračni potavni sâm.

Utešen ode. Bolima roda
    natražak dični čuva još lek.
Propasti neće srpska sloboda,
    nisu badava patili vek!

Dobro se našli u mladom žaru,
    dobra vi sreća, srećan vam rad,
narodu svome, patniku staru,
    nesamrtnosti simvole mlad!

[1881]

# PEDESETA

(Pobri Zmaju Jovanu Jovanoviću)

Da l' te, pobro, hvata seta
što ti dođe pedeseta?
Jel' ti zato kosa rađa,
jesi l' zato lica bleđa,
jel' ti zato briga veća?
Zato l' snaga umornija,
zato l' misô sumornija?
Zato l' srce tvrđe biva,
zato l' sanče grđe sniva,
zato l' crnja mašta živa?
Zato li te hvata seta
što ti dođe pedeseta?
A što da te hvata seta
što ti dođe pedeseta?
Ako ti je koja muka,
tvoje srce samo kuka
što ti narod mori bruka.
Čisto gledam gde se, druže,
tvoje duše suze guše,
čujem reči kako tuže:
„Sve što željah, sve čim disa',
sve što pevah, sve što pisa',
što biserom srca niza',
jedna kletva sve zar zbrisa?
Sve što narod proli krvi,
zar besnilo jedne strvi
sve da satre, sve da smrvi?
Oh, zar tako da se sveti
meni godak pedeseti?"

Al' ne pusti ni toj seti
da ti gasi plamen sveti
u tvoj godak pedeseti.
Ne malakši, oj, ne kloni
teraj očaj, tugu goni,
u bolu mi ne utoni!
U bolu se biser stvara,
mač se kuje posred žara,
roblje diže i obara
i prestole gospodara.
I ta će nas proći hajka,
sva će muka, sva će vajka
novoj slavi biti majka.
Oživeće sve što susta,
oblačina minut gusta,
malaksaće obest pusta,
a tvoja će pevnut usta:
*Per angusta ad augusta!*
Što se, pobro, na te sleta,
što ti duši, srcu smeta,
nevolja je celog sveta.
Nemoj da te hvata seta
što ti dođe pedeseta!

*U Novom Sadu,*
*20. novembra 1883.*

# SVIRAČICI[15]

Kano u tvoje sestrice zore
što rujni prsti zracima gore
kad s kršne gore obasja more,
tako se roje u tvojoj ruci
nebeskog raja vilinski zvuci,
te sa zvijezda sliječu nice
kad prsti tvoji dotaknu žice.

\* \* \*

Ali s nebeskih lednih visina
na srca tvoga sletivši žar,
uždu se ognjem zemnih milina,
čarajuć tebe, svlada ih čar.

\* \* \*

Iz njih ti slika za slikom niče,
niču ti mašti snivene priče,
svaki ti liče sreću proriče.
Želje te milih tvojih ne štede:
„De ovo, sestro!" „Dela, dijete!"
Prsti ti voljno željama sl'jede,
al' dušine oči u slike glede.

\* \* \*

---

[15] Ta pesma nije još nigde štampana. Tada kad je napisana bila je namenjena *Crnogorci* pod uredništvom pok. Jovana Pavlovića. Al' nije dopustila – „cenzura" – jer „sviračica" je tadašnja crnogorska kneginjica Milica, a sad njeno imperatorsko visočanstvo velika kneginja Milica Nikolajevna. (Prim. red.)

Stadoše oči, zasja se zrenik,
u toj su slici svi tvoji sni:
pod zlatnim v'jencem ponosni ženik,
svijetla si mu nevjesta ti.

\* \* \*

Da l' je vijenac moći i vlasti,
il' je vijenac slave i časti,
junačke muke, viteške strasti,
što će g' obasjat mlađani kras ti –
može l' ti slika, djevojko, kaz'ti?
No, ti se za to ne brineš mlada,
samo nek tvojim srcem ovlada.

\* \* \*

Al' koji vlada, zna i da strada,
i muke žive dovede vlast,
sve su miline preteče jada,
a za gorčinom doleti slast.

\* \* \*

I moj se pogled, hoću l' il' neću,
otima tvoju vidjeti sreću.
Godine lete i dolijeću:
ti si već majka koljenu treću.
U miline se bolovi pleću:
unuci tvoji u boj se kreću.
Bojište vidim; sred bojna rova
ti si naišla, Kosovka nova,
lijeka noseć i blagoslova.
Slika je ovo čudnoga kova,
po njojzi pišu nečitka slova:
Da l' Kosovka tek, il' i Niova?

\* \* \*

Stegla si srce, ne smje da žali,
pitaš jel' samo narodu spas?
Jesu li živi? – Jesu li pali?
Do tebe nije još došâ glas.

\* \* \*

Oh, nemoj dalje, Zagorko vilo,
na slike steri bijelo krilo,
na glavu njojzi bijele ruke,
slike joj opet stopi u zvuke;
al' ne daj ni zvuku da joj se izda,
ne daj da joj se, boleća, čista,
u divnom oku suza zablista!

\* \* \*

Slike su tvoje oku lijepe,
srcu i duši mio je zvuk,
al' za te zebnje, al' za te strepe,
od svakog zvuka lakši je muk.

\* \* \*

Al' što ja rekoh, što ja izusti'?
Ne slušaj, vilo, riječi pusti',
razagnaj oblak daljine gusti,
pusti joj slike, zvuke joj pusti!
Sreća joj cvijet što čeka rosu,
junačka krvca po njoj se prosu,
od ote rose, životne, skupe,
pupoljci sreće nanovo pupe;
srpske se gore pod njom krijepe,
te novom slavom divotne trepe,
od ote zrake oči mi sl'jepe.

\* \* \*

Al' nek osl'jepe: dok take ruke
nebeskoj svirci podižu hram,
više vrijedi slušat im zvuke,
no sunca vječni gledati plam.

*Na Cetinju, 1884.*

# OJ, AVALO...

Oj, Avalo, goro siva,
zar ti nije srca živa?
Zar u tebe oči nisu
na tom vršku, na tom visu?
Il' te kakvi jadi tište,
oj, vjetrova vijalište?
Je li spomen tvoga Porče,
što ga vis tvoj odnjegovô,
i na tebi to njegovo
porušeno staro dvorče
što ti tvrdo, srce gorče?
Mani mrtve mirnom stanku,
ostavi ih vječnom sanku,
pokri spomen maglom sivom,
teško mrtvom, blago živom!
Probudi se, dr'jemni vise,
razvedri se, razberi se,
pa pogledaj niz te nize,
po tom srpskom sv'jetu l'jepom –
blago vidnom, teško sl'jepom!

Sa visine nešto sine;
sunce sjeda, gora gleda.

Planine su vilovite,
vilama su vidovite:
gora vidi sve što vr'jedi,
kud pogledi, ide k sr'jedi;
ne sluša ih kako zbore,
no gleda ih kako tvore,

ona motri dole, gore,
u tamnice i u dvore,
ispituje duši spore,
srce traži, neće kore.

Oj, Avalo, de mi kaži,
nađe l' što ti oko traži?
U srcima što ti glêdu
pokazuju sve po redu,
svaku želju, svaku misâ
što im na dno Bog upisa,
što li ti se moglo kaz'ti?
Da l' gorčine, da li slasti,
pitomine ili strasti?
Da l' vrline ili gr'jesi,
da l' pregori ili b'jesi?
U vlasnika i u roba
da l' je pokaj ili zloba?
Vidje l' cv'jeće il' stijenje,
nađe l' porok il' poštenje?
Vidje l' ljude il' utvore,
il' nebojše il' udvore?
Nađe l' svud bar srpske sv'jesti
Oj, Avalo, nagov'jesti!

Sunce sjelo, noć se nagla,
na Avalu pala magla,
gorino se sklopi oko;
vidjelo je dosta, mnogo!

Sa visine sa planine,
kroz maglu se čuje sivu:
„Blago mrtvu, teško živu!"
A u gori nešto zbori,
ka nemušti jezik šušti,
u šipragu, u proc'jepu:
„Teško vidnu, blago sl'jepu!"

[1884]

# EPILOG

koji je govorila gospođa Mila Pavlovićka (kao Danica) na svršetku treće predstave *Balkanske carice* u Podgorici, 3. januara 1885. godine.

Iz Morače, groba tečna,
ja vaskrsoh u čas ovi;
iz duhova sv'jeta vječna
sa mnom niču blagoslovi
mom pjesniku, mome tvorcu,
pregaocu, dičnom borcu,
vladaocu, Crnogorcu.

\* \* \*

Moj pjesniče, gospodaru,
hvala tebi na tvom daru!
I da nije drugo ništa
stvorila nam tvoja mašta,
iz vječnoga boravišta
imala bih doći rašta!
Al' je ruka tvoja moćna,
tvoja briga, dnevna, noćna,
oživjela narod ovi:
zato tebi blagoslovi!

\* \* \*

Pozdrav tebi, moj pjesniče,
pokojnijeh od junaka,
po meni ti vječnost kliče:
Nek ti volja bude jaka!

Poruka ti s onog sv'jeta:
Beri cvijet dokle cvijeta!
Ne ostavi djelo sveto
započeto, nedočeto!

      \* \* \*

To te mole, to ti ištu
poginuli na bojištu,
moli ti se iz dubina
sjen blažena Daničina,
svijet oni, svijet ovi,
i unuci i djedovi,
mole ti se sveti krši:
dovrši ga, oh, dovrši!

[1885]

# ZA KNEGINJICOM DARIJOM NIKOLAJEVNOM

„Человыкомъ не возможно видыти."

    Ma što da zbore zloguci glasi,
    umrla n'jesi, odletjela si.

Duša je tvoja, nebeska tica,
iz trošnog legla
uvis potegla,
odletjela je pred vječni pr'jesto,
osta tijelo, prazno gnijezdo.

    Ma što da zbore zloguci glasi,
    umrla n'jesi, odletjela si.

Što mari duša, neka se vazda
razlaze zrna gnijezda prazna
u svog načela gradiva razna
iz kojijeh ih svemajka sazda:
nikla joj krila, ne treba gn'jezda,
ona je sada sjajna zvijezda.
Pogledu mutnu svijeta b'jedna
skrivena vječno i nedogledna,
ali je slute, ali je vide
kojima s' ovdje od srca kide.

    Ma što da zbore zloguci glasi,
    umrla n'jesi, odletjela si.

Na dugi dogled žalosti crne,
s najvišeg neba daljine krajne,
zrak će se vječni te zv'jezde sjajne
do njine duše tješno da vrne.
U crnog jada nemoći nijemoj,
kad vječna tajna tišinom plovi,
po vaseljeni bludeć golemoj,
dusi će čuti razgovor ovi:
„Besmrtna dušo, što ti je bilo,
te nam te lako odnese krilo?
Što smo ti krivi, mi, jadni živi,
da ti se nebo prerano divi?"
„Oče i majko, brato i sele,
milosti velje vaše me smele,
željah uzdarje vama od sreće,
milosti tražih ljepše i veće;
al' što ih željah, na zemlji nisu,
pođoh ih naći na ovom visu."
„Pa da li nađe, dušo zvijezdo,
želju ti želja pred vječni pr'jesto?
Je li ti voljan gospodar neba?
Kako te pazi, kako ti tepa?"
„Kad bih vam rekla kako sam sv'jetla,
svaka bi duša amo potegla,
otresla voljna sav zemni jad.
Al' za godinom godina sl'jeta,
brzo će proći stotina ljeta,
doć ćete i vi, imate kad."

[1885]

# NJENOM CARSKOM VISOČANSTVU STANI NIKOLAJEVNOJ,

*vojvotkinji Lajhtenberškoj, kneginji Romanovskoj,*[16] *u spomenicu*

Sleti se Sjever sa neba siva,
dodijalo mu živjeti sâm:
Sunčeva njega uždi odiva,
divote njene mami ga mam.

\* \* \*

I zadobi je. Što će da biva?
Da li će diva da stopi plam?
Ili će Sjever plamen da skiva
u draga, sjajni, vječiti kam?

\* \* \*

Neka se njina spoji vrlina,
neka im vječna bude milina,
jedno su drugom nebeski dar.

\* \* \*

Pa će da sleti s viših visina
blagoslov i na milog vi sina,
Sjevera snaga i Sunčev žar.

[1891]

---

[16] Sad se već, razvenčana od prvog muža, preudala za velikog kneza Nikolaja Nikolajevića. (Prim. red.)

# LAZI KOSTIĆU[17]

Jedan Crnogorac pošô u svet beo,
pa ga put ovude kraj mene naneo;
tražio me, našô, pa mi odma' kazô:
„Pozdravio t' oni što se zove Lazo."
Milo mi bejaše – a i kako ne bi –
da čujem o svima, da čujem o tebi.
Pitam ga za svakog, on o svakom veli:
„Svaki te pozdravlja i sreću ti želi."
Kad sam ga upitô šta radi Beara,
on obori glavu, pa mi odgovara:
„Ilija Beara? oni čojek Boži,
sâm svoj život skrati i u smrt uloži."
Zaćutasmo oba; vrlo mi ga žao,
a svak će ga žalit koji ga god znao.
S njime sam se poznô – to odavno beše –
kad no Nevesinjci krvav boj počeše.
Od prvoga dana prijatelji mi smo,
dok se, eto, navek rastanuli nismo.
I taj život ljudski – ah, taj život kleti –
kad god hoćeš, svagda možeš ga uzeti.
To je kao pena, kao kap od rose,
ne pitaju kud ćeš – talasi te nose.
Ali zašto, zašto pre suđenog sata
ništavilu večnom otvarati vrata?
Život i smrt, dvoje, ništa nema treće –
o, dobri Bearo, 'ude ti si sreće!
Bezazlen i skroman, svakom beše mio,
Miljanov Marko s njim se bratimio.

---

[17] Mislim da bi ona zbirka bila krnja bez ove pesme čika Ljubine, isto kao što ni zbirka čika Ljubinih pesama ne bi bila potpuna bez otpozdrava „Srbu". (Prim. red.)

Rodoljub je bio – tä ti si ga znao –
sto života on bi za svoj narod dao;
drug u društvu dobar, šalio se rado,
no katkad u neku on je tugu padô.
Junaštvo se zove u opasnost ići,
al' kako se zove: ruku na se dići –?
Ima čovek često i takovih dana
kada je junaštvo pobeć sa megdana.
Je li život ništa? grob je ništa veće –
o, dobri Bearo, 'ude ti si sreće!
Životi su nešto – bar varnice male –
ostavimo mrtve, živi Boga hvale.
Kad sam u životu, hoću da ti s' javim:
Zdravo da si, Lazo, pod Lovćenom slavnim!
U tim planinama zajedno smo oba
u društvu proveli ono ratno doba.
Gledali junake, kâ u starom veku,
kako lete, klikću, kako glave seku;
gledali bojeve od Zete do Lima,
slavili pobede – slava nek je svima!
Dim puščani beše od Pive do Bara,
krvavo je tekla Bojana i Tara.
Divismo se divu – maloj Crnoj Gori –
kakva čuda čini i kako se bori.
Sećasmo se Troje, Kosova i Šparte;
to su retki dani i za me i za te.
Koliko si puta – pamtiš uspomene –
u po tamne noći probudio mene,
s radosnim usklikom, s depešom u ruci:
„Pobeda, pobeda, svuda beže Turci!
Kod Bara i Niša i oko Balkana,
svuda sviće zora, zora srećnog dana.
Rusi se primakli blizu Carigrada,
nema više raje, sloboda svud vlada."
E tako je, Lazo, vrlo često bilo,
s Rusima do zore rujno s' vino pilo.
Zvonila su zvona, puške se mećale,
himne crnogorske i srpske pevale;

pod svakim šatorom i na svakoj strani
orila se pesma „Bože, cara hrani".
Al' bilo je dosta i preteških dana
kad sretasmo vojsku besnog Sulejmana.
Kroz svu Crnu Goru preleteše zvuci:
„Ko je Crnogorac! evo mrki vuci!"
Iza svake stene oživiše čete,
sva se Crna Gora sleže oko Zete.
Sećaš li se, Lazo, sećaš li se, bane,
kako sokolovi svoje gnjezdo brane.
Četereset hiljada kad na Ostrog grunu,
desetina goni po stotinu punu.
One tvrde stene kraj Zete lome se;
i Vasilju svetom kivot se potrese.
Gledali smo rane kada boj zamuknu,
al' ne čusmo nigda da kogod jauknu.
Danas svuda mir je, nema nigde vojne,
obešene o klin stoje puške bojne.
Svršila se borba sa pobedom slavnom,
a ti, Lazo, opet na Cetinju ravnom.
Visoke planine privlače pesnike,
sviju događaja najbolje vesnike,
što pevaju prošlost, budućnost proriču,
ugnjetenom svetu slobodu obriču.
Godine su prošle, videli se nismo,
niti jedan drugom napisasmo pismo;
al' sam ti želeo, pa ću ti i reći:
Da nam dugo živiš u zdravlju i sreći.
Pozdravi mi prvo – al' ko će da broji!
Svi ste meni prvi i svi ste mi svoji.
Kad si sada tamo, u tom čudnom stvoru,
pozdravi mi celu, celu Crnu Goru.

*Lj. P. Nenadović*

[1889]

# „SRBU"

*(Otpozdrav Lj. P. Nenadoviću)*

Blago tebi, Ljubo, blago tebi, Srbo,
izvor ti se, viđu, još nije iscrpô:
a bogami, Srbo, a bogami, Ljubo,
i ja bih se u tom izvoru okupô,
pod sijedu glavu što ti srce mladi,
što ti gorku javu snivalicom sladi,
d' ako mi se brige preruše u milje,
a namjesto drača da mi niče smilje,
po tolikoj žuči kaplja meda kane,
sred ponoći crne da mi zora svane!
Blago tebi, Srbo, blago tebi, Ljubo,
i ja bih se u tvom izvoru okupô!
Kad se sjetim, druže, onih dana slavni',
nevolja mi naša još više potavni:
tad mi bješe divna i junačka muka,
sad, što neki slave, čini mi se bruka.
Mi gledasmo žive sokolove lete
kad krenuše braća Kosovo da svete;
što nesloga bješe učinila jada,
sloga bješe pregla da jade savlada;
tā kosovsku bruku može da nadjača
tek slava krvava Srbinova mača.
Ko bi tada rekâ i pomislit smio
da je tada narod krv zaludu lio!
Nije imâ rašta ni preskakat plota,
tā Kosovo Srbu sad nije sramota,
nikad nije Srbu slave bilo veće,
od cara Lazara, kamo ljepše sreće!
Blago nama, Srbo, da, velja veselja,
dočekasmo zoru svojih živih želja!

Mi smo ovdje prosti, čudnih smo navada
mi slavimo samo kad Srbo nadvlada,
Grahove slavimo i Careve laze,
ne svikosmo jošte slaviti poraze.
U nizinu vašu s našeg visa krenu' –
– zaželih se vidjet pitominu njenu –
sred studene zime, iz toploga vrela
tvoja me je pjesma na tom putu srela.
Ali na tom putu, mrazom obasutu,
i nevolju vidjeh nevidovnu, ljutu.
Tek ubavu stigoh ćesarevu gradu,
prsnu glava sinu ćesarevu mladu!
Otkako je, vele, polja i visina,
nij' u cara bilo mudrijega sina;
uz umove prve on se više digâ,
i od krune sjajne milija mu knjiga.
A kada mu mrtvom otvoriše glavu,
da l' čujemo varku, il' istinu pravu?
Baš ista mu knjiga nemilosno sudi:
„Takav mozak biva u smetenih ljudi."
Tako njemu sudi nauka mu slavna –
careviću jadni, nauko kukavna!
Bože, ti mu prosti, ne sudi mu strogo,
ti tako ga stvori: ljubio je mnogo.
Na povratak mišljah već u ovom dalju –
al' dodija kruna Srbijinu kralju:
sa glave je skida, pa je sinu dava,
razvjenčava ženu, sâm se razvjenčava.
Koje su ga stigle nevolje i kletve,
te ga zazor hvata od krune svijetle,
od krune svijetle, što svjetlija nije,
sa koje ga gorka opomena bije?
Oh, kada bi mogâ sa krunom da skine
i sve one gr'jehe s kojih narod gine!
Pred sina je klekô, u sebi je rekô:
„Oprosti mi, sine, evo, ja utekô!"
Kajanju je doba, velike su posti:
ako možeš, i ti, narode, oprosti!
Baš i kad bi mogô suditi mu strogo,

smetâ mu nijesi: zborio je mnogo.
Sve to sretoh, Ljubo, na ovome putu,
pri žetvi sam sudbu zatekao ljutu,
nemilosnu sudbu što pod noge baca
krune i oglavlja zemnih vladalaca.
Blago nama, Srbo, velju ti opeta,
naše carstvo nije od ovog svijeta.

*U Somboru, 23. februara 1889.*

# JEDNOJ SRPKINJI U SPOMENICU

Što mi pero slova toči,
    crna slova, crno lane?
Čim ih glenu tvoje oči,
    sve će to da plane.

*U Kamenici,*
*2. avgusta 1891.*

# GOSPOĐICI ZORI V. U SPOMENICU

Draga Zoro, zoro moja bela,
još te majka nije ni ponela,
ja sam tebe već „ljubio" živo,
mnogu noć sam tebe očekivô –
a kako te sada ja ljubio ne bi',
kako ne bi' popevao tebi,
kad si taka ponikla iz mraka,
čedo rose i sunčeva zraka –
dive ti se đaci mojih đaka!
Draga Zoro, zoro moja bela,
ja te ljubljah pre tvoga počela.

*U Somboru,
4. januara 1892.*

# GOSPOĐICI L. D. (LENKI DUNĐERSKOJ)[18]
## U SPOMENICU

Svet je svakog pun stvorenja,
jednom cveća, drugom stenja,
jednom žetve i košenja,
drugom želja i prošenja,
tebi mladoj mladoženja.
Ali koga majka rodi,
te mu sudba tako godi
da je vredan toj divoti?
Izberi po miloj volji,
al' ostane l' koji bolji,
bolje nožem tog zakolji,
kad mu živo srce prebi –
    kuku tebi!

★ ★ ★

U dubine morske tami
mnoga kaplja tužno čami,
val je zove, zrak je mami,
svaka rada da se diže,
te da stiže suncu bliže.
Al' tek ona svetla biva
što s oblaka padne siva,
pa je sunčev plam celiva
da se zasja i preliva
na divotu sveta živa.

---

[18] † 1895. licem na Aranđela Mihaila, svoj rođendan.

Tako su i prosci tvoji –
ko da bira, ko da broji?
Koga takne tvoja ruka,
oko tvoje kog prosuka,
biće vredan toga struka,
toga lica, toga guka,
tih milina i tih muka,
biće vredan, kako ne bi!
    Blago tebi!

\* \* \*

Blago tebi! Šta ću više?
U tu mi se želju zbiše
sve ostale želje velje,
svaka radost, sve veselje.
Za me nema te miline;
i kad mi se magla skine
zaborava i tamnine
sa mladosti i davnine,
to su samo pusti seni –
    kuku meni!

\* \* \*

A što kukam? Da sam i ja
u tom jatu čelebija
oko tebe što se vija,
pa da me se, u toj četi,
tvoje srce samo seti
kad inamo kud odleti –
tad bi bilo kuku-lele!
sve bi muke na me sele.
Al' ovako, sve jednako,
dok se mlađem pehar peni,
te mu zbori: „Žen' se, ženi
dokle ti se svet zeleni!"
ja, osaman u seleni,

od jeseni do jeseni
pevam srcu: mirno veni!
 Blago meni!

*U Krušedolu, 1892.*

# O PROSLAVI BRANKOVA „ĐAČKOG RASTANKA"

Jutros, baš u razdanak,
    budi me galama:
slave „Đački rastanak",
    „pesmu nad pesmama".

Jutros, baš u razdanak,
    zla me slutnja slama:
zašto „Đački rastanak"
    „pesma nad pesmama"?

Zanosi l' vas gorski hlad
    onog Stražilova,
gde se Branko, zelen, mlad,
    žića naživova?

Ili vina puni „ćup",
    ili „cura mala"?
Ili ono „opa cup"?
    Sve je to tek šala.

Za *„kolo"* je golemo
    srce vam zapelo
što ga igra koleno
    Dušanovo celo.

Što vam je ugodio,
    ni to nije porok,
al' što je pogodio,
    što je pesnik prorok!

Pogledajte okolo
   i desno i levo,
divni san se dokonô
   što ga Branko snevô.

Srbijanci isti ti,
   isti „oganj živi"
pa će im izbiti
   „ko im se ne divi?"

Nema lepšeg ustava
   otkad ljudi tube,
Belgija je sustala,
   Englezi se gube.

„Tvrdi" Bošnjak patio,
   dogorele zublje:
u *kolo* se hvatio,
   al', braćo, *u šuplje*.

„Hrvaćanin" uvire
   u slovensko more,
njemu *Rački* umire,
   a *Raci* ga more.

Crnogorac caruje
   junačan i radan,
sudbina mu daruje
   pesmu – kad je gladan.

A da li je „mali car"
   još roda vulkanska?
Znam da mu je žena bar
   „Carica balkanska".

Neki drugi plivaju
   niz „Dunav" i „Dravu",
koji je još imaju,
   podigli su glavu.

Blago tebi, vesela
   Srbadijo mlada,
kad ti nije presela
   svakoja parada.

Prošao ti vazdanak
   u samim slavama:
„Đački" ti je „rastanak"
   „pesma nad pesmama...!"

*U Krušedolu,*
*uoči Sretenija 1894.*

# „PRERANO!"

Tako ti treba! Željan si neba.
Pohitô tamo, vele, „prerano",
a nisi čekô mirno, smerano,
brojeći ovde časove gorke,
da lepo sazreš, kô grozd za čvorke;
il' dok te snaga ne prođe muška,
da s grane padneš, kô gnjila kruška,
pa da te derlad nogama ćuška!
Kakva krasota, kakva divota!
Al' ti se „prerano" liši života.

No svaka druga da ti je prosta,
al' kakvo Srpstvo za tobom osta!
– Iako mislim, kol'ko sam te čitô,
da se baš nisi za njega kidô,
ipak mu nisi bio ni studan –
tek što si oči oklopio trudan,
sinuše rodu srećini zraci,
nestaše raspre poslednji trazi,
uskrsnu Srpstvo u punoj snazi,
uskrsnu Srpstvo u „šupljoj frazi"![19]
Šteta što nisi video ni to,
al' što ćeš, kad si suviše hitô.
„Prerano!" cvili sva ova knjiga,[20]
al' to je tebi deveta briga,
„prerano" *nama*, al' *tebi* „stiga".

---

[19] Vidi beogradske *Male novine* br. od... i – *Gut Ding braucht Weile* – autorov ispravak u glavnoj skupštini Društva Svetog Save u Beogradu. (Prim. red.)

[20] To jest *Spomenica Vojislavu J. Iliću* kojoj su gornji stihovi bili namenjeni, ali nesuđeni. Vidi o tome pismo pesnikovo uredniku *Dela* u knj. VIII-oj, god. 1895-e, str. 25-30. (Prim. red.)

Ti si prebolô sve ljudske strasti,
ti si pregorô zemaljske slasti,
bol i milinu, junaštvo, stravu,
ljubav i vino i srpsku slavu,
doljubakô si, dopivničio,
dokosovao, doslivničio,
nad nama letiš divan i čio,
nije ti stalo, senko nam draga,
što te slavimo – za vruća traga.

*U Krušedolu,
na Usekovanije 1894.*

# PROLOG ZA „GORSKI VIJENAC"

Na Lovćen gledah, u snu, s Cetinja,
pun zazora, kâ negda, djetinja.
Ispitljiv, al' u smjernoj molitvi,
prozborih ovoj svetoj kolibi:
„Pjesniče, druže, duše, što ti bi
te tamo pope svog tijela prah,
u gromove, oluje, grȁd i strah?
Nijesi l' zar svog praha bio sit
oprostivši se zemne trpije,
no, poput praha oca Srbije,
u duše svoje uplete ga nit?
Zar prahu da se duša pokloni
u samrtni u čas napokoni,
te da ga digne sobom uzgori
da oproštaju čas ne uskori?
Il' tajne te što pokriva tvoj hum
razumjet neće nikada naš um?
Da l' za to prah svoj pope na taj kom
da s njega gledaš dušom žalosnom
gdje pleme tvoje spava mrtvim snom?
Pa reci, nagov'jesti, daj mi znak,
što vidiš otud, svjetlost ili mrak?
Vidiš li vraga, onog starog, tvog?
Jedva ga vidiš, slomio ga Bog.
Binjiši su mu sad krpetine,
a mač i kruna pods'mjeh svjetine.
Al' mnogi drugi stvorio se vrag,
čas tu, čas tamo, svud mu vidiš trag.
Ima ih grdnih, ima viđenih,
ima ih golih, ima kićenih,

čas misliš nije nikakav im broj,
čas navale ka ljutih zolja roj.
Al' koji je, u vraškom sjemenu,
najžešći krvnik tvome plemenu?"
..........................................

Na Lovćen-kapi zamagli se hram,
oblačak nad njim, crni jedan pram,
sijevnu munja po tom pramenu,
kâ da su slova u tom plamenu,
lijepo čitam što mi piše plam:
„Dok na tu zemlju ovi stoji kam,
najcrnji vrag je Srbin sebi sâm!"

*U Somboru, januara 1902.*

# JEHOVA

*Josif Kiš*[21]

(s mađarskog)

I

Prošao sam sveta, sad plovi, sad jezdi:
na žarkome jugu molio se zvezdi,
sa žute Tise rascvetanog brega
skitačka želja odagna me preka,
po Italiji, ruže do kolena,
kraj mora sinja, kraj divnih promena.
Al' šta su šare, milodusi, cveće?
Kô laki oblak što nebom proleće,
jedan će časak sve to slomit kivno,
ne osta ništa – odveć beše divno.
Kô san jutarnji, i iz moje duše
sunčanog juga spomeni se suše,
malaksô zanos, svaki zrak mu sustô,
sve je to vreme izbrisalo pusto. –
Jedna se samo slika kamena
u duši mi sačuva stamena.
Gledam ga, lik se sa mnom stopio,
a temenom je oblak probio.
U svetu stoji tom inokosan,
mrgodan, tvrd je, go, al' ponosan;
duboko su mu noge zarile
u šiprag se, u šljunak sakrile,
od pamtiveka što se valja sa nj,
tã on je gromu večni nakovanj.

---
[21] Kiss József: *Összes költeményei*, 1900.

Ti šljunci su mu deca, pa opet
sasvim je, sasvim druga njihov svet.

\* \* \*

Gde videh to? na kopnu? na moru?
U tuču, il' u belu mramoru?
Te ruke mah, tu munju iz oka,
ljutinu tu sa čela visoka,
jel' Andželo taj lik preložio
pod svodom Svetog Petra? O, ne, ne,
to duša moja vide mnogo pre,
a tu sam ga se samo setio
kada je na me u snu sletio.

## II

Al' naš mi sada na um pada kraj,
u našem selu lik je nikô taj.
Ponosno glavu došao bi staru
polako greduć u mrkom talaru;
u strahu pred njim begali bi mi,
dečurlija što ulicama vri,
kô vrapci u grm ispred buljine,
il' kad se zbiju od olujine.
Pritiskuje ga leta stotina,
ni stota ga ne sagnu godina;
kô živa priča pokrivena tamom,
neznana nikom osim njemu samom;
tek slutiti duha mu mogâ let,
razumeti ga nije mogô svet.

\* \* \*

Čuvena mudrost beše starcu tom,
al' nepoznat mu zavičajni dom.
Govorkalo se: tom su zapale
sve tajne stare, svete kabale;
da hoće samo, pa, ovako star,

blagovati bi mogô kao car.
Al' zavet mu je siromaština,
krovinjara je sva mu baština.
Zateče dan ga, čim se pomoli,
il' nad knjigom, il' u bogomolji.
Ne pita on za ovo doba pozno,
vremena starih jezike je poznô,
kaldejski čita, razume i sirski,
izučio je i staromisirski,
te kad s' od onih knjiga otrgne,
nad jeroglifom čateć omrkne.
Kô vino, veli, nauka se cedi:
što starija, to znalcu više vredi.
Jedna je mudrost, vera njegova!
Jedna je mudrost, to je Jehova!
Taj ljuti bog u strašnom spomenu,
četvrtom što se sveti kolenu,
njegov je bog! Uza nj su nicali
za pasom pasi, kô morski talasi,
kô prazni glasi, detinji uzdasi,
mi kad bi dûh sa stakla zbrisali,
sve prođe, sve se zalud negova,
tek dva su stanca, on i Jehova!
Govorljiv nije, zbilja svaki kret,
nad veđama mu drema čitav svet;
beskrajni prostor misli obasjane,
iz noći nikle, munjom opasane.
Svakog se živog rado klonio
(tä i taj svet je njega gonio),
al' gde se kogod s dušom borio,
kraj njega tu se odmah stvorio;
te da bi bolu svom odoleti,
iz očiju mu, punih slutnje noći,
na umoru bi duša crpla moći
u bolji život pre neg' odleti.

\* \* \*

U noći bi se često budio,

Za sutrašnji se hlebac trudio,
prepisujuć na bele listine
starinske vere večne istine,
„Zaveta starog" slovo večito,
što ga je tol'ko puta prečitô,
taj živi izvor, navek duši smok,
najvišu tajnu što se zove bog!
Kako je pišuć ceo vek svoj provô,
tako je nad njim ovladalo slovo.
Zanosio se u to staro doba,
u onu vrevu svakojakih zloba,
kad Jehova na zemlji beše sve,
suparnik svak mu morô je da mre;
tad mrtvo slovo beše zakon živi,
kamenjem, ognjem, ko mu se protivi,
grešnike prži oganj osvetnik,
a paloš drži prvosveštenik.

## III

U zaklonu te puste hridine
jedan je divan ponikao cvetak,
potočni žubor, vetrić mu začetak,
nemaština i želje stidive;
umesto rose, mraz je njojzi nega,
umesto pažnje, očeva joj stega,
ipak odrasla kći je Jovova,
u nezgodi divota gotova.
Nabrekla snagom, krasna na pogled,
čistota, zdravlje, milje napored,
kad ide, leti, sve peva na njoj,
progovori li, kao zvona poj
poljanom kad zazvoni podveče,
te rajska krila duši podmeće.
Što kaže – mudro; lepa misô svaka,
kô šaren leptir kad bi, krila laka,
ogledô se nad bistrim potokom...
A oči tek! ... Pod otim pod okom
umukne reč a pamet zastane,
neispevana pesma nastane,

ni slutit ne moš ako neću doć
čudnovatom ti gatkom u pomoć.
Visoko sunce i duboka noć
pogledali se gledom željanim,
i sastaše se stankom jedinim,
i stopiše se stopom večitim.
Ta priča tinja sjajom rečitim
– u dušu bi ti otud skočila –
U Mirjaminim crnim očima.

\* \* \*

Samoća joj je dušu dojila,
ljuljajkom pesmom je napojila,
u te je pesme tajna snaga bila,
u njenu zuju mašta diže krila.
A čitati je sama učila,
u tom se krišom noću mučila;
s listova starih kakve knjižice
uvrebala je pesme, pričice,
po koju reč il' misô, mrvu, kap,
za duše njene nezajaznu glad.
A žednila joj duša, žednila,
poznanje želi, nauk, preokret,
utekla bi od ovog bednila,
u sebi stvara čitav novi svet,
ugodnij', bolji, lepši nego java,
ne znaš jel' slutnja, il' je pesma prava.
Jednom joj knjiga neka dopade,
sa koje nekad natpis otpade,
u njojzi mnoga priča svilena
– grehota što joj ne zna imena –
neprestano je čita, svaki čas,
kô kad pevucaš kakav lepi glas,
sve to pa to, na svagda, uzaman,
jer za srce je tebi prikovan.
U čitanju što god b' uživala,
na sebe sve bi primenjivala:

čas Julija na Romeovu krilu,
čas Kresida kolenu Trojilu,
čas Dezdemona, najjadnija žena,
čas Kordelija, a čas Imogena...
kad se kakvo momče – goveče –
nezgrapnom šalom o nju očeše,
uvrediti je mogla ni ta nije,
seti se samo vile Titanije...
Taka je bila, spava i kad bdi,
Mirjama lepa, starog Jova kći.

## IV

Jesenje veče. S lipe lišće pada,
s krovom se prašta lastavica sada,
osta joj gnjizdo studeno i samo,
o, lasto moja, da l' ćeš opet amo?
Ispod krova kroz okna svetli žižak,
po jasici se prosuo plamičak,
od njega lišće sve treperi zlatom,
svetlinu dalje mrklim nosi mrakom.

## V

Podnimio se, zamišljeno ćuti
sedoglav Jove, okom ne miče,
neispisan pred njime list je žuti,
ni mastila ni pera ne tiče.
Sad uze pero, poče pisati;
al' opet stade slova brisati;
neka mu tonja, vidiš, volju kvari,
preteže glava – napred, orle stari!
I dublje smoči pero, s razlogom,
čeka ga glava s krupnim naslovom...
Druga je knjiga, prorok Mojsije,
trideset druga glava njojzi je,
kad budeš doma uzmi „Pismo sveto",
u njemu ćeš pročitat moći sve to:
gde zlatnom juncu narod klanja lud,
a jadni Mojsil kune, gnjevan, ljut.

O mudrosti! o večna lepoto!
To beše pesnik što je pevô to!

\* \* \*

„A Isus Navin: 'Učitelju, čuj!
Iz okola pobede zvoni zuj!'
A učitelj: 'Moj sinko, ne veruj;
ni pobeda ni propast nikome,
veselja samo čujem klikove'."
I začudo, tek ispisa te reči,
u ušima mu nešto zvoni, zveči,
taj isti kô da on sad sluša glas
što nekad beše praocima spas.
Čudnovat šum, kô neka vika, graja...
Al' stani malo... neće biti, aja!
To nisu glasi što su nekad bili,
njih serafimi ne nose na krili' –
skitači neki; glumci ponikli,
u selskoj kući čergu podigli,
slegô se narod kao da je daća,
pa pljeska l', pljeska, to im je sva plaća,
pa smeje se, pa plače, kako kad.
Glumačkoj vili blago li si sad!

\* \* \*

Ta buka je pomela našeg čiču.
Ipak, pod perom mu još slova niču,
pa piše, piše, opet zastane –
u duši nikad mir da nastane.
I presta svirka. Al' umesto nje,
zagrajaše davnine utvore,
pa muče, dave staroga pisara
O, našto, našto ta vremena stara?

## VI

Tri krasna sina oteo mu svet,
bar da je smrt, neg' život, život klet!
Još onom što je smrću oči sveo,
tom jedinom se radovati smeo.
A rat, il' doba, vazduh, novi vek,
na prstima što ide, te mu slek
tek osetiš kad zemlju potopi
i jedva stoje kutnji svodovi,
to doba veli starom: Padaj, mri!
Taj moloh mu je proždro sina tri.
Ni misô, ništ' od vere njihove
ne pređe s oca na te sinove,
a svetu vezu što premosti svašta,
toplinom svojom svaku krivdu prašta
tu vezu, krv, milosti večite
željezni zapon očin prekide.

\* \* \*

Otisnuo je u svet sina svog,
na put mu dade: Čuvao te bog!
Još deran beše mali sin mu taj,
al' tako hoće stari običaj.
I nikad glasa, nikada mu traga,
tek jedva jednom evo pisma draga:
„Moj oče, nije pouzdana vera,
jer ovim svetom vlada samo mera."
A otac na to? Ruka njegova
na listu napisa samo: „Jehova!"
I opet glas od sina: „Dragi oče,
poda mnom posao veliki se poče;
u zasedi me Indijanac vreba,
a sivi medved[22] ovud noću čepa,
nebo mi krov, a trava pustina,
al' preda mnom se gubi pustinja;

---

[22] J. Kiš veli da je to bio šakal (*sakál*), al' to je jamačno zaboravak, jer te životinje nema u Americi. Stoga sam ga ja slobodno pretvorio u sasvim amerikanskog sivog medveda (*grizzly*). (Prim. prev.)

pod zapovedi mojom sve se žuri,
sad gradim nasip kraj vode Misuri,
prašume krčim, rušim bregove;
sve, oče, to u slavu Jehove!"

\* \* \*

I više ništa, ni traga ni glasa!
Dorasla deca od drugoga pasa,
zaboravljen je starog Jova sin.
Kad, jedno veče, selu na mrginj,
kô neka slava, neka litija,
ni carska vožnja ponositija,
sve karuce, pa neki Arapi,
čudi se selo, svet po tarabi,
pa silne sluge, a narod se gura,
divi se zlatu njihova mundura.
Pred starčevu su stali kolibu,
– hoće li stobor shvatit gomilu?
Gospodar siđe s kola, lep kô dan
(preplanuo ga malo sunčev plam),
a za njim divna paunica stupa,
lepotica, verenica mu ljuba;
pred starca, evo, sretan, vodi je,
a on ih čeka, ruke podiže.
Al' trže se, dršće mu svaki prst,
na njenim grudma video je – krst.
„Neverni stvore!", zajeca ravin,
„zar, otpadniče, ti, zar ti moj sin?
Ti nikad nećeš preći praga mog,
tako se na me smilovô moj bog."

## VII

Da, mučan spomen što mu dušu tre!
Pod ovim bolom stara srdnja mre,
a stara rana nanovo se zledi,
iz nje, kô i pre, mrka krv se cedi,
spomen se budi, gubi mu se java,
niz ruku glava sve mu malaksava.
Ah, još je imô, još jednoga sina,

najlepši cvetak detinjih milina,
pa veleum, iz božjeg nikô čela,
al' je i njega provalija htela.
Da sazna svemu svrhu i početak,
na nauku se dao, na izumetak,
tako je svoje proslavio ime,
al' onom slavom od koje se gine;
i sve je našô tražeć' uzrok svemu,
sâm bog je ostô nedokučen njemu!
I odnese ga um u nedođin!
Sve uzalud, ni to mu nije sin.

\* \* \*

I jedna suza – retka gošća u nj –
iz oka mu na mrki pade gunj
mezimca svog se seća – mališe,
spomen mu davno suze zališe.
Tog nije u svet otisnuo zao;
nijednog mu ne beše tako žao.
Čeperan beše deran, kočoperan,
svog roditelja kao prepis veran,
vragolan, veseo, nestašan je bio,
svako ga kara, a svakom je mio,
jedva mu prošlo petnaestak leta,
al' nasta prekret u staroga sveta.
Ruše se dvori – prestoli bez gose,
čiste se puške a bruse se kose,
u rosi nije, trava je u krvi,
i njegov deran ode s četom prvi;
za pušku nije bio dosta krupan,
te o rame mu obesiše bubanj.
Tako je s boja u boj dobovô,
dok za nj ne nađe zrno gotovo...

## VIII

Dogorela je sveća, gluho doba,
od crnog stenjka pomrčala soba.

Jov usta stari, a crna mu senka
i slabu žišku zakloni u stenjka.
„Mirjamo!", šapće, „draga ćeri mi,
poslednji ti si začin vere mi,
oda zla tebe nebo zakrilo,
Rafailo te čuvô, Gavrilo,
a oklopničke čete nebesne
odbijale oda te snove zle,
avetinje, veštice, utvore,
da mojoj maloj svest ne umore."
Useknu sveću, planu joj plamičak,
zaviri glàdi u tajni krajičak,
gde na perini Mirjama počiva,
kô mesečina kad po cveću sniva,
il' s onog sveta divna slika nema –
al' mesto pusto, Mirijame nema.

\* \* \*

No gle! na stocu, pokraj postelje,
nadrljan beli listak, od nje je;
ponegde slova slivaju svoj trak,
od Mirjaminih to je suza trag.
Nadrljan listak, zbrka poruka,
(poludela je, jadna poruga),
te sudbina, te kletva očina,
došle joj, veli, vile očima,
pa kad je srcem sasvim odmekla,
sa glumcima je u svet odbegla!

## IX

Kô gorski jelen čuvši lovčev rog
i strašnu zvizgu zrna puščanog,
što više plaši no što ubije,
usplahiri se, dûh mu s' upije,
pa zvera, njuška, mahom poleti,
pogibli misli toj odoleti,
ukopce lovcu... tako stari Jov.

Ni da je pao na njega kućni krov,
posrnô ne bi većma. Strašni mrak
pritiskuje ga, pao bi nauznak,
jauknuo bi, riknuo bi sad,
al' kamo glasa da mu kaže jad!
I jedva dahnu: „Kuku! Zar i kći?
O Mirjamo, o nado, zar i ti?"

I zajeca, u gorki plač se dao,
al' ne rad sebe, nje je njega žao.
A kad se stiša, plač kad prestade,
tad vide da mu svega nestade,
sve ode što mu duša negova,
tek jedan gospod osta – Jehova!

\* \* \*

Iz kolibe izađe od muke,
te pun duševne svete odluke
uvis je digô glavu, nebo crno,
i njega gospod u žalost ogrnô.
Starac je digô obe ruke gore,
pa kô da sluša i kopno i more,
kô da je gospod poslô sa visina
svu svetlu vojsku svojih serafima
da mu svedoče da se navek uzdô,
da nikad nije verom svojom sustô;
sve jecajući glas mu se oteže,
po pustoj noći silno se razleže:
„Ti dao, ti uzô, Ili, Adonaj,
naš vek je tvoj, početak, jek i kraj!"

[1904]

# J. J. ŠTROSMAJERU

o pedesetoj obletnici njegova vladičanstva

Pokrili su tvoji dari
sav narodni stô:
ako Bog još za nas mari,
zdrav doživi sto.

[1900]

# IZA DRAGINA „POROĐAJA"

Kolo vernih:
Dok je nama kralja Saše
   i kraljice Drage,
odbijaće ruke naše
   od Srbije vrage.
Kolo dernih:
Za kraljice Draginje
   prestala je trpija,
   počela je Srbija
da se pred njom saginje.
Glas iz daljine:
Postojbina, nekad, golemaka,
sad je zemlja maznih dolevaka,
stovarište praznih kolevaka.

[190?]

# 'IMNA SRBIJI, ZA KRALJA PETRA I[23]

Ti, što vedriš sa visine,
    što oblačiš dan i noć,
u koga su sve miline,
    u koga je svaka moć;

što postavi „slavu" staru,
    Badnji dan i česnicu,
kletvu dade car Lazaru,
    a Milošu pesnicu.

Bože, što nas nekad slomi,
    da sastaviš nanovo,
staru noć nam ti zatomi,
    otkri carstvo danovo.

Oprosti nam naše smutnje,
    – otkajasmo trpijom –
ne daj da se crne slutnje
    zacare nad Srbijom.

Nek iz mora starih jada
    nikne bolji naraštaj,
neka snaga stvori mlada
    od Srbije novi raj.

Nek zagrmi s novih struna
    nove pesme silni jek,
od Soluna do Požuna
    da nastane i naš vek.

---

[23] Propala na mobi.

Blagoslovi kralja Petra,
    junačku mu hrani svest,
snagom jedra, umom vedra,
    potomstvu za pripovest.

Sačuvaj ga za čas teški
    kad zatreba vođ i kralj,
kad mu dedov duh viteški
    s neba tvoga sleti na nj.

A kad svane dan sudbine,
    tad ne budi, Bože, spor,
nek se bije, nek se gine,
    nek se svrši stari spor.

Poginule u raj primi,
    nad ostalim, Bože, bdi;
onim tvoji serafimi,
    ovim sloga, ljubav, ti!

*U Somboru, 1906.*

# BRANKO I VILA MU PRIVIĐENICA

Karlovačka pijaca. – Ponoći uoči Nikolja dne 1905. godine. Mesečina.

Izlazi *vila* vodeći *Branka* za ruku. U Branka su vezane oči belim povojem.

## VILA

Eto, Branko, sine bez rodiva,
sad se zbiva tvoja želja živa:
da po zemlji još korakneš krokom,
da progledaš još umrlim okom,
da ugledaš nekadašnja mesta,
mila mesta sa kojih te nesta.
Ovaj čas ti milost Božja dala
ne bi li ti večnost olakšala.
Želja ti se izvršila smela,
sad pogodi gde sam te dovela.

(*Skida Branku povoj s očiju.*)

## BRANKO

(*Gleda oko sebe, zastane prema patrijarhovu dvoru.*)

Aoj, vilo, i majko i sele,
tu divotu, te dvorove bele,
ja zamišljah u Prizrenu staru,
il' u Skoplju, ili na Vardaru,
lov lovio gde je car lovaca...

## VILA

Ti si, Branko, usred Karlovaca.

## BRANKO

To? Karlovci? Ne šali se, vilo.
Znam kakvo je još otoič bilo –
pa sad 'vako? To ne biva lako,
tom se mora začuditi svako.
Ta promena, tolika divota,
to je mnogo za jednog života:
već ako nam ne uskrsnu slava,
narod stekô novog cara lava,
te j' u svoju državu junačku
prisvojio Srem, Banat i Bačku,
a evovde carske dvore diže,
da je slavom pesmi mojoj bliže.

## VILA

Zemlja ima istog gospodara,
istog ima kralja i ćesara –
tek imamo drugog patrijara:
Georgija, Branković ga rodi,
izabra ga narod u slobodi,
a on rodu sad milo za drago
odužiće, uzdam se, zanago.

## BRANKO

Zar Branković? Opet moram reći:
Što Branković onaj ote sreći,
to Branković ovaj će nam steći.
Al' reci mi, vilo, tako t' Boga,
ima l' s kime? Ima li za koga?
Je li narod sav uz njega pristô
ne bi l' s njime svetu bolje blistô?
Sve vladike jesu l' mu branici?

Paze li ga mlađi sveštenici?
Učitelji, pisci, novinari,
sve što za rod i prosvetu mari,
jel' mu sve to na pomoći, vilo,
jel' mu sve to duši desno krilo?

## VILA

Mnogo pitaš i premnogo, sine,
čas je da se vratiš na visine,
da ti tamo luč istine sine.
A što da ti kazujem i slutim?
Bolje, sinko, bolje da ućutim.*

* Ta je „vizija" napisana po naročitoj želji i molbi Odbora za proslavu pedesetogodišnjice sveštenstva Njegove svetosti, srpskog patrijarha Georgija. Odbor je, uz pristanak pesnikov, u poslednjem času, izmenio završni govor vilin ovako:

## VILA

Pođi, Branko, već se zvezde gase!

(*Čuje se iza pozornice pesma.*)

## BRANKO

Kao da čujem budućnosti glase.

## HOR

„Samo sloga Srbina spasava",
Brankoviću Georgiju slava!

(*Za vreme pesme nestane* Branka *i* vile.)[24]

[1905]

---

[24] Uostalom, i ta pesma ima svoj osobiti *fatum libelli*. (Prim. red.)

# DECA I STARAC[25]

## DECA

Hodite, gospodine,
    mi smo tako mali!

## STARAC

Jest, al' idu godine
    kao morski vali.
Čekaj, ni po stotine,
    videćete, ždrali,
kako smo, starotine,
    mi tek bili mali.

[1908]

---

[25] Prilikom velikog detinjeg veselja u Somboru uoči Vidova dne 1908. godine.

# SANTA MARIA DELLA SALUTE

Oprosti, majko sveta, oprosti,
    što naših gora požalih bor,
na kom se, ustuk svakoje zlosti,
    blaženoj tebi podiže dvor;
prezri, nebesnice, vrelo milosti,
    što ti zemaljski sagreši stvor:
kajan ti ljubim prečiste skute,
*Santa Maria della Salute.*

Zar nije lepše nosit lepotu,
    svodova tvojih postati stub,
nego grejući svetsku grehotu
    u pepô spalit srce i lub;
tonut o brodu, trunut u plotu,
    đavolu jelu a vragu dub?
Zar nije lepše vekovat u te,
*Santa Maria della Salute?*

Oprosti, majko, mnogo sam stradô,
    mnoge sam grehe pokajô ja;
sve što je srce snivalo mlado,
    sve je to jave slomio ma';
za čim sam čeznô, čemu se nadô,
    sve je to davno pepô i pra',
na ugod živu pakosti žute,
*Santa Maria della Salute.*

Trovalo me je podmuklo, gnjilo,
    al' ipak neću nikoga klet;
što god je muke na mene bilo,
    da nikog za to ne krivi svet.

Jer, što je duši lomilo krilo,
    te joj u jeku dušilo let,
sve je to s ove glave sa lude,
*Santa Maria della Salute!*

Tad moja vila preda me granu,
    lepše je ovaj ne vide vid;
iz crnog mraka divna mi svanu,
    kô pesma slavlja u zorin svit,
svaku mi mahom zaleči ranu,
    al' težoj rani nastade brid.
Šta ću od milja, od muke ljute,
*Santa Maria della Salute?*

Ona me glednu. U dušu svesnu
    još nikad takav ne sinu gled;
tim bi, što iz tog pogleda kresnu,
    svih vasiona stopila led,
sve mi to nudi za čim god čeznu',
    jade pa slade, čemer pa med,
svu svoju dušu, sve svoje žude,
– svu večnost za te, divni trenute!
*Santa Maria della Salute.*

Zar meni jadnom sva ta divota?
    Zar meni blago toliko sve?
Zar meni starom, na dnu života,
    ta zlatna voćka što sad tek zre?
Oh, slatka voćko tantalska roda,
    što nisi meni sazrela pre?
Oprosti moje grešne zalute,
*Santa Maria della Salute.*

Dve se u meni pobiše sile,
    mozak i srce, pamet i slast.
Dugo su bojak strahovit bile,
    kô besni oluj i stari hrast.
Napokon sile sustaše mile,
    vijugav mozak održa vlast,

razlog i zapon pameti hude,
*Santa Maria della Salute.*

Pamet me stegnu, ja srce stisnu',
    utekoh mudro od sreće, lud,
utekoh od nje – a ona svisnu.
    Pomrča sunce, večita stud,
gasnuše zvezde, raj u plač briznu,
    smak sveta nasta i strašni sud.
O, svetski slome, o strašni sude.
*Santa Maria della Salute!*

U srcu slomljen, zbunjen u glavi,
    spomen je njezin sveti mi hram.
Tad mi se ona odonud javi,
    kô da se Bog mi pojavi sâm:
u duši bola led mi se kravi,
    kroz nju sad vidim, od nje sve znam
zašto se mudrački mozgovi mute,
*Santa Maria della Salute.*

Dođe mi u snu. Ne kad je zove
    silnih mi želja navreli roj,
ona mi dođe kad njojzi gove,
    tajne su sile sluškinje njoj.
Navek su sa njom pojave nove,
    zemnih milina nebeski kroj.
Tako mi do nje prostire pute.
*Santa Maria della Salute.*

U nas je sve kô u muža i žene,
    samo što nije briga i rad,
sve su miline, al' nežežene,
    strast nam se blaži u rajski hlad
starija ona sad je od mene,
    tamo ću biti dosta joj mlad
gde svih vremena razlike ćute,
*Santa Maria della Salute.*

A naša deca pesme su moje,
    tih sastanaka večiti trag;
to se ne piše, to se ne poje,
    samo što dušom probije zrak.
To razumemo samo nas dvoje,
    to je i raju prinovak drag,
to tek u zanosu proroci slute,
*Santa Maria della Salute.*

A kad mi dođe da prsne glava
    o tog života hridovit kraj,
najlepši san mi postaće java,
    moj ropac njeno: „Evo me, naj!"
Iz ništavila u slavu slâva,
    iz beznjenice u raj, u raj!
    U raj, u raj, u njezin zagrljaj!
Sve će se želje tu da probude,
dušine žice sve da progude,
zadivićemo svetske kolute,
bogove silne, kamoli ljude,
zvezdama ćemo pomerit pute,
suncima zasut seljenske stude,
da u sve kute zore zarude,
da od miline dusi polude,
*Santa Maria della Salute.*

[1909]

# DODATAK

# PESME I PREVODI PESAMA IZDATI ZA ŽIVOTA IZOSTAVLJENI IZ ZBIRKE „PESAMA" 1909.

# PITAČ I SLEPAC

## PITAČ

De mi kaži šta je lepše
od mlađane mome?
De mi kaži šta je slađe
neg' ljubit se s njome?

## SLEPAC

A ja ne znam šta je lepše
jer video nesam;
a ja ne znam šta je slađe
jer ljubio nesam;
a ja ne znam ništa lepše
od mojih gusala;
a ja ne znam ništa slađe
od mojih pesama.

[1858]

# VERNA DUŠA

Kad sam milu obgrlio
i od nje se rastavio,
'vako sam je preklinjao:

„Nemoj samo, dušo moja,
da ti ljube usta tvoja
drugog momka skerlet-usta.

Dokle gledaš bela sveta
i u polju lepa cveta,
barem – dok sam ja ti veran!"

Evo sam je ostavio,
mnogo sanka boravio,
al' o miloj – nema sanka!

Ako me je poslušala,
kad se sa mnom rastajala –
već mi drugi dragu ljubi!

[1858]

# ZBOGOM!

Sve sad moram ostaviti,
putujem daleko;
s milom sam se rastavio,
zbogom sam joj rekô.

Srce gori, ruka s' vije
oko vitkog stasa,
sad se čuje cvrkutanje,
kô tičijeg glasa.

A ja miloj kletve zborim,
ona meni slatko zbori,
odzivlje se u zidovi,
a u njojzi kletva gori.

Ja se trgnem – mnogo vidim
velikoga sveta,
svaka mene sreća prati,
raj – i zloba kleta.

Natrag dođem; milu nađem
u rukama muža,
na prsima moje cveće –
uvenula ruža!

[1858]

# DRAGOJLO I MAJKA MU

### DRAGOJLO

Već u tami rumeni gorica,
već je pala jutrena rosica,
rani petli jasno kukuriču –
mojoj sam se zaverio dragoj
da ću doći pre bele zorice,
pre zorice i sitne rosice.
Pusti, majko, pusti me Jovanki!
MAJKA
Nemoj, sinko, ako Boga znadeš,
nemoj; dušo, ne idi od majke!
Čeka dušman u šumici mračnoj,
čeka na te, oštri jatagana.
Nemoj, dušo, ostani kod majke!

### DRAGOJLO

Ćuti, majko, ne brini se za me,
mani Ture, mani jatagana,
tâ zar nisi rodila junaka,
a junak se ne boji Turaka.
Mila majko, pusti me Jovanki!

### MAJKA

Dušo moja, majkino jedinče,
mani mome, ne ostavljaj majku.
Draga ti je jadna nevernica,
ne vole te kâ rođena majka.
Dušo moja, ostani kod majke!

# DRAGOJLO

Mila majko, već zorica sviti,
već se svetle vr'ovi bregova,
magla pada s jutrenom rosicom.
Zbogom, majko, ja odo' Jovanki.

[1858]

## ALA RUDI...

Ala rudi lice bujno
u te divne mlade mome,
kao da je vino rujno
u buretu staklenome.

A ja bih ga još nadujnô
u poljupcu nausnome,
kô slavina on bi zujnô
u buretu staklenome.

[1860]

# KORNELIJU STANKOVIĆU

Preko tambur-duše
pesmicom prevuci,
pitaj, šta ti kažu
iz tambure zvuci.
Iz tambure bije,
iz tambure seva:
ko peva za srpstvo,
srpstvo mu otpeva!
Slušaj zvuke, slušaj,
što ih tambur' nosi,
pri'vati ih živo,
kô i dosad što si.
Nek oseti srpstvo,
nek pozna Evropa,
da je srpska pesma
večitoga doba.
Kad oseti srpstvo
šta ima u tebi,
vratiće ti pesmu –
oh, tā kako ne bi!
Ta tambura bije,
ta tambura seva –
ko peva za srpstvo,
srpstvo mu otpeva.

[1860]

# RUŽA

Uzabrao sam divnu ružu
od ljubavi i milina
iz gradina moje duše
di se tako cveće prima.

Bacio sam rajski cvetak
rascvetane moje ruže
u ledine plodovite
nesađene tvoje duše.

Primila se moja ruža
na tim plodnim ledinama,
rascveta se, zamirisa –
to je ruža na usnama.

Ružo, cveće moje duše,
što te nosi moja mila,
daj da te se namirišim,
tã nekad si moja bila!

[1860]

# NAD KORNELIJEM STANKOVIĆEM

I nađoste se ispratiti ga,
opkoliste ga kolom ukopnim,
rođaci, svojte, znanci, drugovi!
Na krilima od uzdisaja vam
odleteće mu duša skorije
u heruvima zvučni zagrljaj.
Al' ja vam kažem da je neko tu
što bliže beše srcu njegovom
od sviju vas: a to je žena ta
nad glavom što mu nemo tuguje.
Zar ne vidite? To je ljuba mu,
udovica mu, srpska vila je.
Ogrnula se mrakom ponoćnim,
zvezdanim okom gleda u zemlju,
u levoj gusle razbijene joj
i slomljeno u desnoj gudilo.
Seća se vila da je neki muž
od uspavani' sila podzemni',
opčinljive mu svirke zanosom
pokojne svoje ljube iznô sen.
Al' ona, tužna, čim povratiti
Orfeja svoga nestanuli duh
kad njega nema da joj udesi
priželjkujuća grla tugopoj.
Nevidljiv lik tek dušom vidim ja;
al' onu živu, crnu četicu,
majušnu tu, sićušnu siročad,
i vaš će lasno opaziti vid,
opevajući čuste im već glas:
ta sitna čeda što ih veleum
sa ljubom svojom, vilom, izrodi,

jedincata su to mu dečica,
pismena gudna, dela su mu to.
Opkolila je majku siročad,
po lestvicama petoprečažnim
nad oca svog nadviruje se lik.
Al' oca vašeg nema, dečice,
posinio ga otac nebesni.
Pa hajd' za njime! Za njim u polet!
Anđelski kad vas gudni čuje svet,
glasova vaši' udešeni stroj
pred Bogom nek se s vama bratimi,
nek od vas uči sveti, stari poj,
anđelski tužni poj „So svjatimi"!

[1865]

# [EPITAF KORNELIJU STANKOVIĆU]

U zemljici gluha mraka
    tvoje svirke vir uvire,
al' na vidu zvučna zraka
    pesma tvoja ne umire –
dok je svircu devojaka,
    guslar suze dok utire.

[1865–1866]

# MOSKVI

Oprostimo se, mili grade;
matuško Moskvo, sad praštaj!
Al' ne, oprosti, svaki znade
da ovo nije oproštaj!

Mi polazimo, al' nek ide
i Moskva s nama jedanput,
i braća naša nek je vide
kad otvorimo svoju grud.

I naša neka vidi zemlja
slovenskog bratstva živi znak!
Nek razaspu kubeta Kremlja
po zapadu istočni zrak!

I braća naša nek poznadu
matušku – ne matušku, ne! –
đevušku Moskvu, novu, mladu,
a mlad je Sloven ženik nje.

Đevušku Moskvu, mladu, novu,
tu finik-ticu na sever,
po zagrljaju plamenovu
mrazovne zime žarku ćer.

Nek uzor bude svog drugara,
Slovenu uzor da je svet,
i on iz gara nikne stara
u slađi let, u mlađi svet!

Svati se kreću, al' nek ide
i neva s njima jedanput,
i braća naša nek je vide
kad otvorimo svoju grud.

Kad zasine sa zlatnih lavra
naš posvećeni poljubac
što već i sada nadaslavlja
zemalja naših porubac.

Mladenci mogu srećni biti,
u braku jedno drugom stub,
al' navek će im srce biti
na prvi kad se sete ljub.

Oprostimo se, mili grade,
matuško Moskvo, sad praštaj!
Al' ne, oprosti, svaki znade
da ovo nije oproštaj!

[1867]

# SVETKOVINKA

Ori mi se, pesmo, hoj!
Ori mi se, mila!
Pevaj, Srbe, brate moj,
uz tebe je vila!
Srpska volja diže grud,
srpska volja 'oće svud,
'oće da se glasi.

Zdravo da je srpski grad!
Zdravo da ste, braćo!
Svak u kolo duhom mlad,
muči, stara svađo!
Srpskog sina, srpsku ćer,
kom je samo pošten smer,
sve nam kolo prima.

Vidite li stari san
vaši' pradedova?
Omladinu, mladi dan,
javu njini' snova?!
San je prošô, prođe noć,
odmor noći daće moć
omladinskoj javi.

[1870]

# JOVANCI STOJKOVIĆEVOJ

Ti ćeš poći;
primiće te sva tuđina pusta,
*stranjski* će im zborit tvoja *usta*,
ali tvoji *prsti*
zboriće im *srpski*.

Ti ćeš poći;
al' iz našeg sanka
nikad, Janka!
Pa kad opet bude čula ruža
*đurđevskoga* priželjak slavuja,
pomisliće naša željna duša
da je kakav zvučak tvojih struja,
te, samohran, željano spominje
živo jato srećnij' svojih druga
što ih hrani zrakovita ruka
i njegove i njihne boginje.

Ti ćeš poći;
primiće te sva tuđina pusta,
*stranjski* će im zborit tvoja *usta*,
ali tvoji *prsti*
zboriće im *srpski*.

*U Novome Sadu,*
*27. aprila 1872.*

# JUDA

Mnoga je već godina,
šest je puta nekih trista,
kako j' ove nedelje
prodô Juda svoga Hrista.

Predô ga je gomili
fariseja i knjižnika,
prodô ga je, priča se,
za trideset srebrnika.

Prodade ga, izdade,
razapeše Hrista boga,
razdesi se ceo svet,
desiše se čuda mnoga.

Al' najčudnij' beše čin
što se Judi podesio:
izdajnik se pokajao,
pokajao i obesio.

Da l' se, grešnik, pokajao
što je vidô čuda mnoga,
niti je, jadnik,
uvideo da je izdô svoga boga.

Te ga grizla mučna savest,
gonila ga smrt da traži,
te da smrću smrtni greh
il' pokaje, il' ublaži?

Nemojte ga bediti,
znajte da je bio Juda,
to bi bilo suviše,
nije bio taka luda.

Znate l' zašt' se pokajao?
Što je posle „račun" poznô,
vidô da je „pogrešan",
al' je većem bilo pozno.

Čim je pare primio,
sa burse su pisali mu
da j' espapu veći kurs
bio u Jerusalimu.

Da je prodô budzašto
jedinoga Hrista boga,
nebrojeno blago za nj
da je lako dobit mogâ.

E, pa šta će, nesretnik,
nije imao kamo, kuda,
pokajô se, ubio,
Iskariot, stari Juda.

\* \* \*

Da je danas nešto živ,
i da nije od Siona,
prodao bi boga bar
za trideset miliona.

*Strasne nedelje 1882.*

# OPANKU

„... opanak – što redovno kalja klupe našem zakonodavnom telu."
*Videlo*, br. 51, 19. marta 1882.

Zar uvek takav kakav se rodi,
   zar uvek prezren, zar uvek prost?
Zar ne znaš da si silnoj gospodi
   od pamtiveka u grlu kost?
      Zar ne znaš da si u svemu zadnji,
      opanče jadni?!

I u skupštinu zar da se vine
   neobrađeni podnožak tvoj,
gde treba samo cipele fine
   svoj da unesu gospodski soj?
      Zar pred većine roj licemerni,
      opanče derni?

Zar nisu dosta besede glupe
   s otmenog mesta što more zbor?
Zar nisu dosta gospodske ćupe
   što im je tako – odgovor spor?
      Već i ti dođe da „kaljaš" skupe
      „skupštinske klupe"!

Ja vidim, tebi pomoći nema,
   nikad se nećeš doterati,
i već se čizma na tebe sprema,
   mamuzom će te oterati.
      Evo j', u prvom železnom vozu,
      znaćeš za gosu!

I ti se ipak na borbu spraljaš,
    na posao sebe pritežeš sâm,
zar opet hoćeš „klupe da kaljaš",
    da obesvetiš većinin hram?
        Kad si već taka naleta, namet,
        primi moj savet.

Ne pitaj onih što tebe grizu
    ko im je bio otac il' ded,
danas ti jesu, sutra ti nisu,
    danas su varak, sutra su smet.
        Njihova ne mož' reč da te vređa,
        svrbe ih leđa.

Al' nek ti reku gospoda cigla:
    „Otkuda kruna, kome vam sja?
Otkud se digla, otkud je nikla,
    zar nisam njojzi praotac ja?
        Pa zar i *krunu* 'opanak kalja',
        „*krunu u kralja*"!

[1882]

## „PRAVO ČUDO"

„Četiri parobroda pogođena su da prate sutra kralja do Obrenovca, a kraljicu i kraljevića do Beograda. Pravo čudo!"
*Sadašnjost*, br. 4, 10. aprila 1882.

Pravo čudo, čudo pravo!
Čuj Dunave, slušaj Savo!
   Četiri nam parobroda
   prate kralja, krunu roda.
   Kakva slava, kakva zgoda:
   četir' cela parna broda!
Je li da je „pravo čudo",
izveštače, sakaludo?

      \* \* \*

Mi mišljasmo, čas kad stigne
da se jednom na put digne
   novog srpstva prvi kralj –
   da nam dosta biti neće
   ni da za njim flote kreće
   celog sveta pusti dalj;
a tebi je, oj, magare,
mnogo četir' broda pare,
čudo pravo, pravo čudo,
naprednjačka sakaludo!

      \* \* \*

Pravo čudo, čudo pravo!
Čuj Dunave, slušaj Savo!
   Vid'lo je i Valjevo
   svetlo lice kraljevo;
   al' zašto nam Užice

zaman bere ružice
    da posipa kralju put?
Čije su to ručice
što mu krate, mučice,
    taj ovejan srpski kut?
Je li da je „pravo čudo",
naprednjačka sakaludo?

        \*  \*  \*

Pa jel' i to čudo pravo,
naprednjačka luda glavo,
    što pred kraljem neko jaše,
    te pred kralja samo vaše
    podle pušta aminaše,
    a junake, Kole, Raše,
    što će svaki sve da kaže,
    što kraljeve želje traže,
    ne puštaju vaše straže!?
Je li da je „pravo čudo",
naprednjačka sakaludo?

        \*  \*  \*

A hoće li „čudo pravo",
hoće l' biti, luda glavo:
    kad se vrati s puta kralj,
    pa dohvati onaj malj,
    okrene mu deblji kraj,
    pa pomlati sav taj čkalj,
    razbuca ga u sav dalj,
    u nepovrat, nepromalj –
hoće l' i to biti „čudo",
naprednjačka sakaludo?

[1882]

# NUDE BOSNU

Vidi članak *Augsburških opštih novina* i nekih mađarskih listova, po kojima kao da bi Austrougarska bila voljna ustupiti Srbiji Bosnu i Hercegovinu – po dobru cenu.

      Prijatelji
      vijatelji,
      prijatelji
      brijatelji,
u zanosu vajnu, poznu,
nešto im se „srca kosnu",
pa nam nude već i Bosnu.

      \* \* \*

A *kakvu* nam nude Bosnu?
Nekad rodnu i ponosnu,
sada nam je nude trošnu,
isceđenu, jadnu, posnu,
jadonosnu i žalosnu,
taku nama nude Bosnu
      prijatelji
      vijatelji,
      prijatelji,
      brijatelji.

      \* \* \*

A *pošto* nam nude Bosnu?
Za tu jadnu „svoju" Bosnu
– da l' po javi, ili po snu –
Šumadiju ištu rosnu

i Krajinu, rodnu, groznu,
svu Srbiju svojegosnu,
da se malo po njoj voznu,
po to nama nude Bosnu
    prijatelji
    vijatelji,
    prijatelji
    brijatelji.

      \* \* \*

A *zašto* nam nude Bosnu,
Bosnu okupacioznu,
Bosnu kobnu, dubioznu,
Bosnu ncancksioznu,
zašto nama nude Bosnu
    prijatelji
    vijatelji,
    prijatelji
    brijatelji?

      \* \* \*

Prijatelji
    vijatelji,
    prijatelji
    brijatelji,
zato nama nude Bosnu
što im vojska tamo – ljosnu!
Zato nama nude Bosnu
    prijatelji
    vijatelji,
    prijatelji
    brijatelji.

[1882]

# RABAGAS

*Dvopevna španjolska romanca*

### DON MILUTINO

Rabagase, Rabagase,
ti, pred Božić nove faze
političke moje fraze
ugojeno moje prase,
pusti divne svoje glase,
Rabagase, Rabagase!

### RABAGAS

Milutino, Milutino,
srca moga polutino,
kako da ti pustim glas
kad me hvata strah i žas
gledajući taj talas
od naroda ispred nas?!
Čas je more, čas je mlaz,
kô da plamti silan gas.
Kako da ti pustim glas,
Milutino, Milutino,
srca moga polutino?!

### DON MILUTINO

Rabagase, Rabagase,
umiljato moje prase
što o srcu mome visi,
dve krmače što mi sisi:
policiju i publiku,
monarhiju, republiku!
Ne boj mi se, Rabagase,

ne boj mi se, moje prase:
nisu ljudi ni junaci
što ti od njih prete znaci,
to su samo mladi đaci,
vetrenjaci i dečaci.
Zato pusti svoje glase,
A za njih su – ah! – *tesaci*.
Rabagase, Rabagase!

### RABAGAS

Milutino, Milutino,
srca moga polutino,
zar ne čuješ pisku, ciku,
zar ne čuješ dreku, viku,
zar ne čuješ huku, buku,
zar ne čuješ našu bruku?
U taj oluj tako pusti
kako da ti prase pusti
tanki glasak iz čeljusti,
iz oduške male njuške,
kad se boji – ah, ta – ćuške,
šamar-ćuške, ćuške muške,
što svaljuje potrbuške,
Milutino, Milutino,
srca moga polutino!

### DON MILUTINO

Rabagase, Rabagase,
srca moga malo prase,
zar ne čuješ konjske kase?
Ako darnu moje prase,
biće samo gore po nji',
braniće te sad i *konji*?
Ja ću, prase, da te branim,
ja ću da te moćno hranim,
a ne smeš li puštat glase,
ja ću napred, a ti na se,
Rabagase, Rabagase.

[1882]

# PUŠKE

Čačak, 9. maja

„Čitavi transporti pušaka, koje su iz Bugarske kroz Srbiju hteli da prokrijumčare za Bosnu izvesni agitatori, uhvaćeni su ovde. Transporte sprovode oružani Crnogorci. Vlast je zadržala oružje i učinila što treba da se ovim buškačima stane na put. Sva je prilika da agitacija ide iz slavenofilskih odbora, potpomognuta našim 'književnicima', jer masa ovih Crnogoraca ima ruske pasoše izdate i vizirane u Sofiji."
*Sadašnjost*, od 6. maja o. g.

   Podigle se tanke puške
    iz daleke iz rodbine,
   za nevolje čule muške,
    čule su da junak gine.

Čule da se junak digô
  u po ljute, gole zime,
da je svakoj muci svikô,
  samo nema, nema čime.

Gvozdeno im srce smelo
  u gvozdenim strepu grudma,
i gvožđe se smilovalo,
  kako ne bi srce ljudma!

Gvozdeno ih srce vuče
  preko reka, preko mora,
tamo gde se junak tuče
  posred onih srpskih gora.

Prebrodiše more Crno,
    ne tonuše u pučini,
ni Turčin ih nije svrnô,
    Vlah se njima nevešt čini.

Smetô njima nije niko,
    Bugarin ih voljno trpi,
do Srbije voz je stigô,
    da kako će, kako Srbi?!

Tä Srbom su one pošle,
    srpskoj muci put im nagô,
do Srbije sad su došle,
    blago njima, blago, blago!

Srbija ih sad već ima,
    junaku su bliže kući,
sad, još malo, pa će njima
    od miline srce pući!

Tu je, tu je već i Čačak,
    ali – bede nevidovne!
tu ih čeka jedan mačak
    žutogarne dlake tovne.

Zastupi im dalje pute
    mnogim konjem i žandarmom
mačak dlake crnožute
    u zanosu žutogarnom.

Jadna puško! Ti si htela
    da *junaku* budeš druga;
volja ti se gasi vrela:
    *kukavac* se tebi ruga!

[1882]

## SO

Skupština je ovo bila
  u svemu valjana,
jedna joj tek beše mana,
  bila je – ZABRANJENO.

Zato mnogi nije hteo
  u nju da zagrize,
ZABRANJENO.

Al' ni njima kô da nije
  ta prijala hrana,
i njima je valjda bila
  suviše neslana.

Đakonije svake dosta,
  i šljiva i gljiva,
ponutkuju svakog gosta –
  ni da ovrkiva.

Ručka dosta, gozba posti,
  to je prava beda,
doseti se u nevolji
  mali kuhar Čeda.

Komšinici ide moćnoj,
  ona voli malog,
u tišini slatkoj, noćnoj,
  izdaje mu – nalog.

Komšinici moćnoj ide,
    ona Čedu voli,
smerno pred njom šešir skide,
    ište malo – soli.

Kako ne bi, s' drage volje!
    Ta ljubav je velja:
dade mu, kad nije bolje,
    soli od Erdelja.

Napuni ga, natovari,
    jedva mali vuče,
sve donese pred skupštinu,
    tovari se „sruče".

Naklopi se gozba gladna
    na posoljen ručak,
pa ga slaže, pa ga slisti,
    za jedan trenutak.

Mnogi li će gost, bojim se,
    želudac pokvarit,
preslan ručak bogme nije
    tako lako svarit.

Samo vidim gde se kuhar
    zadovoljno smeši,
sve još veće nosi vreće,
    tek će da ih dreši.

A što će mu tol'ko soli,
    što će tol'ki namet?
Hoće bogme da *osoli*
    svoj Srbiji *pamet*.

[1882]

## 1860–1885.

Dvaest i pet mladih ljeta
   na prestolu tome staru
Božja tebe ruka sveta
   blagosilja, gospodaru.

Dvaest i pet ljeta vlasti
   i toliko svete službe,
dvaest i pet ljeta slasti
   i junačke tol'ko nužde.

Kroz godine tol'ke borbe,
   kroz toliko živih muka,
da oprostiš srpstvo dvorbe
   vodila ga tvoja ruka.

Dvaest i pet ljeta briga
   i toliko svih bijeda,
dvaest i pet' sv'jetlih knjiga
   punih slave i pobjeda.

Koliko l' si kobnih ljeta
   na krilima želja živi'
sa visina svojih sletâ
   međ sokoli tvoji sivi!

Koliko l' se krvca lila
   tvojih sivih sokolova,
kolika l' se bitka bila
   rad zavjeta Dušanova!

Krvca kâ iz tvojih grudi:
    svaka kap ti kosu b'jeli,
al' i svaka život budi
    u Dušanov narod c'jeli.

No sokole i smrt kr'jepi:
    ostavljaju svoja krila
u junački zavjet l'jepi,
    da ih nosi – tvoja vila.

Krilatica vila lako
    i svojim se krilom diže,
no joj milo te će tako
    da poleti nebu bliže.

Koliko će u tom daru
    bit i rodu življeg leta,
Bog će dati, gospodaru,
    te će t' viđet – pedeseta.

[1885]

## 1861–1886.

Pokazaste se mladi i lepi
    pre dvaest i pet živih leta,
ne beše vam ni dvaest leta;
    za lepo nisu ljudi slepi.

Mladost kom sleta, kom odleta,
    lepota duše samo krepi,
miline njene, njeni strepi,
    i nenagledi njenog sveta.

Lepota ta se iz vas roji,
    doleće nam iz vaših usta,
        na oči vaše, na vaš glas.

Oh, negujte je dok ste svoji,
    ne ostala vam nikad pusta,
        godeći nama, sladeć vas.

[1886]

# AN GROSZ-WIEN

*Nun bist du grosz, obwohl noch kaum geboren,*
   *– Doch wahre Grösze wird ja so verlieh'n –*
*Nun immer vor, denn alles ist verloren,*
   *Sobald du sagst: „Genug, nicht weiter hin!"*

*Sei gröszer noch, 's ist Raum vor deinen Thoren,*
   *Den ganzen Erdkreis mög' dein Ruhm umzieh'n,*
*Vor allen Städten du sei auserkoren,*
   *Sei gröszer noch, mein liebes, liebes Wien!*

   *Und Wünsche sich an Wünsche endlos reih'n;*
*Doch sollt' ich mir den liebsten Wunsch erwählen,*
   *So wünscht' ich dich in jene Zeit hinein,*

*Von der uns deine Chroniken erzählen:*
   *Denn dazumal, da warst du wohl noch klein*
*An Seelenzahl, doch reich an groszen Seelen.*

[1891]

# [LJUBOMIRU P. NENADOVIĆU]

Srb' umniče i pesniče,
književniče miljeniče,
neumrli nezlobniče,
naša diko, naša slavo,
sretno, zdravo!

*Novi Sad, 8. januar 1893.*

# [JECI DOBRINOVIĆKI]

Seka Jeca ulovila „Zeca",
ima „soli"[26] da ga oprndeca,
i jezičić da ga ispreseca:
Živela nam hiljadu meseca,
i pored nje njen grlati Peca!

*U Krušedolu,
na Svetlu subotu 1895.*

---
[26] Atičke.

# SVETOZARU MILETIĆU, PRI POGREBU, NA VIJENCU

Duh mu se davno
    u nebo oteo,
našim se slavno
    spomenom odeo,
odusto jadnu
    tamnicu usku:
grudve nek padnu
    na duhovu ljusku.

[1901]

# OJ, SOKOLI...

Oj, sokoli, zar letite
    već godina pet?
Krajnje vreme da slavite,
    nek vas pozna svet.

A kad prođe ova zdrava,
    biće drugih pet,
nek se opet slavi slava,
    opet i opet.

Tako ćete sastaviti
    čitav petosplet,
sokoliti, lastaviti,
    mnogo, mnogo leť.

A kad se napetorite,
    biće preokret:
vi ćete da ostarite,
    mesto lêta šet.

A mlađi će pâs da radi,
    čuva spomen svet;
al' sad ste još i vi mladi
    – prvih vam je pet –
Zdrav da vam je slet!

[1909]

# GUSLAR-MOMČE

*(Moor, Minstrel-boy)*

U rat je pošô, dušmani plaše,
    kroz atar smrti ide mu put,
očinu đordu o bedro paše,
    gusle mu kite junačku grud:
„Zemljo pesama, svetilište moje,
    neka te ceo izneveri svet,
jedne će gusle da te opoje,
    jedne će grudi za tebe mret!"

Guslar je pao. Al' dušman zao
    ne moga dušu da mu poseče;
gusle mu razbi poslednji mao,
    poslednjim da'om reče:
„Dušo slobode, junački druže,
    ponose slobodnom dobu,
tebe su čule čistije duše,
    ti nikad nećeš pevati robu!"

[1861]

# IZ OMIROVE „ILIJADE"

Pesma druga
(V. 1–210)

Spala svu noć vojska pejanička
i pak spali bogovi ostali,
samo Diva sanak ne celiva,
već on smišlja Ahila da sveti,
a kod lađa Ahejce stamani.
Sve mislio, najedno smislio:
da pošalje sana obmanljivog
Atrevića na Agamemnona.
Neman zove krilatim riječma:
„Hajd', utvaro, lađama ahejskim,
te uljezi šator Atrevićev,
sve mu kaži, svaka reč da važi:
'Kreni listom kosate Ahejce,
čas je suđen uličavoj Troji,
jer su većem složni besmrtnici,
gospodari olimpijskih dvora!
Sve je Jera molbom namolila,
te Trojcima idu svi o glavi'."
Tako reče; ode neman čuvši;
časkom stiže brzijem lađama
de Atrević pod šatorom spava,
oblio ga sanak amvrosijski.
Neman stade njemu čelo glave
u obliku Pilijevog sina
jer Nestora Atrević poštiva
ponajvećma od svih starešina.
U tom liku utvara mu zbori:
„Spavaš, sine konjokrote Atre?

Bdeti valja čoveku većniku,
zaštitniku, narodnu brižniku.
No me čuj sad, Divov sam ti glasnik,
što s', udaljen, teško brine za te.
Sad oružaj kosate Ahejce,
čas je suđen uličavoj Troji,
jer su većem složni besmrtnici,
gospodari olimpijskih dvora;
sve je Jera molbom namolila,
te Trojcima ide Div o glavi.
No ne zabuđ', imaj sve na umu
kad iza sna budeš medenoga."
Ode neman; ostavi onoga
da premišlja što se zbiti neće.
Veljaš' otet onog istog dana
grad Prijamov, a ne zna, budala,
one stvari što ih Dive vari,
što još sprema Trojcem i Danajcem
jad i lelek kroz bojeve ljute.
Probudi se, glas božij' g' obliva,
podiže se, meće stajaćicu,
ogrnu se plaštem velikijem,
snažne noge lijepo obuva,
pleća kiti mačem srebroklincem,
uze večnu pradedovsku palu,
ode lađam' oklopnih Aheja.

   Uz Olimp se božja diže zora
svetleć Divu i besamrtnikom;
al' on reče glasatim telalom
sazvat u zbor kosate Ahejce;
oni zovu, ovi s' kupe brzo.

   Prvo seda veće starešina,
kralja pilskog, Nestora, uz lađu;
veću 'vaku mudru progovara:
„Čujte, braćo, sanak usnih božji!
Kroz noć mirnu prilika mi dođe,
isti Nestor po liku i stasu,
reče meni, stavši čelo glave:
'Spavaš, sine konjokrote Atra?

Bdeti valja čoveku većniku,
zaštitniku, narodnu brižniku.
No me čuj sad, Divov sam ti glasnik,
što s', udaljen, teško brine za te.
Sve sad kreni kosate Ahejce;
čas je suđen uličavoj Troji
jer su većem složni besmrtnici,
gospodari olimpijskih dvora;
sve je Jera molbom namolila,
te Trojcima ide Div o glavi.
No ne zabud'!' To rekav, odlete;
probudih se; a vi sad gledajte,
oružajte sinove ahejske,
ja ću prvo, vlast mi je, naredit
da begamo na lađe veslarske,
vi ne dajte, ni sa koje strane."
Tako rekav, sede; al' ustade
Nestor, vladar peskovite Pile;
blage im je besedio reči:
„Draga braćo, vojvode većnici,
da se drugom to snilo Ahejcu,
rekao bih laž je i poruga,
no ga vide prvak u Aheja,
već dižimo sinove ahejske!"
   U toj reči ostavio veće,
za njim ine vođe žazlonoše
slušajuć ga. Oko njih je graja:
kô plemena obilatih čela
što iz šuplje sve izviru duplje
grozdimice po proletnjem cveću
rojeći se tamo i ovamo.
Silan svet od lađa i šatora
ravno ruljom ulazi primorje
da se zbori, Div u njima gori.
Skupiše se, zabruja zborište,
narod seda, pod njim stenje zemlja.
Devet žagor nadvikuj telala
ne bi li se huka utišala
da careve čuju bogodane.

Teško narod poseda na klupe,
presta vika. Ustad' Agamemnon,
u ruci mu palica vladarska
što je vešto skovao Jefesto,
te je dade Divu Kronoviću,
a on Jermu, svome poručniku,
Jerme dade Pelopu jahaču,
Pelop Atru, naroda čuvaru,
što g' zavešta stadovitu T'jestu,
od njega ga dobi Agamemnon,
da ga nosi te da se ponosi
nad svojim Argom i adama silnim.
Na njega se care naslonio,
te Argivom 'vako progovara:
„Braćo moja, junaci danajski,
Div me silno teško goni kletvom;
pre mi, strašni, obećao migom
da ću srušit zidovitu Troju,
a sad, braćo, zlu prevaru smišlja,
zapoveda da s' u Argu vratim,
beslavnički, po tol'kom gubitku.
Tako bi se Divu prevlastivu,
što je skidao, pa će i da skida
mnogom gradu, velesilan, glavu.
Ma ružno je i za pripovest je
kako j' taki i toliki narod
zaman bio bez kraja i konca
s šakom ljudi bojak uzaludni.
Jer kad bi se Trojci i Ahejci
prebrojili na veru i kletvu,
svaku glavu uzeli iz Troje,
pa da svaka rujno toči vino
desetini našoj Ahejaca,
mnogoj ne bi bilo točioca.
Tol'ko j' više sinova ahejskih
od Trojana što sede u gradu.
Još pomoćni drugi kopljanici
iz mnogijeh što su im gradova,
što me ljuto bune, te ne dadu

blizu Troji, skrovitome gradu.
Devet prođe Divovih godina,
lađe trunu, jedeci su trošni,
dok nam žene i dečica luda
u dvorovih sede čekajući,
a ovamo ništa od bojišta.
Već gledajte, svi me poslušajte!
Bež'mo s lađ'ma očevini dragoj;
ne dobismo uličave Troje."
    Tako reče; množina s' uzbuni
što ne beše u tajnu vijeću,
zaljulja se zborište kô vali,
dugi vali mora Ikarova,
kad zapuše kožava i juže
hučnog maha iz oblaka plaha.
Kao kad zefir na njivu navali,
te se njiva klasjem priugiba,
tako nagnu vascelo zborište.
Kliču, jure, lađama se žure,
ispod njih se sve prašina diže.
Dovikuju da se late lađa,
da ih svuku u more božansko,
očistiše jarke ispred lađa,
„kući!" kliču, do neba se čuje,
a balvane vuku ispod lađa.
    Tad bi nagli Argivi umakli,
da Atini reč ne reče Jera:
„Ćeri živa egonoše Diva,
kuku lele, tako da se sele
zar Argivi očevini dragoj
preko morskih širokijeh pleća,
a Prijamu ostaje i Trojcim'
Argivkinja u slavu Jelena
sa koje su junaci ahejski
u tuđini silni izginuli?!
Već sad idi u narod ahejski,
svakog stišaj zborom umiljatim
da ne vuku lađa dvovozica."
    Posluša je plavôka Atina,

zahuka se s olimpskih vrhova,
časkom dođe lađama ahejskim.
Odisija, divskoga većnika,
nađe tamo; stoji, ne maša se
crne lađe, žalostan, veslarke.
Pristav, reče plavôka Atina:
„Bogorodni Laertijeviću,
dosetljivče, tako l' se selite
na lađama kući veslovitim,
a Prijamu ostaje i Trojcim'
Argivkinja u slavu Jelena,
sa koje su junaci ahejski
u tuđini silni izginuli?!
Već sad idi u narod ahejski,
svakog stišaj zborom umiljatim
da ne vuku lađa dvovozica."

   Glas boginjin poznad' Odisije,
pođe trkom, plašt sa sebe baca;
pokupi ga telal Evrivate,
Itačanin, što mu beše sluga.
A on ode susrest Atrevića,
uz' od njega žezalj prađedovski,
ode lađam' oklopnih Aheja.

   Susrete li cara il' glavara,
umilnom ga besedom stišava:
„Nemoj, pobro, ne dolikuje ti
plašiti se ka rđakovići;
većem ostaj, te narod obuzdaj.
Ne znaš jera što Atrević smera;
sad tek kuša, skoro će da guša.
Svi ga čuli u vijeću nismo.
A od srđe ne bilo nam grđe.
Vel'ko srce nosi bogogodnik,
čast u Diva, a Div ga poštiva."

   Kad od puka naiđe na buka,
žazlom preti, besedom ga kori:
„Miruj, čôče, slušaj bolje ljude;
slabačak si, bolan, neubojan,
nit' se brojiš u soju ni veću.

Zar Ahejci svi da carujemo?
Mnogo glava, nesreća je prava;
jedan caruj, jedan gospodari,
što mu mudri Kronović podari."
   Tako glavar prolažaše vojsku;
povrviše s lađa i šatora
jekom na zbor, kô talas kad bije
visok priboj mora valovita,
te zabruji, sva pučina struji.
Svi ostali seli na sedišta,
sâm Tersita grdi a ne pita,
što znađaše mnoge ružne reči
nepristojno kavžeć se s glavari,
samo je li smešno, da veseli;
pod Ilije gadnij' došô nije:
'rom i ćorav i uzet i gurav,
dlaka čkilji po ćelavoj šilji.
Ahile mu trn u oku beše
i Odisij njih bi ogovarô.
Sad zajeda opet Atrevića,
ciči, kreči u poganoj reči,
zna da s' onom ljuto sveti vojska.
Viče, riče, cara ogovara:
„Atreviću, čega si još željan?
Puni t' blaga šatori i žena,
prvom tebi lepotice prve
kad god kakav gradić opljačkasmo.
Il' bi zlata još iz Troje grada
što ti nose da otkupe sina,
a ja sam ga vezô, zarobio,
il' zar drugi junak od Aheja?
Il' bi novu za obljubu ljubu
da je sladom sâm uživaš kradom?
Teško nama s takijem vođama!
Kukavice, sram da vas je bilo!
Ahejkinje, kakvi mi Ahejci!
Morem doma, ostav'mo ga o'ma',
pod Ilijem da probavi dare,
te da vidi vredimo mu l' i mi!

Boljeg sebe jutros osramoti
uzev dare Ahilu na silu.
Al' Ahil je mama bez pomama;
a da nije tako, Atreviću,
to b' te ruglo namah i utuklo."
    Tako dira narodu pastira.
Pristade mu bož'i Odisije,
preko gledi, teško mu besedi:
„Tersit', nazad! Iako si glasat,
ne kavži se sâm s carevi, brblo!
Pod Ilijem rđavijeg nema
što god ih je došlo s Atrevićem.
Što bo zboriš, sve careve koriš,
sve zajedaš, na povratak vrebaš;
ma ne znamo još kako stojimo,
da li ćemo zlo il' dobro poći.
Sediš tu, pa grdiš Atrevića
što mu silne daruju darove,
svom pastiru, junaci danajski;
klevetnik si, more, na zborištu.
Al' ti rekoh, i tako će biti:
nađem li te još tako ludovat,
ne bilo mi na rameni glave,
ne zvali me ocem Telemahu,
ne svučem li draga ruva sa te,
gunji skutak što ti sram pokriva;
golog ću te grdnim biti bojem,
oterati na lađe s lelekom."
    Tako reče, te zama'nu žazlom,
udari ga po pleći, po kičmi,
zlo se vije, silnu suzu lije,
masnica mu podasela kičmu,
sva krvava ispod žazla zlatna.
Sede s mirom, bôno suzu zgriza,
žalost ga je bilo pogledati.
Od sve muke smeju mu se gro'tom.
Drug bi drugu riječi kazivô:
„Ala baš je junak Odisije
i na zboru i na bojnu polju,

al' najbolje ugodi Argivom
što klevetna skuči hvalisavca.
Ne nagna ga muška više snaga
da pogrdom opada careve."
 Žazalj drži rušigrad Odisij,
uz njega je plavôka Atina,
vidom glasnik, narod stišujući
da mu Argiv poslednji i prvi
čuje reči i razbere razbor.
On im blagim zborom progovara:
„Atreviću, evo, gospodaru,
goreg tebe sad na svetu nema:
neće vere Grci da ti svere.
Kad krenusmo s argoskih pašnjaka,
obrekoše da se vraćat neće
dok ne sruše zidovite Troje.
Sad ih stoji za kućom zapevka,
kô derladi il' udovih žena.
Jeste mučno vraćati se prazan.
Muka ljuta ko po moru luta
mesec dana tek bez milovanja,
što ga goni na lađi sedaljci
morska struja i zimna oluja;
nas deveto obilazi leto,
pa kako ću zamerit Ahejcem
što kukaju kod kljunatih lađa;
svakojako sramota jednako,
il' oklevo, il' se vraćô prazan.
Braćo, trajte, malo još ostajte,
da vidimo jel' baš Kalha prorok!
Dobro znamo, a svi se sećamo,
svedoci ste što umrli niste:
kâ onomad, kad se ono lađe
u Avlidu skupiše ahejske,
na zlo Trojcem, na gore Prijamu,
vojska sela oko bistra vrela,
te na svetom čini žrtveniku
besmrtnikom časne stovolovke,
a u hladu lijepa javora,

otkud svetla voda tecijaše.
Tad se vrže velika prilika:
zmaj strahovit, sav krvav po leđi,
Olimpljanin sâm ga posla na svet,
ispod žrtve pa na javor sunu.
Tu su bili, na najvišoj grani,
luda deca, osmoro vrapčića,
šćućureni javoru pod lišćem,
a deveta majka roditeljka.
Zmaj ih ždere, a vrapčad se dere,
mati čeda oplakuj obletom,
zgrabi zverje kukavnu za perje.
Kad pojede vrapčad i vrabicu,
bog mu sliku stvori na vidiku:
kraljević ga okameni mudri.
A mi stasmo, te čudo gledasmo
gde u bož'u strahom uđe žrtvu.
Tad ugodnik probesedi Kalha:
'Što ste mukom, kosati Ahejci?
Veli znak nam umni Div prikaza,
dob će pozna slavu da mu pozna.
Što pojede zmaj osam vrapčića
i devetu majku roditeljku,
tol'ko ćemo mi ratovat leta,
grad uličav uzeti desetog.'
Onaj reče, a sada se steče.
Već, Ahejci, stojte, dokolenci,
da Prijamu grad otmemo silni."
    Tako reče, stade klik Argiva
– sprešno lađe ječe ispod graje –
reč im godi bož'eg Odisija.
Nestor prozbori Gerenjan:
„Ala, ljudi, dečije ste ćudi,
dece lude što za boj nijesu.
Kud odoše vere nam i kletve?
Kamo veća – ognjem sagorela!
muške svesti i čiste pričesti
i desnice, naše zaverenke?
Sve nas preči zavada i reči,

tol'ko s' luta, pa nikako puta!
Atreviću, uvek pregaoče,
vladaj Grkom na ograšju smrtnom,
ove pusti jednoga il' dvoga
– od njih nikad ni hara ni kvara –
nek zaglavi ko j' o svojoj glavi,
osim svoga što naroda radi
da se narod pre u Argu vrati
no što sazna jel' Divova lažna.
Ma velim vam, onog istog dana
kad su naše lađe brzoplovke
smrt i propast ponele na Trojce,
povladi nam silni Kronoviću,
sevnu desno usudnijem znakom.
Zato niko da kući ne kreće
dok na trojskoj ne osveti ljubi
Jelenine kajne uzdisaje.
Kog će kući živa želja vući,
nek se maša sedalaste lađe
pre da nađe samrtne nagrađe.
A ti smišljaj pa i druge pitaj,
što ću reći, odmetu ti nije:
luči ljude, car-Agamemnone,
na plemena i pak na zadruge,
pleme sloga, a zadruga svojta.
Poslušaju l' tako te Ahejci,
znaćeš bolje vođe i vojnike,
a i gore, o sebi se bore;
znaćeš kletva da l' osvojku smeta,
ili rđa i bezum vojnički."
   Odgovara car-Agamemnone:
„Opet, starče, sve zborom nadvlada!
Ala, Dive, Apole, Atino,
da m' je deset ovakih većnika,
šat bi skoro grad Prijamov gorô,
ispod naših srušio se ruku.
Al' mi Dive dade jade žive,
svađa, kavga jalova me snađe,
cura svadi Ahila i mene,

ja se prvi na njega ostrvih;
al' veće nam jedan um imalo,
zla se Trojci ne bi ubojali,
ne bi više, ne bi baš nimalo.
Sad na ručak, da sročimo Ara.
Koplje brusi, štit opremi dobro,
konj brzonog dobar obrok dobi,
svaki kola dobro za boj sklopi,
da se vazdan bojem nosi ljutim,
jer odmora ne bude nimalo
dok junakom srce prođe mrakom.
Znoj će stati pod štitom obramka,
bojno koplje nažuljiće ruke,
znoj će stati i tih gojnih konja
tegleć kola lepo otesana.
Al' kog vidiš da se kloni boja,
te uz lađe kljunaste zazjava,
ne uboja s' pasa ni gavrana."
    Tako reče; kliknuše Argivi,
kao vale na strmenu morsku
kad ga juže uz priboj priduše
što ga vali nikad ne oprali
svakojakih svetskijeh vetrova.
Digoše se i rastrkaše se,
zadimiše šatore za ručak.
Svaki svome bogu diže žrtvu,
ustuk smrti i mukama bojnim.
Agamemnon voka debeloga
svešta vladar petogodišnjaka,
žrtvu živu prevlastivu Divu;
starešine kupi sve ahejske:
prvo Nestor, pa knez Idomena,
dva Ajanta, pa Tidejevića,
Odisija divoumnog šestog.
Sâm mu dođe glasat Menelao,
dušom sluti brat kako se trudi.
S prekrupom su vola opkolili.
Car Atrević molitvu im kaza:
„Dive slavni, oblačni, etirni,

ne daj nojci nadići nad sunce
dok Prijamu čađav krov ne svalim,
ljutim ognjem ne sažežem dvori,
gunj Jektoru nožem zderem s grudi,
drugove mu u prah strmoglavim,
oko njega nek zemlju izgrizu."
　　Tako kaza, no ne ču ga Dive,
uze žrtvu, dade muku mrtvu.
Moliše se, prekrupu prosuše,
prvo volu zavališe glavu,
ubiše ga i oderaše ga,
dvostruk butak salom obaviše,
a po tome posuše delove.
Ispeku ih okresanim cepljem,
a utrobu nad ognjem okreću.
But ispeku, utrobu oglede,
sve iseckaj, nataci na ražnje,
peci, pazi, pa nek s ognja slazi.
Počinuše, te spremiše ručak,
časno seli, svačeg se najeli.
Kad bi dosta i jela i pića,
progovori Nestor Gerenjanin:
„Gospodaru, car-Agamemnone,
nemoj više, slavni Atreviću,
duljit zbora, a poslom oklevat,
poslom našim što ga bog nameni;
već telali nek pokupe narod
oko lađa oklopnih Aheja,
a mi skupa u široki tabor
da živ bojak probudimo brzo."
　　Tako reče; caru ništa preče;
taki reče glasatim telalom
u rat zvati kosate Ahejce.
Ovi zovu, oni s' kupe brzo.
No Atrević i carsko mu društvo
živo luče, bogodani, vojsku,
među njima plavôka Atina,
u ruci joj egida se sija,
besmrtnica, časna, neostarka,

sto je kita suha kite zlata,
divna kova, svaka sto volova.
Sa njom, svetla, Ahejce proleta,
a u grudi svakom želju budi
bez prestanka bitku vojevati.
Boj osladi, niko da se vrati
šupljom lađom dragu zavičaju.
    Kô plam pusti kad lug ospe gusti,
s vrha gori nadaleko gori,
tako zraka sijnu svesijanka
kad pođoše s divna im oružja,
te kroz etir stiže do nebesa.
Il' kô jato krilatijeh tica,
guske, ždrali, dugošij' labudi,
što navaliv na polje ahejsko
oko bistra potočna Kaistra
– lepršaju radujuć se krilma –
gakom sleće, polje se razleže,
tako s' njima mnogo pleme sliva
od šatora i lađa u dolju;
crna zemlja strahota se ljulja
ispod nogu konja i junaka.
U livadi cvetnoj Skamandrovoj,
tu će stati, silni, kô da cvati
u proleće lišće jali cveće;
kô rojevi mnogi silnih muha
što se gone po stadu pastirsku,
u jarinu, mleku stanarinu,
toliko je kosatih Aheja
u polju se sastalo na Trojce,
pomahali sve da se rastrgnu.
    Kao kada silna kozja stada
od ostalih kozar lako luči,
tako vođe njih za bitku rede;
među njima vladar Agamemnon,
okom, glavom, gromovniče Dive,
pasom Are, a Posidon grudma.

Kô najveći bik međ govedima

što nadmaši volove na paši,
tad Atrević nadmaši junake,
da mu s' dive, tako htede Dive.
 Sad mi kaž'te, vile Olimpkinje,
– boginje ste, videste, te znate,
mi tek čusmo, slave ne videsmo –
koje behu vojvode danajske?
Ja imena nikad ne izređa',
mnoga pusta, da je deset usta,
il' menika da j' deset jezika,
glas od zvona, srce tučna kova,
da ne rekoš' Olimpkinje vile,
ćerke Diva egidonosiva,
koliko ih pod Ilije dođe.
Evo lađe i sve lađam' vođe.

[1874]

# MLADI RAJN

*Pjesma ćesareve mljezimice nadvojvotkinje Marije Valerije*[27]

Što tako buči s krša ti pad,
pjenasti, maniti djetiću mlad?
Što hitaš tako u bezobzir
iz crnih gora u ravni šir?
A vali ti šume pjesmom i snom
i ne gledaju na divni ti dom,
    Oh, stoj, oh, stoj,
bijesni, mladi skokovče moj!

Hladovina gorka, zeleni maj,
uza te drevadi lisnati sjaj,
pa plavo nebo, pa svijetli zrak,
svježina i miris proljetnjak,
sve te to moli u jedan glas:
„Ne u tuđinu, ostaj u nas!"
    Oh, stoj, oh, stoj,
bijesni, mladi skokovče moj!

Oj, ne hitaj tako s kama na kam,
tā tamo te čeka požar i plam,
ta tamo te čeka žestoki boj,
o tebe s' otimlju, djetiću moj!

---

[27] Bečka *Nova sl. presa* od 28. (16) marta donosi tu pjesmu s ovom bilješkom:
„Jedna pjesma nadvojvotkinje Valerije". Na jučerašnjem godišnjem skupu Prve zadruge za školske naseobine razdavat je pedagoško-književni ljetopis te zadruge; u toj knjizi ima i jedna pjesma nadvojvotkinje Marije Valerije pod naslovom *Der junge Rhein*; u ovi čas kad se opet kupe ratne oblačine, ta pjesma nije bez političkog „vrha (pointe)".
Stih je iste mjere u našem prijevodu koje i u njemačkom oriđinalu.

Još dovle ne dopire razbojni strv,
ne rudi još vala ti junačka krv.
    Oh, stoj, oh, stoj,
bijesni, mladi skokovče moj!

[1887]

# [IZ ČOSEROVIH „KANTERBERIJSKIH PRIČA"]

## [POČETAK „OPŠTEG PROLOGA"]

Kada travnja blagi dah zaduše,
te okvasi ožujkove suše,
svaku žilu okupa drveću,
sokom klicu natopi cvijeću,
kad jug spusti ugodnu židinu,
te napoji goru i ledinu,
kad je sunce u ovnovu znaku,
kad se njive obraduju zraku,
kad se ptice probude iza sna,
pjesmica im zažubori glasna:
tad se dižu poklonici složni,
u daljinu um ih vodi Božni,
traže drevne svece i oltare.
U Engleskoj od svijeh nurija
najviše ih zna Kanterburija:
tu pred svecem svako bi da kleči,
što bônike blagoslovom l'ječi.

U to doba jednoga se dana
i ja digoh put onijeh strana;
u duševnoj želji sam se digô,
u Saderku na konak sam stigô,
u toj krčmi, gdje sam i ja svrn'o,
svakojaki narod je nagrn'o,
tridesetak bilo ih je drugâ,
poklonici s istoka i juga.
To se žuri sve u Kanterburi.

Dosta mjesta za nas i za konje,
smjestismo se, ne mož' biti bolje.
Do večera već sam znance stekô,
sa svakim sam koju riječ rekô,
združismo se, te uglavi v'jeće
sjutra rano da se na put kreće.
Dalje neću; sad će biti bolje,
dok je nama još ovako kolje,
da vam pričam od otijeh ljudi
svakog redom prilike i ćudi.

## [OPIS PAROHA IZ „OPŠTEG PROLOGA"]

Kô svećenik dobar u svom radu,
ubog župnik bješe on u gradu,
sveta djela, mjesto pustog novca,
u učena bjehu bogoslovca.
Svoje stado svjetovao bi smjerno,
„Evanđelje" tumačio vjerno.
Dobričina, svak mu posô vr'jedi,
odoľjeva muški svojoj b'jedi.
Ni od gladi nije mnogo jeo,
radi bira nikog nije kleo,
nego još bi sirotinji davô
i priloge, pa i svoje pravô.
Razdaleko bila mu je župa,
aľ ne smeta ni kiša ni krupa
kad on čuje da muke procvile;
ma u daljnoj kolibici bile,
put za uši, palicu u ruke,
pa prelazi planine i luke;
da se vidi što on zbori inom,
prvo svojim potvrđuje činom.
..........................
Iako je svet bio, duševan,
na grješnike nije bio gnjevan,
ni zapona ni pogrdne r'ječi,
on poukom blaži i liječi.
Dobar primjer, sva mu briga to je,

da povede k nebu stado svoje.
Al' nađe li koga obijesna,
il' široka stanja il' tijesna,
tog pokara, na tog ljuto vika.
Ja ne poznah boljeg svećenika.
On ne želi da ga slave, kade,
svesrdan je, obinje ne znade,
samo uči Kristovu nauku,
ali prvo i sebe na muku.

[1892]

# PESME I PREVODI PESAMA IZDATI POSMRTNO

# [RUMEN-RUŽO U PUPOLJKU...]

Rumen-ružo u pupoljku
– u pupoljku i u meni –
cvetni svete u zavojku,
đul-mirisu zaptiveni!

Badava si u pupoljku,
kad s' u meni razvijena,
zaman stiskaš svoju školjku,
biseranko sakrivena.

Što zastireš te divote,
šarovite ruj-mirise?
Ko ih vidi, obnevidi,
ko miriše, zanosi se.

[1862–1865]

## [NA PONOSNOJ LAĐI...]

Na ponosnoj lađi,
    na lađi ljubavi,
pošô sam tebe naći,
    ostrovac ubavi.

Zalutô sam daleko,
    di prestaje već svet,
od sveta sam i begô
    i stvarô ga opet.

Metanišuć sam klekô
    na divan otočac,
u uzdisaj se slegô
    namenut poljubac.

[1861–1865]

## [ZALEVO SAM JE KRVLJU...]

Zalevô sam je krvlju
  rumenom, živosnom,
mirisnim, uzdisajnim
  nada'nô sam je snom.

A da mi lepše svetli
  moj cvetak ubavi,
obasjô sam suncem –
  sunašcem ljubavi.

Porastio je cvetak,
  miriše čitav svet,
tä već je mali crepak
  za tako bujan cvet.

Presadio sam ružu
  u jedan mali crep,
taj crep je srce moje,
  tvoj lik je ružin cvet.

Al' ne može se cvetu
  svoj vrt preboleti,
od bola lišće širi
  i lišćem poleti.

Poletilo je lišće,
  poletio je cvet,
al' potrgô je sobom
  i srce u polet.

[1861–1865]

# [SRETNA SI, SELE, SRETNA SI VRLO...]

Sretna si, sele, sretna si vrlo,
    sreća je velja poznati svet,
sve što je lepo, sve što je vrlo,
    poznati svašta s leđa i spred.

Al' srce samo, srca da nije,
    srce se, pusto, upleće svud,
svašta ga boli, svašta ga bije,
    najveće strasti, najmanja ćud.

Znanje i srce – na steni cveće,
    znanje i srce – pupoljak bled,
znanje i srce – zora i veče,
    znanje i srce – gorući led.

Našto ti srce? Čemu ti gove?
    Bolje ga predaj staranju mom.
Samo mi reci – kako se zove?
    Napio bi' ga đuvegij' tvom.

[1861–1865]

# [PONIKNUĆU NIKOM...]

Poniknuću nikom
 pred anđelskim likom;
moliću se liku:
 Prosti mi grešniku!

[1861–1865]

# POLJUPČEV PUT

Poljubila me je.
Pored nas ruža osetila je;
zaptiven pruža nedanimice
prigibajući se cvet.
Kô da je ruža, do sada što je
mirisom cvala, cvetala svetu,
da je sad ona omirisala
miris i divot
neokušan još nikad, neomirisan,
te, postiđena, zaptila svoj.

Poljubila me je; odjeknu poljub:
u ružinom lišću zanemi slavuj,
golubinjakom ne guče golub.
U ječku tome pesama slađi'
večnija milja minljivo vrelo
pogađa slavuj, sluti golub.

Al' ona nije ni slavuj, ni ruža,
ni golub, ni pesma, ni miris, ni guk.
I opet ode. Sâm sam u vrtu,
tek sa mnom što osta još onaj
ružičko-slavujski golubij' ljub.
Još na ustima neugašen tinja,
slastima tajnim zaneo mi svest.
Zanešen slušam poslednje mu ječke,
ječci u pripev, pripev u rečke,
reči se slažu u pripovest:
Opremô si me na put
U divan jedan svet,
gde roni grom kô šaput,
gde miri smrt kô cvet.

U opremu mi dade
  najlepši duše san,
i dade svoje nade,
   oh, dade sebe sâm.

[1861–1865]

# NA DUNAVU

Ala mirno Dunav teče
pored bela Vukovara,
ala mirno pa duboko,
providiš mu čiste misli.

Tako samo zna da teče
na dnu sanka devojačka
silovita ljubav-reka,
božastvena neusanka.

Pa koliko vodenica
ima tamo na Dunavu,
al' na onoj ljubav-reci
tek ipak je više srca.

[1861–1865]

# NARODNOM POSLANIKU

Narodi ginu, ginu jedinci,
    suđen je svemu samrtnom kraj;
samo je delu, samo je misli
    zaveštan Bogom večiti traj.
Srb će da traje, Srb će da sjaje
    dok je u njemu mislima Bog,
dok mu je dela složna i smela,
    i jedan Srbin čitav je rod.

Srb će da traje, Srb će da biva,
    Bog je u njemu i ovaj put,
nebesna misô u njim je živa,
    ti si te misli čist ovaput.
Nebesna misô seme je s neba,
    al' i tom treba semenu vrt,
nebesnom semlju hranimo zemlju,
    zemlju za život, zemlju za smrt.

Malo vas ima odabranika,
    al' vas je vera podigla sve,
ne maći glave s verna branika
    što brani svete narodu sne.
Ljubav i sloga da vam je dika,
    sloga je i vas poslala sve,
ne mičite se s verna branika,
    što god se može, neka se sme!

Narodi ginu, ginu jedinci,
    suđen je svemu samrtnom kraj,
samo je delu, samo je misli
    zaveštan Bogom večiti traj.

Srb će da traje, Srb će da sjaje
  dok je u njemu mislima Bog,
dok mu je dela složna i smela,
  i jedan Srbin čitav je rod.

[1865]

# LILIPUĆANI

Gospodin uveliko,
    gospodin je, ho-ho!
spram njega Kavur niko,
    a Gorčakov je vo.

Po grudima mu zlato,
    milosti mloge tip,
al' u grudi je blato,
    za mloga vola glib.

U crkvi znade stati,
    na krste slaže krst,
metaniše i čati,
    a svako pruža prst.

Pa siđe li do raje,
    nanese li ga put,
bankete njemu daje
    u slavu Liliput.

[1864–1865]

# SRPSKI POJ

Na čili kad se digne krili
slobode svest,
tad posestrimi nosi vili
nebesnu vest,
a svete želje prođu grudi
na muški boj.
Sloboda kad se s bojem ljubi,
to j' srpski poj!

Umuknu pesma, šala pređe,
umukne pir,
umuknu žice, klone cveće,
malakše mir,
a mesto pesme top zatrubi
na muški boj.
Sloboda kad se s bojem ljubi,
to j' srpski poj!

Umesto para Srbin bira
krvničku krv,
umesto žica srce dira
zrnevlja vrv,
umesto cveća glave rubi
junački boj.
Sloboda kad se s bojem ljubi,
to j' srpski poj!

[186?]

# POBEDNA PESMA

Udesite, pesme mile,
    vesô glas a složan lik,
doletite, bele vile,
    doletite na naš klik.

Mesto strele, vri veselje,
    mesto krvi, vino sja,
mesto rana, ljubav 'rana
    na pevače pada sva.

[186?]

# [PRODUŽENJE „MUČENICE" Đ. JAKŠIĆA]

(..........................)
I zablista se gvozdeno gujče
u mučenice desnice svete
krivено dosad za potonj spas.
I jedan udar, i jedan jauk,
i ona pade ispred ubice –
u mrkoj krvi prebelo lice...

A vezir? a krvnik? a Turčin? a zver?
Šta krvnik? Nema krvi ni kapi!
Po licu mu pale samrtne vapi,
čas kamen stao, čas drkće kô prutak,
poražen gleda blažen smejutak
što Isus posla na svoju ćer.

Iza sna teškog kô da se budi –
poslednje reči mučeničine
iz iznemogli' šapuće grudi:
„Da... Srpka... samo Srbina... ljubi!"

Al' utom sluga vezirskog dvora
pred gospodara dolazi žurno:
„Vezire svetli!" besedi sluga,
„strven je koren svikoliki' muka,
po'vatana je četa 'ajduka;
vezana čeka na zapovesti.
Namigni samo, ja ću ih dovesti!"

Vezir je ćutô, a verna sluga
dovodi sužnu četu 'ajduka –
slobodni' gora sinove gorde.
Vezane ruke, otete đorde –

a sokolskim okom, paklenim čelom,
u nebo glede porugom smelom.
Na čelu piše smućeni' slovi':
„Bog ako nisi – ne klanjam tebi;
preda mnom strepi, ili me prebi!"

Stala je četa pridovedena,
pred njima vezir i mrtva žena.

Vođa se prenu, pogleda ženu.
I jedan pogled, i jedan rik,
i konopac puče na jedan kid.
Skočiše sluge, al' vezir ma'nu:
handžari stanu.
„Oružje daj amo za hajduke!
Ostav'te dole!" Ostave sluge.
„Idite sada, niste mi trebe!"
Sluge se zglede.
I jedan drugom odlazeć zbori:
„To je gospodar! Teško 'ajdukom!
Seć će im glave sâm svojom rukom!"

Odoše sluge, a vezir priđe
oružnoj hrpi, do'vati đordu,
zamahnu njom na prvog 'ajduka,
zamahnu vezir – a junak stoji
pogledom prekim, jogunom gordim.
I zviznu sablja.
Al' mesto glave, ruka vezira
odseče konop što ga veziva.
I tako jednom, i tako drugom;
i svi se živim zgledaju čudom,
svaki se smišlja je li još živ?
I žešće nego tropletne struke
odrešene im vezuje ruke
čudo i div.

„Slobodni da ste!", vezir im reče.
Al' 'ajdučki vođa reč mu preseče:
„Slobodni?! Zbilja?! Slobodni tobom?
Ne, volem biti večitim robom,

neg' primat od muklog otmičara
nebesna dara!"
„Slobodni da ste – al' ne badava!
Za tu slobodu što vam je dava,
uzeću samo s mrtve ti žene
en' onaj značak milosti njene."
I s mučeničina bleđana vrata
skinô je sveti krstić od zlata,
skinô ga sa nje, metô ga na se,
pa ga celiva, suzom preliva
srpskoga krsta turska ubica.
Celivajuć ga, tužno narica:
„Gonjeni krste, osveto moja!
Da mi te nisu prezreli dedi,
ne bi' se sada jadovô tebi.
Nju bi' celivô, nju bi', oh, nju bi',
Srpku – što samo Srbina ljubi!"
„Srbina, jeste, Srbina ljubi!
I ti je zato, krvniče, ubi!
Pa još se rugaš u poganom rugu
utehe njene poslednjem drugu!
Al' još je dobar Bog na visini!
Bezbože – gini!"

Zamahnu 'ajduk – i od teška kiva
udri ga nožem sred srca živa,
sred srca živa, sred živi' muka,
ruka 'ajduka Bojšića Vuka.

Vezir je pao, al' nema jao;
samo iza sna govori kao:
„Evo me, evo, grob je raspršten;
evo sam kršten – krvlju sam kršten;
tom krvlju nova zora mi rudi,
jer: Srpka – samo Srbina ljubi!"

[186?]

# [U PROLEĆE MALO BEŠE CVEĆA...]

U proleće malo beše cveća
da mi dade vredan stručak za te,
morado' ga uzabrat iz raja,
iz pesama večnog zavičaja,
jedan cvetak pesnikova maja,
neuveli ovaj „daninoć".
Evo, naj ga! – ali – ne gledaj ga.
„Noć" u njemu vrlo „danom" vlada,
trenut milja, a vekovi jada.
Ti se nemoj ugledati na nj'ga,
ne bio ti život „daninoć"!

Tvog života noć je na posledi,
mesečina devojaštva 'ladna:
danova te želja čeka nadna,
ispred sunca mesečina bledi;
noći tvoje nestaće u danu,
sanka tvoga u javinom granu.
Kad ti svane izabrani danče,
cvetnog maja đulsko negovanče,
evo cveta! – al' ne rad ugleda –
tek da mene mimoiđe beda.
Oh, al' gle ga! pogledaj na njega!
U listovi tog nebesnog cveta
kazuje se duša moga sveta.
U njemu se venčavaju dvoje,
neka *svirka* s pesnikovim *slovom*.
Pogledaj ih! – u okviru ovom
i lice ćeš ugledati tvoje.
Ako si mi od snebiva smerna,
smeloj reči tijo – nepoverna,

evo cveta, uda'ni ga, mir' ga...
Pitaj dirka, tvoga glasovirka...
Ti si *svirka*.

*13. maja 1869.*

# [U SPOMENICU MILANI RAJIĆ]

*Dein Album ist leslich,*
*Milana Raitsch,*
*Sein Räthsel ist löslich:*
*Etwas französlich,*
*Doch viel mehr – daitsch.*

Laza Kostić

*In den Schwarzen Bergen,*
*Ende Oktober 1887.*

# [U SPOMENICU MILICI KOLAROVIĆ]

Nema više stranica prednjica,
sav se narod na njima izređa;
blago meni: kad ne mogoh s lica,
bar ću tebi prvi biti s leđa.

*U Sremskoj Kamenici,*
*2. avgusta 1891.*

# [KATICI MEDAKOVIĆ ROĐENOJ MIHAILOVIĆ]

Lepa Kato:
tvoje živo zlato,
kom se svatko divi,
da ti navek živi!

Živela!

Laza Kostić

[1893–1898]

# [DARINKI GEORGIJEVIĆ]

I s ovoga mosta
već se vidi dosta;
svaka duša prosta
u daljega gosta
začuđena osta.
Šteta što ne dosta
Darinka i Kosta.

Nego samo
Laza Kostić
sa prtljagom.

[1900]

# [EPITAF VERI MAKSIMOVIĆ]

Tako mile, tako mlade,
nikad usud ne ukrade.
Još da nije vere, nade,
da nam tamo paze na te,
dok nam suze vek ne skrate,
sav bi svet u nepovrate.

[1903–1904]

# MOJOJ ŽENI

Draga moja Julo,
moja verna ljubo:
Tako mi Marija
i prorok Ilija,
što si mi starija,
sve si mi milija.

    Navek tvoj Laza

*Uoči Proroka Ilije 1909.*

# LENKI G. DUNĐERSKOJ

Rasti, rasti, do sreće, do slasti,
kad narasteš, biće ti u vlasti.

      Tvoj
        kum
           Laza Kostić

[1909–1910]

# MOJ POETA

Pesme moje nisu pesme,
stisi moji, stisi nisu,
što iz ovi' slika kresne,
što u stopa belom nizu
ispod ruke beži desne,
ništa nije moje to!

Tvoj uzdisaj pesme diše,
stisak ruke stihe niže,
slika tvoja slike piše,
a vile me rastopiše
kad ti stopa kroči bliže,
lepa moja poeto!

[1864]

(Šekspir, *Soneti*, 3. knjiga, 44)
Prestabilirana harmonija!

# DUBIA

# HERKULOV POSAO

Čuste l' braćo, čuste l', ljudi,
kakvu pesmu „Obzor" gudi,
kakvim li se planom trudi?!
Evo, on se javno nudi:
da izvuče pomoću Hrvata
*Tisu iz blata.*

Al' „Obzore", nuto sreće,
Tisa tvoju pomoć neće.
Šta ćeš sada, moj Herkule?!
De, promisli se:
bi li mogô bar izvući
*blato iz Tise!*

[1878]

# POGLED NA FRANCUSKU

Makmahon je sustô,
sa svog mesta ustô.
Svet veselo gleda
kako Grevi *seda*, –
to je Sedan nov
Napoleonov.

[1879]

# BELEŠKA O AUTORU

Laza Kostić je bio književnik, novinar, političar (Kovilj kod Novog Sada, 11. februara 1841 – Beč, 9. decembra 1910). Otac Petar bio je kapetan. Majku Hristinu, iz ugledne trgovačke porodice Jovanović, jedva je zapamtio. Do završetka studija o njemu su brinuli ujak Pavle i tetka Katarina. Vaspitavan je u krajiškoj sredini i rano je usvojio oslobodilačke i junačke ideale. Osnovnu školu pohađao je u Kovilju a završio je u Đurđevu na nemačkom (1850); dva razreda realke završio je u Pančevu (1850–1852), dva razreda srpske gimnazije u Novom Sadu (1852–1854) a nemačke u Budimu (1855–1859), gde je maturirao i upisao pravne studije, koje je okončao odbranom doktorata na latinskom jeziku (1866). Ranih 60-ih godina bio je deo novosadskog boemskog kruga (J. Ignjatović, J. Jovanović Zmaj, Đ. Jakšić, Đ. Popović Daničar, J. Đorđević i dr.), dok je u Pešti među pitomcima *Tekelijanuma* bio jedan od najagilnijih članova i saradnika akademskog društva „Preodnica" i istoimenog almanaha (1863). Učestvovao je u proslavi stogodišnjice rođenja Save Tekelije himnom (1861); glumio u *Tvrdici* J. S. Popovića, u izvođenju diletantske grupe. Sredinom 1866. otišao je u Minhen u neku tajnu misiju, obilazio pinakoteku, gliptoteku i kraljev dvor, pa se preko Pešte vratio u Novi Sad, pred skupštinu Ujedinjene omladine srpske. U Novom Sadu kao profesor gimnazije (od septembra 1866) predavao je nemački, mađarski i botaniku; bio beležnik novosadskog magistrata (od 1867) i senator pri Gradskom sudu (1872–1873). Kao jedan od najbližih saradnika Svetozara Miletića biran je u sremsko-karlovački Narodno-crkveni sabor (1870–1875), potom za poslanika Ugarskog sabora (1873), gde je aktivno učestvovao interpelacijama oko zabrane srpske zastave, zakonskih predloga koji ugrožavaju prava manjina i sl. Kad je S. Miletić propao na izborima (1875), ustupio mu je svoj mandat, zapadajući otada sve više u materijalne neprilike. U tom periodu posetio je Svetsku izložbu u Parizu (april 1867) i Slovensku etnografsku izložbu u Moskvi (jun 1867) i učestvovao kao srpski delegat na jugoslovenskom političkom sastanku u Ljubljani (1870). Na Cetinju (1871) sudelovao je u osnivanju tajne Družine za ujedinjenje i oslobođenje srpsko i u izradi njenog ustava; o oslobodilačkim planovima (dizanje ustanka u krajevima pod turskom vlašću), u duhu politike S. Miletića, vodio razgovore s namesnicima kneza Milana (M. Blaznavac, J. Ristić), s ruskim diplomatskim predstavnikom na Cetinju te sa Svetozarom Markovićem. Kao predsednik godišnjeg odbora Ujedinjene omladine srpske organizovao je njenu skupštinu u Vršcu (1871). Sa A. Sandićem osnovao je Prvu novosadsku zadrugu đimnastičku, vatrogasnu i veslačku (1872) i bio joj predsednik. Kao izaslanik Matice srpske prisustvovao je u Pragu stogodišnjici proslave Jozefa Jungmana, jednog od čeških preporoditelja, i o tome slao dopise *Zastavi* (1873).

Usled policijskih ili denuncijantskih prijava više puta bio je u pritvoru i pod istragom: 1869. u Pešti zbog sumnje da je učestvovao u zaveri protiv kneza Mihaila; pod optužbom da je na banketu pri proglašenju punoletstva kneza Milana Obrenovića nazdravljao ujedinjenju Srba početkom septembra 1872. uhapšen je u Novom Sadu, prebačen u Budimpeštu i pušten krajem januara 1873. To hapšenje, nesumnjivo povezano s njegovim radom na planovima za oslobođenje i ujedinjenje srpskog naroda, ušlo je u pesmu („Zelen doboš dobuje, / Laza Kostić robuje"). Posredovao je na Cetinju oko zajedničke akcije Srbije i Crne Gore protiv Turske (1876), a pod optužbom da vrbuje dobrovoljce za Srbiju hapšen je i te godine. U toku srpsko-turskih ratova slao je dopise s Cetinja i iz Beča. Sa V. Bogišićem radio je na terminologiji za njegov *Imovinski zakonik* (1876). Nastojao je, bez uspeha, da osnuje u Beču list ili agenciju za južnoslovensku tematiku i da na bečku ili prašku scenu postavi svoju komediju *Okupacija*. Za vreme Berlinskog kongresa (1878) bio je sekretar srpskog ministra inostranih poslova Jovana Ristića. U Srbiji je bio saradnik Presbiroa (1879–1880), potom kratkotrajno sekretar te otpravnik poslova srpskog poslanstva u Petrogradu, ali je dobio otkaz zbog (nedokazane) optužbe za proneveru (oktobar 1880). Stekao je srpsko državljanstvo (mart 1881) i postao glavni urednik lista Liberalne stranke J. Ristića *Srpska nezavisnost* (1881–1883). Obavljao je i dužnost predsednika Srpskog novinarskog društva. Za člana SUD izabran je u uslovima međustranačkih sukoba (mart 1883). Plan izdavanja svojih sabranih spisa nije ostvario. Veoma kritičan prema vladavini kralja Milana u dva maha optužen je za uvredu vladara. Po izbijanju Timočke bune, da bi izbegao hapšenje, krajem 1883. napustio je Srbiju; izvesno vreme bio je u Zemunu, Subotici i

Somboru (gde se raskida veridba s Julijanom Palanački). U prepisci sa I. Ruvarcem tražio je građu za trilogiju *Jevrosima* (Momčilo, Vukašin, Kraljević Marko), ali od nje nije ostalo neposrednijih tragova. Krajem maja ili tokom juna 1884. na poziv knjaza Nikole prešao je u Crnu Goru, uglavnom radeći kao urednik zvaničnog *Glasa Crnogorca* (1884–1891), delom i listova *Crnogorka* i *Zeta*. U vojvođanskoj periodici u to vreme pojavljuju se oštri napadi na *Peru Segedinca* zbog iskrivljivanja istorijskog lika Vićentija Jovanovića i autorove političke tendencioznosti. Nastojanja da dođe na beogradsku Veliku školu kao profesor rimskog prava nisu uspela. Ostavku na položaj u Crnoj Gori podneo je u aprilu 1891. i početkom maja preko Dubrovnika otišao u Beč. Potom je živeo u Novom Sadu i Somboru, a pretežno u manastiru Krušedol (1891–1895) i kod prijatelja/kuma Lazara Dunđerskog, gde ga je ljubav prema njegovoj kćerki Lenki nadahnula za neke od najlepših pesama srpske lirike (Gospođici Lenki Dunđerskoj u spomenicu, *Santa Maria della Salute*). Nastojeći da dođe do prihoda prihvatio je, u dogovoru s ministrom vera i prosvete Banovine Hrvatske I. Kršnjavim, da prevede *Pandekte*, obimno pravno delo H. Dernburga, priželjkujući mesto profesora rimskog prava na Zagrebačkom sveučilištu. U Parizu, gde odlazi radi Uskokove ljube, viđao se s francuskim kritičarima i V. Bogišićem (mart – april 1893). U uslovima politički zavađenih krila nekadašnje Miletićeve stranke, njegova politička slava se tih godina krunila; bio je bliži *Braniku* i patrijaršijskom dvoru nego *Zastavi* i Jaši Tomiću, nasledniku S. Miletića. Agresivno-ironičnom kritičkom rečju Lj. Nedić osporavao je njegovo književno delo u celini a sve češći su bili i uzgredni nesporazumi i nerazumevanja u književnoj javnosti (oko proslave Đačkog rastanka B. Radičevića; oko spomenice V. Iliću). Materijalne prilike sredio je ženidbom s bogatom J. Palanački iz Sombora (1895), gde je uglavnom proveo ostatak života uz česte boravke po manastirima i vladičanskim dvorovima a potom na većim putovanjima, do Venecije (crkva Santa Maria della Salute), Karlovih Vari, Švajcarske, Pariza, Nice, Rima. Ugled u javnosti drastično mu je opao posle predavanja o 50-godišnjici književnog rada J. J. Zmaja u Matici srpskoj (1899), koje je ocenjeno kao nedostojno i Zmaja i Matice. Tih godina pregovarao je oko prevoda *Ilijade* za Maticu. Uz prekid veza s Miletićevim sledbenicima (J. Tomić, J. J. Zmaj), povezao se s konzervativnim srpskim političkim strujama. Pošto je kao poslanički kandidat za sremsko-karlovački sabor izgubio na izborima u Šajkaškoj (1902), prestao je da se bavi politikom. U Matici su odbili da mu objave polemičku i analitičku knjigu o Zmaju, te ju je štampao o svom trošku (1902). Ubrzo su došli i nemilosrdni napadi iz kruga oko *Srpskog književnog glasnika* i B. Popovića na njegove prevode Šekspirovih tragedija (*Šekspir i dr Laza Kostić*, 1907). Tim povodom objavio je jedno od poslednjih većih polemičko-memoarsko-esejističkih dela (*Oko Romea i Julije*, u *Letopisu* MS, 1907–1909). Januara 1909. izabran je za redovnog člana Srpske kraljevske akademije (danas SANU). U toku štampanja knjige pesama, do 3. juna 1909. napisao je *Santa Maria della Salute*; 25. oktobra iste godine umrla mu je žena. Slabog srca, oboleo od cistitisa, početkom oktobra 1910. otputovao je na lečenje u Beč. Umro je u sanatorijumu *Kotaž*. Sahranjen je na somborskom groblju 12. decembra. Testamentom je ostavio po hiljadu kruna manastirima Krušedol i Vrdnik (Ravanica) da se „čita molitva svake godine za spas duše Lenke Dunđerski i Julijane Kostić, rođ. Palanački". U odlomcima mu je ostao „dnevnik snova" (1903–1909, na francuskom, izuzetno svedočanstvo o genezi pesme *Santa Maria della Salute*). Glavni deo njegove rukopisne zaostavštine nalazi se u Rukopisnom odeljenju Matice srpske, dok je prepiska rasejana po različitim arhivima i fondovima u zemlji i inostranstvu (prema sadašnjim podacima bio je u prepisci sa oko 170 ličnosti).

Stvorio je izuzetno delo kao lirski i dramski pesnik, esejista, pozorišni i književni kritičar, estetičar, prevodilac, novinar. U srpskoj književnosti svog vremena bio je najsnažnija i najsloženija stvaralačka ličnost: gotovo redovno preusmeravao je postojeće književne oblike, tematsko-motivska težišta, žanrovske konvencije, versifikacijske standarde. Znajući najvažnije žive i klasične evropske jezike, pored originalnog stvaralaštva rano se ogledao u prevodima s grčkog (*Ilijada*), nemačkog (*Hajne*) i engleskog. Šekspir mu je ostao višestruk izazov: da na domaćoj građi stvori tragediju u duhu njegovih dela i da ta dela prevede na srpski. Gotovo u isto vreme tragao je za metričkim oblicima koji odudaraju od trohejske tradicije stiha narodne poezije te je u umetničkom stihu odomaćivao jamb. Tragedija *Maksim Crnojević* (1866), s građom iz poznate pesme Starca Milije, objedinjuje njegove glavne umetničke težnje da narodno pesništvo ukrsti s klasičnim i evropskim. U tom duhu („ukrštaju suprotnosti") gradio je harmoniju svojih najboljih dela, koja po artificijelnosti forme i višestrukosti prepleta smisla i zvuka nemaju premca u srpskom pesništvu (Među javom i med snom, Minadir, *Santa Maria della Salute*), dok druga dela metričku labavost (na granici slobodnog stiha) popunjavaju misaonim intenzitetom i ironično-groteksnim kompleksima (Spomen na Ruvarca). Srpsku romantičarsku poeziju obogatio je prepletom misli i mašte, uneo u nju diskurzivnu energiju potisnutu odlaskom klasicista i pesnika objektivne lirike; obnovio je neologističku i retoričku tradiciju (alegorija, personifikacija, kontrast, zvučne igre) a srpskom pesničkom jeziku dao raskošne metričko-ritmičke impulse, aktuelizovao biblijske i klasične motive (Minadir, Samson i Dalila, Jadranski Prometej, Prometej), neprestano otvoren prema hrišćanskoj, modernoj evropskoj i srpskoj tradiciji.

S Đurom Jakšićem tvorac je srpske romantičarske tragedije. Prvu redakciju *Maksima Crnojevića* poslao je Jovanu Đorđeviću (1863), čitao njene delove u srpskom akademskom društvu „Preodnica", prvi čin objavio u *Letopisu* Matice srpske (1864) a 1869. ona je izvedena u SNP u Novom Sadu. Već je u *Maksimu Crnojeviću* razradio folklorni motiv „pobratimstva" prema zakonima tragičke radnje (zakletva, usud, ljubav, zamena), povezao narodnu pesmu i romantičarske miteme, Šekspira i grčke tragičare. Uvodeći u dramski stih jamb, stvorio je još jednu, novu ritmičku podlogu srpske poezije; uzdigao jednostavnu radnju narodne pesme u složen splet tragedije, lik glavnog junaka gradio u krajnostima strasti i duševnih rascepa, izraz prožeo lirskim patosom i jezičkim artizmom. *Pera Segedinac* (1882), druga tragedija, stilski i metrički je u istom krugu, dok se žanrovski približava politički tendencioznoj istorijskoj drami: antagonizam klerikalnih krugova i naroda, socijalnih i nacionalnih interesa, politike i ljubavi, u tekstu velike kompaktnosti i funkcionalnosti, virtuoznog dijaloga, odlično uključenog u zaplet i karaktere. Delo je tesno vezano za političke prilike sedamdesetih godina devetnaestog veka, prožeto antiaustrijskim i antiklerikalnim stavom, nailazeći i na javne polemike, osude i zabrane, i na oduševljen prijem. Premijera *Pere Segedinca* izvedena je s velikim uspehom u SNP 1882, ali je iz političkih razloga skinuta s repertoara. Treću dramu, *Uskokova ljuba/Gordana* (1889/1890), kao neku vrstu „herojske komedije" zasnovao je na građi iz narodne poezije (Ljuba hajduk-Vukosava). Rukopis je anonimno poslao na konkurs Matice srpske (1889); ocenjivači su dramu opisali kao delo talentovanog mladog autora, ali su odbili da mu dodele nagradu. Potom ju je objavio i nastojao da je afirmiše pred međunarodnom pozorišnom publikom (prevedena je na nemački i francuski) kako bi osporio ili barem ublažio domaći neuspeh. Ni ovi pokušaji, ni kasnija izvođenja u domaćim pozorištima (Narodno pozorište, 1898; SNP, 1900, 1901, 1994) nisu delu doneli uspeh. Komediju *Okupacija*, neku vrstu političke konverzacione komedije koja se ticala prilika oko Berlinskog kongresa, pisao je na nemačkom (1878–1879) i namenio bečkoj pozorišnoj publici. Radio je oko proslave Šekspirove 300-godišnjice u SNP (1864), objavljujući u prigodnom albumu i svoje priloge. Pisao je tragediju o caru Urošu, ali je nije okončao niti ima sačuvanih delova.

Posebno mesto zauzimaju njegove estetičke, filozofske i književnokritičke rasprave. U njima je nastupao kao nepomirljiv protivnik utilitarne estetike i tendenciozne književnosti (Nikolaj Černiševski, Svetozar Marković), mada je bio otvoren prema evolucionističkim učenjima i modernim prirodnonaučnim disciplinama, a često i sâm pisao tendenciozna i prigodna dela. Najviši stepen ovi su radovi dobili u studijama *Osnova lepote u svetu s osobitim obzirom na srpske narodne pesme* (1880) i *Osnovno načelo: kritički uvod u opštu filozofiju* (1884): istovremeno estetičko-filozofska podloga njegovog shvatanja sopstvene pesničke prakse i prirode umetničkog dela uopšte. Oslobađajući svoja tumačenja pozitivističke i filološke suvoće, parafraza sadržaja, klasičnih konvencija forme, ispoljio je analitički dar u raspravama o narodnim pesmama i književnim ostvarenjima uopšte. Imao je posebno čulo za formu, za arhitektoniku dela i njen odnos prema smislu, za reč i za celinu. To se najbolje vidi i u tumačenjima narodnih pesama (*O junacima i ženama, Ženske glave srpskih narodnih pesama*), od kojih mu je javnu slavu donelo predavanje u bečkom Naučnom klubu „O ženskim karakterima u srpskoj narodnoj poeziji" (1877); sličnu snagu razumevanja književne tradicije ispoljio je i u člancima i studijama o V. Šekspiru, Ilijadi, B. Radičeviću, Đ. Jakšiću, L. Lazareviću, S. Matavulju, uključujući i svoja dela. Knjiga *O Zmaju i njegovoj poeziji* (1902), poslednje Kostićevo značajno delo, ozlojedila je savremenike ne zbog autorove neskrivene kritičnosti prema slavnom pesniku ili osude njegovog političkog angažovanja i stranačke poezije, koliko zbog javnog istupa (govor u Matici srpskoj) i ironičnog odnosa prema ličnosti pesnika. Doskočica, kako je zmaj (politička i satirična poezija) progutao slavuja (šta je ugušilo pesnikov lirski dar), danas se shvata u svoj protivurečnosti različitih poetika, a Kostićeva knjiga kao jedna od najboljih, najsloženijih i žanrovski krajnje otvorenih rasprava o delu i životu jednog pesnika.

Uz originalna dela, koja je počeo objavljivati u listu *Sedmica* (1858), istovremeno je prevodio (prvo pevanje i delovi šestog pevanja *Ilijade*, delovi *Romea i Julije*) zanesen velikim tradicijama. Pošto je svom profesoru Jovanu Đorđeviću ispevao prigodnu pesmu na nemačkom, dobio je savete da pored stranih jezika i dela čita i *Srpske narodne pesme* i piše na srpskom. Intenzivno je objavljivao lirske pesme, poeme, balade i pripovetke u *Letopisu* (1858–1859), *Danici* (od 1860), *Javoru* (1862), *Preodnici, Vili, Matici, Mladoj Srbadiji, Srpskoj zori*, a osamdesetih je, kao politički opoziciono angažovan novinar, češće pisao satire (u listovima *Starmali* i *Brka*); po odlasku u Crnu Goru objavljivao je u tamošnjoj periodici (*Crnogorka, Zeta*). Ideja oslobođenja srpskog naroda, koja se potvrđuje u celokupnoj njegovoj delatnosti šezdesetih i sedamdesetih godina, pa i kasnije, često se pretače u rodoljubive pesme („srbovanke", kako će ih kasnije nazvati). Za SNP prevodio je komedije E. Skriba (1862–1863). Preveo je i roman engleskog pisca L. Bulvera *Poslednji dani Pompeja*. Smrt Koste Ruvarca (1864) izazvala je emotivno-intelektualni potres (pisma, nekrološka pesma) koji će prerasti u neku vrstu pesničkog traktata o „krajnjim pitanjima" (*Spomen na Ruvarca*). U jednom od najznačajnijih (auto)poetičkih ogleda srpske tradicije – *Odgovor na Mnjenje o Kostićevoj „Besedi"* (1866), polemisao je oko tumačenja smisla svoje pesme *Beseda*: alegorijska drama bez dijaloga. Njegov obiman novinarski opus nastao je u borbi za golu egzistenciju. Radio je na svim novinarskim vrstama: vesti, dopisi, izveštaji, uvodnici, komentari, feljtoni, polemike. Počeo je u *Srbskom dnevniku* J. Đorđevića (1860), redovnije od 1863. i ostao u novinarskim poslovima do 1903. U *Zastavi* S. Miletića objavljivao je od njenog osnivanja (1866) dopise, članke, povremeno polemike, delove svojih interpelacija u peštanskom parlamentu ili obraćanja biračima. Kao urednik objavio je u *Srpskoj nezavisnosti* pedesetak članaka, često vođen stranačkim potrebama i konfliktima (posebno s naprednjacima). Kao novinar i urednik *Glasa Crnogorca*, mahom bez potpisa, radio je u svim rubrikama: od uvodnika, izveštaja i reportaža, do komentara, nekrologa (Mita Popović, Laza Lazarević) i obimnih rasprava (*Iz nauke o jeziku*, 1887), feljtona, prepiske sa čitaocima i saradnicima. Od šezdesetih do devedesetih godina bio je jedan od najagilnijih pozorišnih kritičara i recenzenata svoga vremena, u listovima *Matica, Pozorište, Zastava, Srpska nezavisnost, Glas Crnogorca, Nada* (Sarajevo), pridajući najviše pažnje kvalitetu izvođenja, uz povremene obimnije i inovativnije zahvate u folklornu tradiciju (*Narodno glumovanje* u *Glasniku ZMBiH*, 1893) ili opširnije napise o pozorišnom repertoaru (*Zimušnje gostovanje SNP u N. Sadu* u *Nadi*, 1895–1896). Sarađivao je i u poznatim evropskim listovima *Die Epoche, Petersburger Zeitung, Revue*

*Internationale, Das Ausland, Neue freie Presse, Nord und Süd, Deutsche Rundschau, Le Nord, Revue d'art dramatique, Le Figaro, Golos.*
Kad se uzme u obzir sve što je pisao o književnosti, vidi se da je reč o izuzetnom tumaču književnog nasleđa. Polazio je od načela da se sva umetnost, pa i pesništvo, „svodi na dve dijametralno uskosne sile, na ovapućivanje misli i na ovamišljavanje puti: sloga tih dveju sila zove se forma, oblik", a da je svaka pojava tim savršenija što se „obilatije u njoj pokazuje načelo ukrštaja". Politički angažovan celog života, učestvovao je u glavnim dilemama i opredeljenjima svoga vremena: kao pripadnik levog krila Ujedinjene omladine srpske, ogorčen protivnik Austrijske monarhije i pristalica jedinstva jugoslovenskih naroda, dok se, razočaran, nije povukao, prethodno se približio konzervativnim (klerikalnim) strujama među vojvođanskim Srbima. Ignorisan i potcenjen u krugu oko *Srpskog književnog glasnika*, u javnosti osuđivan zbog knjige o Zmaju, u mlađoj generaciji je sticao sve veći ugled, koji će dotle rasti da je nazvan pesnikom dvadesetog veka. Koristio je pseudonime i potpise: K., L. K., Lako Kola, Kaza K., -a, -z-, -l-, -n, -o-, -r, S., -st-, -ć, λ, Rienzi. Njegova *Sabrana dela* nisu obuhvatila njegovo celokupno delo, niti su završena prema prvobitnom planu (nisu priređeni ni prevodi ni estetičko-filozofski spisi, a pisma su zasad samo delimično objavljena). Nije izrađena ni potpuna bibliografija Kostićevih radova ni radova o njemu. U okviru manifestacije „Dani Laze Kostića" na Novosadskom sajmu knjiga od 2001. se dodeljuje nagrada „Laza Kostić" u oblasti novinarstva i književnosti. U Somboru je o 150-godišnjici Kostićevog rođenja (1991) osnovan Fond „Laza Kostić", koji podržava umetničke manifestacije i talentovane studente. Sačuvani su njegovi portreti koje su po modelu radili Marko Murat (1898) i Uroš Predić (1906) a nije sačuvan portret koji je radio Đ. Jakšić u Novom Sadu (1862), slikajući ga u srbijanskom odelu.

# SADRŽAJ

**MESTO PROGOVORA**     5
MEĐU ZVEZDAMA     7

**1858–1862.**     15
ILIJADA – A. – KUGA – SRDNJA     17
ILIJADA – Z. – (390–502)     48
ŠESTI DAN     54
NA GRAHOVU     56
SAN HAFISOV     61
IZA SNA     63
POLAŽNICI     65
STARI CIGO     66
POD PROZOROM     69
SVE ŠTO MI JE REKLA...     71
VILE     72
SNIO SAM TE...     73
GOLUB     75
SABLJA I KRUNA     76
STVARANJE SVETA     77
DANICI     78
SRPKINJA     79
NAISKAP...     80
LJUBAVNI DVORI     81
ZORA I DEVOJKA     84
IZ HAJNEOVE „KNJIGE PESAMA"     85
ŠTO MI VENE...     87
SREM I BAČKA     89
PUŠKA     91
POD VARADINOM     92
GAVRILU EGREŠIJI     94
VEČE     96
SAN     97
STOGODIŠNJICA SAVE TEKELIJE     99

| | |
|---|---|
| ZBOGOM, DIKO, PISAĆU TI... | 104 |
| SNOVE SNIVAM... | 105 |
| U SREMU | 106 |
| DAKLE TAKO... | 108 |
| POGREB | 110 |
| | |
| **1862–1864.** | **113** |
| RAJO, TUŽNA RAJO... | 115 |
| POSLE POGREBA | 116 |
| EJ, NESREĆO... | 118 |
| KOLO | 120 |
| OJ, TÄ VERUJ VERU MENI! | 122 |
| U JU-JU-JU-JU! | 123 |
| VOLIMO SE... | 125 |
| POBRI J. J. | 126 |
| SAD NA SRCU | 128 |
| EJ, ROPSKI SVETE! | 130 |
| ZVONO | 131 |
| OBJESEN | 132 |
| TI I TVOJA SLIKA | 133 |
| SINOĆ | 134 |
| ANĐELIĆU... | 136 |
| SRCE KUCA... | 137 |
| NAŠE | 138 |
| NE GLEDAJ ME... | 140 |
| OPROSTI MI... | 142 |
| LJUBAVNA GUJA | 144 |
| ZA SESTROM | 146 |
| REČE GOSPOD | 148 |
| 1863. | 150 |
| SLAVUJ I LALA | 152 |
| MEĐU JAVOM I MED SNOM | 154 |
| RANJENIK | 155 |
| LJUBAVNI MAČ | 157 |
| DIM | 158 |
| SPAVAĆA PESMA | 160 |
| POSTANAK PESME | 161 |
| ĐURĐEVI STUPOVI | 162 |
| MOJA ZVEZDA | 174 |

| | |
|---|---|
| U NOĆI | 177 |
| MOJ RAJ | 178 |
| OJ, OČIMA TIM SUNČANIM... | 180 |
| DESNO KRILO | 182 |
| SRCE REČE... | 184 |
| LICE TVOJE... | 186 |
| VIDIM LI TE... | 188 |
| MINADIR | 190 |
| POSLEDNJA RUŽA | 194 |
| PROMETEJ | 199 |
| OMLADINI | 202 |
| | |
| **1864–1867.** | **205** |
| NAD KOSTOM RUVARCEM | 207 |
| NA PARASTOSU VUKA ST. KARADŽIĆA | 209 |
| O ŠEKSPIROVOJ TRISTAGODIŠNJICI | 211 |
| BESEDA | 215 |
| GRAHOV LAZ | 230 |
| SPOMEN JOVANU ANDREJEVIĆU | 232 |
| PEVAČKA 'IMNA | 234 |
| PEVAČKA 'IMNA JOVANU DAMASKINU | 236 |
| SAMSON I DELILA | 238 |
| SPOMEN NA RUVARCA | 260 |
| DO POJASA | 266 |
| MOJA DANGUBA | 270 |
| | |
| **1867–1874.** | **275** |
| OH, ŽAO MI TE JE! | 277 |
| NEVERICE... | 278 |
| NA PARASTOSU SRPSKOG KNEZA MIHAILA M. OBRENOVIĆA III | 280 |
| NA PARASTOSU JELENE BOZDINE, ROĐ. BELANOVIĆA | 282 |
| RAZGOVOR S UVUČENOM SRPSKOM ZASTAVOM U MAĐISTRATU NOVOSADSKOM | 284 |
| JADRANSKI PROMETEJ | 287 |
| PARIZU | 292 |
| SUŽNJI | 297 |
| DON KIHOTU | 300 |

| | |
|---|---|
| PRELJUBNICA | 302 |

## PESME UMETKE I SITNIJI PREVODI — 323

| | |
|---|---|
| IZ „MAHARADŽE" | 325 |
| IZ „MAKSIMA CRNOJEVIĆA" | 326 |
| IZ LABULEJEVA „ABDALAHA" | 329 |
| IZ BULVER-LITONOVIH „POSLEDNJIH DANA POMPEJE" | 330 |
| IZ ŠEKSPIROVA „LIRA" | 354 |
| MARSELJANKA | 356 |

## POZNICE (1877–1909) — 359

| | |
|---|---|
| PRAVA „BRANKOVA ŽELJA" | 361 |
| DUŽDE SE ŽENI! | 365 |
| OMLADINI NA ZBORU | 370 |
| PEDESETA | 373 |
| SVIRAČICI | 375 |
| OJ, AVALO… | 379 |
| EPILOG | 381 |
| ZA KNEGINJICOM DARIJOM NIKOLAJEVNOM NJENOM CARSKOM VISOČANSTVU STANI NIKOLAJEVNOJ | 385 |
| LAZI KOSTIĆU | 386 |
| „SRBU" | 389 |
| JEDNOJ SRPKINJI U SPOMENICU | 392 |
| GOSPOĐICI ZORI V. U SPOMENICU | 393 |
| GOSPOĐICI L. D. (LENKI DUNĐERSKOJ) U SPOMENICU | 394 |
| O PROSLAVI BRANKOVA „ĐAČKOG RASTANKA" | 397 |
| „PRERANO!" | 400 |
| PROLOG ZA „GORSKI VIJENAC" | 402 |
| JEHOVA | 404 |
| J. J. ŠTROSMAJERU | 416 |
| IZA DRAGINA „POROĐAJA" | 417 |
| 'IMNA SRBIJI, ZA KRALJA PETRA I | 418 |
| BRANKO I VILA MU PRIVIĐENICA | 420 |
| DECA I STARAC | 423 |
| SANTA MARIA DELLA SALUTE | 424 |

| | |
|---|---|
| **DODATAK** | **429** |
| PESME I PREVODI PESAMA IZDATI ZA ŽIVOTA IZOSTAVLJENI IZ ZBIRKE „PESAMA" 1909. | **431** |
| PITAČ I SLEPAC | 433 |
| VERNA DUŠA | 434 |
| ZBOGOM! | 435 |
| DRAGOJLO I MAJKA MU | 436 |
| ALA RUDI... | 438 |
| KORNELIJU STANKOVIĆU | 439 |
| RUŽA | 440 |
| NAD KORNELIJEM STANKOVIĆEM | 441 |
| [EPITAF KORNELIJU STANKOVIĆU] | 443 |
| MOSKVI | 444 |
| SVETKOVINKA | 446 |
| JOVANCI STOJKOVIĆEVOJ | 447 |
| JUDA | 448 |
| OPANKU | 450 |
| „PRAVO ČUDO" | 452 |
| NUDE BOSNU | 454 |
| RABAGAS | 456 |
| PUŠKE | 458 |
| SO | 460 |
| 1860–1885. | 462 |
| 1861–1886. | 464 |
| AN GROSZ-WIEN | 465 |
| [LJUBOMIRU P. NENADOVIĆU] | 466 |
| [JECI DOBRINOVIĆKI] | 467 |
| SVETOZARU MILETIĆU, PRI POGREBU, NA VIJENCU | 468 |
| OJ, SOKOLI... | 469 |
| GUSLAR-MOMČE | 470 |
| IZ OMIROVE „ILIJADE" | 471 |
| MLADI RAJN | 486 |
| [IZ ČOSEROVIH „KANTERBERIJSKIH PRIČA"] | 488 |
| **PESME I PREVODI PESAMA IZDATI POSMRTNO** | **491** |
| [RUMEN-RUŽO U PUPOLJKU...] | 493 |
| [NA PONOSNOJ LAĐI...] | 494 |
| [ZALEVO SAM JE KRVLJU...] | 495 |

| | |
|---|---|
| [SRETNA SI, SELE, SRETNA SI VRLO...] | 496 |
| [PONIKNUĆU NIKOM...] | 497 |
| POLJUPČEV PUT | 498 |
| NA DUNAVU | 500 |
| NARODNOM POSLANIKU | 501 |
| LILIPUĆANI | 503 |
| SRPSKI POJ | 504 |
| POBEDNA PESMA | 505 |
| [PRODUŽENJE „MUČENICE" Đ. JAKŠIĆA] | 506 |
| [U PROLEĆE MALO BEŠE CVEĆA...] | 509 |
| [U SPOMENICU MILANI RAJIĆ] | 511 |
| [U SPOMENICU MILICI KOLAROVIĆ] | 512 |
| [KATICI MEDAKOVIĆ ROĐENOJ MIHAILOVIĆ] | 513 |
| [DARINKI GEORGIJEVIĆ] | 514 |
| [EPITAF VERI MAKSIMOVIĆ] | 515 |
| MOJOJ ŽENI | 516 |
| LENKI G. DUNĐERSKOJ | 517 |
| MOJ POETA | 518 |
| | |
| **DUBIA** | **519** |
| HERKULOV POSAO | 521 |
| POGLED NA FRANCUSKU | 522 |
| | |
| BELEŠKA O AUTORU | 523 |

www.ingramcontent.com/pod-product-compliance
Lightning Source LLC
Chambersburg PA
CBHW021812300426
44114CB00009BA/142